건강한 애착과 신경극놀이

울력연극치료총서 09

HEALTHY ATTACHMENTS
AND
NEURO-DRAMATIC-PLAY

건강한 애착과
신명극놀이

수 제닝스 엮음

이효원·황대연 옮김

울력

울력연극치료총서 09 | 기획위원 • 이효원

건강한 애착과 신경극놀이

지은이 | 수 제닝스
옮긴이 | 이효원, 황대연
펴낸이 | 강동호
펴낸곳 | 도서출판 울력
1판 1쇄 | 2020년 5월 6일
등록번호 | 제25100-2002-000004호(2002. 12. 03)
주소 | 08234 서울시 구로구 경인로35길 129, 401호 (고척동)
전화 | 02-2614-4054
팩스 | 0502-500-4055
E-mail | ulyuck@hanmail.net
가격 | 19,000원

ISBN 979-11-85136-55-4 93180

이 도서의 국립중앙도서관 출판예정도서목록(CIP)은 서지정보유통지원시스템
홈페이지(http://seoji.nl.go.kr)와 국가자료종합목록 구축시스템(http://kolis-net.nl.go.kr)에서
이용하실 수 있습니다. (CIP제어번호 : CIP2020015806)

· 잘못된 책은 바꾸어 드립니다.
· 옮긴이와 협의하여 인지는 생략합니다.

이 책을
아동 심리치료사이자 놀이치료사이며
나의 소중한 친구이자 동료인
에일린 프렌디빌(Eileen Prendiville)에게
감사하는 마음으로 바친다.

감사의 말

나는 임산부와 참여자와 친구 들에게서 받은 모든 도움에 감사를 전한다. 정말 많은 동료들이 이야기를 나누면서 이 책에 있는 아이디어에 의문을 제기해 주었고, 그들이 보여 준 관심과 기꺼이 내준 시간을 너무나 고맙게 생각한다.

나의 자녀들과 손자손녀들은 언제나 새로운 자극과 활력을 준다.

수 홀(Sue Hall)은 나의 글과 혼란을 끝도 없이 견뎌 주었다. 감사를 전한다.

제시카 킹슬리 출판사는 처음부터 이 기획을 믿어 주었고 책이 나오기까지 큰 도움을 주었다.

그리고 나의 남편, 피터는 고독한 시간들에도 불구하고 집필하는 내내 나를 한결같이 지지해 주었다.

2010년, 글래스턴베리에서 수 제닝스(수전 스테인)

차례

일러두기

1. 이 책은 Sue Jennings가 지은 *Healthy Attachments and Neuro-Dramatic-Play* (Jessica Kingsley Publishers, 2011)를 완역한 것이다.
2. 이 책은 원서의 체제를 그대로 따랐으며, 원서에서 이탤릭체로 강조한 것은 이 책에서 중고딕체로 표시하였다.
3. 이 책에서 책과 논문은 각각 『 』, 「 」으로 표시하였다. 그리고 연극, 영화, 음악 작품 등은 〈 〉로 표시하였다.
4. 본문에서 괄호 안에 표시된 책은 책 끝에 있는 참고 문헌을 참고하기 바란다.
5. 이 책은 띄어쓰기를 원칙으로 하였으며, 국립국어원의 표준국어대사전에 수록된 어휘는 붙여 썼다.
6. 본문 중의 각주는 옮긴이의 주이다.

나는 아동과 성인을 대상으로 하는 전문가들은 놀이의 힘과 필요성, 그리고 놀이 혹은 놀이의 결핍이 아동에게 미칠 수 있는 근본적인 영향력을 기본적으로 개괄할 필요가 있다고 확신한다. 위니콧, 에릭슨을 비롯한 여러 학자가 이론적인 공헌을 했고 학교와 교육기관에서 여전히 그들이 읽히고 있음에도 불구하고, 우리 문화에는 놀이의 필요성을 인정하지 않는 경향이 아직도 남아 있을 뿐 아니라, 우리가 아이들에게 치료적인 도움을 제공하고 가르치는 방식에 있어서도 유효하지 않은 듯 보인다. 아이들을 보살피고 기능함에 있어 우리는 예전보다 훨씬 비인간적인 상태로 퇴행해 왔고, 따라서 우리는 태중에서부터 유아기와 아동기까지 아이들과 함께 노는 것이 정서적이고 신체적인 건강과 공감 능력 그리고 건강한 자아 발달에 필수 불가결함을 분명히 상기해야 할 필요가 있다. 수 제닝스는 이 놀라운 책에서 바로 그것을 해내고 있으며, 그에 더하여 애착과 공감과 회복 탄력성에 대한 기존의 정보에 신경과학 분야의 새로운 아이디어와 함께 놀이의 중요성을 구체적으로 일깨우는 실제 작업 사례를 소개한다.

어린이가 발달 초기부터 소통과 상호작용과 놀이를 필요로 하는 의식적 존재라는 사실은 그 명명백백함에도 불구하고 일종의 폭로처럼 느껴진다. 그것은 우리가 우리 자신뿐 아니라 아이들과 그런 형태로 관계 맺기에는 너무나 빠른 속도로 돌아가는 세상에서 살고 있기 때문이다. 우리는 건강한 발달의 기본을 무시하고 우회하려는 충동에 맞서 그것을 확증하는 언어로 크게 말해야 한다.

다행스럽게도 요사이 사고와 실천에서 놀이의 부족을 수정하려는 움직임이 진행되고 있고, 이 책이 그 선두에 있다. 이 책은 갓 태어난 아기의 눈에 어린 명징한 의식을 보지 않으려 하거나 보지 못하는 이들을 설득하려 애쓰기보다, 부모로서 그와 어떻게 관계 맺어야 할지 그리고 그렇게 관계 맺는 행운을 가지지 못해 고통 받는 아이들을 어떻게 도울 수 있는지를 기술한다.

엄마들은 감정적으로 큰 손상을 입은 경우가 아니라면, 혹여 그렇다 하더라도, 대개는 아기가 태중에 있을 때부터 직관적으로 함께 놀아 준다. 노래를 불러 주고 어루만지고 극적으로 행동하면서 감각적 놀이성을 자극하는 다양한 형식으로 관계를 맺는다. 그리고 그것을 통해 아기는 건강한 신체 감각을 발달시킨다. 우리는 엄마와 아기가 선천적으로 주고받는 것을 지켜보면서 건강을 위해 무엇이 필요한지를 알 수 있다. 놀라운 내용을 담은 고대 북유럽의 찬트가 있어 소개한다.

그리고 내가 세상에 왔을 때 당신은 노래했나요? 당신이 나를 위해 문 열어 주었을 때 환한 빛도 함께 들어왔나요? 나의 탄생과 이 땅에서의 여정을 시작하는 모든 아기를 위해 노래해요.

데니스 매카시

데니스 매카시(Dennis McCarthy)는 35년 동안 아동과 성인을 대상으로 심리 치료를 해 왔고, 제시카 킹슬리 출판사에서 나온 『네가 괴물로 변하면… 놀이를 통한 변형(*If You Turned into a Monster… Transformation through Play*)』이라는 책에서 독특한 놀이 치료 접근법을 개발하였다. 그는 현재 뉴욕 주에 있는 메타모포스 연구소 소장으로 재직 중이다.

신경극놀이
애착과 놀이, 연극과 제의에서의 근원

> 프란츠 카프카는 작가는 글쓰기를 멈추는 순간 그를 사로잡을지도 모를 광기를 피하려면 '악착같이' 책상에 매달려 있어야 한다고 일기장에 쓴 적이 있다. 나는 이 말이 우리가 과거라는 악마와 맞붙어 싸우게 해 주고, 또 우리 내부의 혼돈에 형태를 부여함으로써 불안을 다룰 수 있게 해 주는 모든 창조적 활동에 동일하게 적용된다고 생각한다. (Miller 1995, p. 15)

앨리스 밀러는 우리 모두가 각자의 악마를 가지고 있으며 창조적 활동이 그 혼돈에 형태를 부여하는 한 가지 방식이라는 사실과 만나게 해 준다. 이 책은 애착의 결핍으로 인한 어린 시절의 정서적 손상에 대해 더 많이 알게 될수록 악마를 막을 수 있는 힘이 더 강해진다고 주장한다. 신경극놀이는 악마와 그것을 다루는 법을 동시에 보여 준다.

개관

이 책은 태아나 신생아를 포함한 아동 모두, 그중에서도 특히 '위험에 처한' 아이들에게 신경극놀이(NDP)가 중요함을 역설한다. 아이들은 방임,

유기, 학대, 악용 당할 수 있으며, 어떤 경우든 가장 기본적인 욕구를 충족시키지 못함으로써 위험에 놓이게 된다. 그리고 엄마나 다른 주 양육자와 충분히 좋은 애착 관계를 형성하지 못하는 것이다. 1장에서는 NDP의 기저를 이루는 이론을 서술할 것이다. 특히 애착과 놀이 그리고 임신과 생후 초기에 대한 이해를 주로 다루려 한다. 이어서 NDP가 아이들의 애착 욕구에 어떻게 도움이 되는지, 또한 입양 아동, 십대 청소년, 자폐 스펙트럼에 속한 아동과 학습 장애 아동의 경우를 살펴본다. 마지막 장은 위탁 보육사, 입양 부모, 교사, 사회복지사, 의사, 간호사, 치료사 등 아이를 보살피는 일에 종사하는 사람들을 위한 것이다. 부록에는 아동, 청소년, 성인에게 적용할 수 있는 활동과 아이디어를 풍부하게 수록하였다.

삶의 연극

우리의 삶은 여러 단계로 구성되고 거기에서 다양한 이야기가 펼쳐지는 한 편의 연극과 같다. 셰익스피어의 명작 『뜻대로 하세요』의 등장인물 자끄 드 보이스가 말하는 '남자(또는 여자)의 일곱 단계'는 인생의 전개 과정을 매우 설득력 있게 말한다.

> 온 세상은 하나의 무대이며,
> 모든 남녀는 배우에 불과하죠.
> 퇴장도 하고 등장도 하면서
> 각자에게 주어진 시간 동안 여러 가지 역할을 연기하는데,
> 나이에 따라 7막으로 구분됩니다.
>
> 맨 처음은 아기로 유모의 품에 안겨서 울어대고 침을 흘립니다.

그 다음은 투덜거리는 학생인데,

가방을 메고 환하게 빛나는 얼굴로

마지못해 달팽이처럼 느릿느릿 학교에 가지요.

그 다음은 마치 용광로처럼 한숨을 내뿜고

애인의 눈썹을 소재로 슬픈 노래를 짓지요.

그 다음은 군인,

이상한 욕설을 마구 해대고, 표범 같은 수염을 하고,

체면을 앞세우고, 걸핏하면 후다닥 싸움이나 하고,

거품 같은 명예를 위해서라면

대포 아가리 속에라도 뛰어들지요.

이어서 재판관,

뇌물로 받은 수탉을 먹어 불룩해진 배에

날카로운 눈초리와 격식에 맞게 다듬은 수염을 하고

그럴싸한 격언과 흔해빠진 관례들을 잔뜩 늘어놓으며

자기 역을 해내죠.

제6막으로 바뀌면

슬리퍼를 신은 말라빠진 노인이 나오는데,

코 위에 안경을 걸치고, 허리에는 돈 주머니를 차고,

젊었을 때 아껴둔 바지는 마른 다리에 너무 헐렁하고,

사내다웠던 굵직한 목소리는 가늘고 높은 애들 목소리로 되돌아가

피리 소리가 나고 휘파람 소리가 나죠.

마지막 장면은 파란만장한 인생사를 마무리하는

제2의 유년기로 망각만 있을 뿐

이도 없고, 시력도 없고, 입맛도 없고,

그야말로 아무것도 없답니다.

—『뜻대로 하세요』제2막 7장 자끄의 대사 중에서

　여기 나타난 인생의 극적 발달 단계 중에서 이 책은 '침 흘리며 울어대는' 단계에 주로 초점을 맞추며, 특히 자궁 속에서 자라면서 감각기관을 모두 써서 온도, 소리, 리듬, 접촉, 정서 변화와 힘을 경험하는 태아의 시기까지 거슬러 올라간다. 엄마는 아기에게 감각적 경험을 통해 깊은 영향을 주게 된다.

　차분한 음악과 마음을 진정시키는 이야기를 들려주는 것은 엄마와 태아 모두에게 신뢰와 평안을 줄 수 있다. 태어나기 몇 주 전부터 태아는 이미 고개를 이리저리 돌리며 젖을 빠는 동작을 연습한다.

　태어난 후에는 출산 전 애착의 연장선상에서 엄마와의 놀이적인 애착과 마주 따라 하기(mirroring)가 시작된다. 우리는 이 과정을 다르게 표현할 수도 있다.

최초의 원

보호의 원

보호의 원은 태아가 자궁 속에 있을 때 형성되며, 이 첫 번째 원은 안전

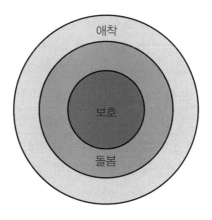

그림 I-1. 최초의 원

한 물로 가득 차 있다(그림 I-1). 점차 배가 불러오면서 태아는 엄마에게 영향을 주기 시작하고, 엄마는 원 속에 있는 태아와 상호작용한다.

돌봄의 원

돌봄의 원은 아기가 엄마의 자각을 더 많이 자극함에 따라 태중에서 발달하며, 태어난 이후에도 지속된다. 이것은 엄마가 아기를 양팔로 둥글게 안는 것으로 상징되며, 애착의 기본을 형성한다.

애착의 원

애착의 원에서 아기는 엄마의 보호와 돌봄 아래 확실히 자리를 잡으며 상호적 놀이 관계를 발달시킨다. 감각적 경험, 리드미컬한 게임, '극화된' 상호작용이 그것이다.

최초의 원은 이 책의 주제인 신경극놀이의 토대를 이룬다. 이 원은 은유로서 엄마와 태아 또는 신생아의 두 배우 사이에 있는 원형 무대라 할 수 있다. 신경극놀이는 임신부터 생후 6개월까지 진행되는 중대한 발달 과정이다. 이 책은 또한 NDP가 이 결정적인 시기에 제대로 구축되지 않았다 하더라도, 후에 감각과 리듬과 극적 놀이를 통해 개입할 수 있는 여지가 있음을 보여 준다. 변화를 만들어 내기에 너무 늦은 경우는 없다.

낙관주의는 이 책 전반에 지속될 것이며, 절대 아이들을 포기해서는 안 된다는 것을 보이고자 한다. 아이들이 보다 즐겁고 만족스러운 삶을 살 수 있도록 변화를 이끌어 내는 데 너무 늦은 때는 없다.

NDP는 아동의 일반적 발달과 거기서 드라마의 중요성과 관련된 맥락에 놓일 필요가 있다. 먼저 NDP는 내가 1980년대 중반부터 다듬어 『가족, 집단, 개인을 위한 연극치료』(Jennings 1990)에서 발표한 **체현-투사-역할**(EPR) 이론을 재정립한다.

EPR은 생후 일곱 살까지 아동의 극적 발달 과정을 보여 주며, NDP의 선구자격이라 할 수 있다(Jones 2010). EPR과 NDP는 내가 2005년 이후 발전시킨 **몸의 연극**(*Theater of Body*; ToB)이라는 더 큰 틀에 포함되며, '몸의 연극'은 여덟 살부터 시작되는 **삶의 연극**(*Theater of Life*)으로 이어진다. '몸의 연극'과 '삶의 연극'이 예방적이라면, '회복 탄력성의 연극(Theater of Resilience; ToR)'(2007a)은 치료적이다(그림 I-2, I-3). ToR은 고학년 아동과 십대의 NDP 문제와 애착 욕구를 다루는 중요한 수단이다.

체현-투사-역할

EPR은 생후 7살까지 극적 놀이의 진행을 나타내는 발달 패러다임이며, 그것은 아기, 유아 그리고 임산부에 대한 광범한 관찰에 근거하여 신체적

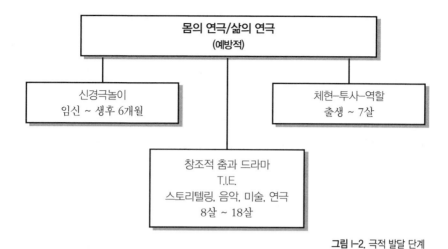

```
┌─────────────────────────────────────┐
│         몸의 연극/삶의 연극          │
│             (예방적)                 │
└─────────────────────────────────────┘
```

| 신경극놀이 | 체현–투사–역할 |
| 임신 ~ 생후 6개월 | 출생 ~ 7살 |

창조적 춤과 드라마
T.I.E.
스토리텔링, 음악, 미술, 연극
8살 ~ 18살

그림 I-2. 극적 발달 단계

```
┌─────────────────────────────────────┐
│          회복 탄력성의 연극          │
│             (치료적)                 │
└─────────────────────────────────────┘
```

| 신경극놀이 치료 | 체현–투사–역할놀이와 연극치료 |
| 임신 기간과 생후 6개월 | 생후 7살까지 |

사회적이고 치료적인 연극

그림 I-3. 극적 발달 단계의 재정립

이고 인지적이며 정서적이고 사회적인 다른 발달 과정과 나란한 발달을 보여 준다.

EPR은 가치중립적이다. 특정한 심리 이론에 의존하지 않으며, 어떤 심리학적 모델이나 치료적 또는 교육적 활동과도 통합될 수 있다.

EPR은 아동의 '극적 발달'을 보여 주며, 상상과 상징, 스토리텔링과 시, 극적 놀이와 연극의 세계에 진입할 수 있는 토대가 된다. 엄마와 아기의 초기의 감각적 애착은 놀이성과 역할 바꾸기를 통해 강력한 신체와 리듬과 극적 요소를 갖게 된다. 심지어 임신 중에도 엄마는 태아와 극적 관계를 형성한다(앞의 NDP 참조).

EPR의 숙달은 아동의 성숙에 필수적이다. 그것은

- 엄마와 아기의 놀이적 애착의 핵심을 생성한다.
- 감각 놀이, 체현 놀이, 리듬 놀이, 극적 놀이를 촉진한다.
- 아이들이 점토와 미술 재료를 가지고 이미지를 창조하도록 도와준다.
- 창조할 수 있는 '극화된 몸(dramatised body)'을 만든다.
- 스토리텔링의 구조와 상호작용적 잠재력을 고무시킨다.
- 메아리 놀이와 흉내 내기를 통해 공감 능력을 발달시키는 토대가 된다.
- 아이들에게 사회 구성원으로서의 경험과 기술을 제공한다.

EPR은 아동과 청소년의 극적 발달을 재건하는 수단이기도 하다. 갈수록 체현 단계의 근본적인 중요성이 입증되고 있다. 다양한 형태의 감각적 상호작용, 리드미컬한 움직임과 노래, 게임은 아이들이 자기 몸을 안전하고 편안하게 느낄 수 있게 하며, 이를 통해 다른 몸과의 소통을 가능케 한다.

청소년을 위해서는 NDP 활동을 그 연령대에 걸맞은 방식으로 EPR 패러다임에 통합할 필요가 있다. 거친 십대가 모두 점토 놀이와 비눗방울 불기에 흥미를 느끼는 것은 아니지만, 그럼에도 불구하고 9장의 예는 나의 가설에 대한 시금석이다. 위니콧(1982)은 치료사와 아동의 창조적 공간으로서 '놀이 공간(play space)'의 중요성을 설명하며 엄마와 아이의 관계 역시 강조한다. NDP는 엄마와 태아/신생아 사이의 공간이 놀이 공간임을 보여 준다.

이 두 개의 발달 패러다임, 신경극놀이와 체현-투사-역할이 함께 몸의 연극을 완성한다.

몸의 연극: 통합된 원

애착은 무엇보다 본능적이고 감각적이며 신체적인 경험으로서 엄마와 아이의 물리적인 근접성이 가장 중요하다. 그러나 각각의 문화는 고유한 움직임과 춤과 리듬이 있으며, 그것을 체득할 때까지 아이들이 혼란을 겪을 수 있음을 반드시 기억해야 한다. 뿌리가 제대로 형성되지 않으면 그와 단절될 수도 있다. 아들러는 『집단적 신체(*The Collective Body*)』(1999)에서 우리 모두는 부족의 몸으로 태어났지만 동시에 세속적인 몸이기도 하다고 말한다. 그리고 '진정한 움직임(Authentic Movement)'(Mary Starks Whitehouse 1970에서 가져온)을 통해 부족의 삶으로부터의 빠른 이탈에 영향 받은 이 과정을 재발견할 수 있기를 권한다. 진정한 움직임은 치료, 명상, 제의, 즉흥, 개인 또는 공동체의 집단 과정에서 다양한 신념과 실천의 가교 역할을 한다.

아들러(1999)는 또한 공동체의 상실, 원 곧 '성스러운 원의 상실은 참을 수 없는 분노, 고립, 절망을 낳는 중요한 원인'이라고 말한다(p. 192).

To grandma love mir

태중에서부터 생후 초기에 체현된 경험은 이후 발달의 지표를 형성한다. 자신감, 회복 탄력성, 의사소통, 관용, 공감, 신뢰, 희망은 모두 임신 기간과 애착 과정에서의 신체 경험에 뿌리를 둔다.

'몸으로 생각하기(thinking with the body),' '신체 지능(body intelligence),' '신체 기억(body memory)'은 우리의 물성에 대한 치료적 이해를 돕는 개념들이다.

신체는 학습(Jennings 1998)의 주된 수단이며, 초기의 신체 경험이 이후 신체와 인지의 성장에 영향을 미친다. 유아는 신체 상이 형성되기 전에 '몸-자기(body self)'를 발달시킬 필요가 있다(Jennings 1998-1999a). '몸-자기'란 자신의 몸에 만족스럽게 살고 있다고 느끼는 것, 즉 몸에 거주함을 뜻한다. 초기 애착은 신체에 대한 경험에 크게 영향을 받는다. 양육자에 대한 신체적 애착을 통해 우리는, 나중에, 놓아주고 독립적으로 탐험할 수 있는 능력을 갖게 된다. 다른 사람의 몸에 안겨 보호받으면서 우리는 신체의 경계를 경험할 수 있다. 체현은 극적 발달의 첫 번째 단계다(Jennings 1987, 1990, 1998, 1999a, 2003, 2004).

몸의 연극은 임신에서 협동의 시기(대략 6개월경)까지, 그리고 '탄생-놀이'부터 '현실을 위한 드라마'(약 7세)까지 상연된다. 거기에는 신경극놀이와 체현-투사-역할의 발달 패러다임이 포함된다(24쪽 그림 참조). NDP는 임신 기간과 생후 6개월에 이르는 애착의 극적 기반에 주목한다. EPR은 생후 7년까지의 극적 발달 과정을 보여 준다. 그동안 아동은 처음 1년의 체현 단계에서 물질과 대상을 탐험하고 숙달하는 투사 단계로 넘어간다. 4살이 되면 아이들은 역할을 연기하고 대사와 이야기를 지어내며 자신의 경험이나 책에서 읽은 장면을 즉흥극으로 하기도 한다. 그러나 처음에는 이 춤과 삶의 드라마에 오직 두 명의 배우만이 존재한다. 초기 몇 개월의 기본적이고 충분한 애착을 통해, 아이는 신뢰와 확신 그리고 조건 없는 긍정적인 관심을 경험한다(Maslow 1968).

이것은 **체험된 경험으**로서 놀이적이며, 흉내 내기의 요소를 갖는다. 이것이 몸의 연극이다.

극적 발달

놀이와 제의, 연극과 드라마는 모두 생물학적 근거를 갖고 있으며 (Cozolino 2002; Jennings 1999a; Schechner 1991; Turner 1982; Whitehead 2003), 건강한 애착과 놀이가 두뇌의 성장에 미치는 영향에 대한 인식이 확장되고 있다.

　극화에 대한 욕구는 인간의 근본적인 충동으로서 생존에 필수적이다. 아이들은 다른 사람과 놀면서 사회적 상호작용을 하지 못하면 잘 자랄 수 없다. 1990년대 초, 루마니아 혁명 이후 당시 고아원의 상황이 사진으로 서유럽에 공개되었는데, 거기 있던 아이들은 먹을 음식이 없어서가 아니라 사회적 상호작용이나 감각적 놀이가 전혀 제공되지 않아 암울하게 죽어 가고 있었다. 이 가슴 아픈 사례는 붉은털원숭이에게 먹을 것보다 신체적인 애정이 중요함을 발견한 할로(Harlow 1958: 2장 참조)의 연구 결과를 지지해 준다. 부드러운 촉감에 매달리는 것이 다른 무엇보다 긴요한 것이다.

　우리가 일상 현실과 연극에서 연기하는 역할은 '체현'된다. 우리는 신체적 경험을 통해 역할을 이해한다. 유아는 자라면서 '가장'(극적 현실)과 일상 현실을 구별할 수 있는 능력이 생긴다. 그들은 초기의 놀이 관계에서 극적 놀이의 '만약 ~라면'을 이미 경험했다. 배우들 역시 '만약 ~라면'을 토대로 작업하며 역할이나 인물의 진정성을 위해 '정서 기억(emotional memory)'(Stanislavsky 1950)을 사용한다. 역할과 인물을 이해하기 위해서는 '역할'과 '상연'에 대해 자세히 살펴볼 필요가 있다. 그러나 내가 다른 사람이 된 듯 극화된 상황 속에서 역할을 연기하는 것과 신경과학자들이 '모방 신체 고리(as if body loof)'(Damasio 2000, 2003; Le Doux 1998)라고 부르는 상상을 정확히 구분할 필요가 있다. 이 '상상된 상황'은 뭔가를 실제로 해 보기보다 그것을 상상하거나 다른 사람들이 하는 것을 목격하는 상황에 관여하는 뇌 처리 과정을 말한다. 다음은 르두와 다마지오가 말하는 상상의 또는 '모방된' 신체 상태에 대한 것이다.

　　어떤 상황에서는 신체적 피드백이 실제로 일어난다면 어떤 느낌일지를
　　상상할 수 있다. 이 '가상의(as if)' 피드백은 작업 기억 속에서 인지적으

로 나타나며 감정과 의사 결정에 영향을 미친다. (Le Doux 1998, p. 295)

'마치' 우리가 어떤 감정 상태'인 듯'이, 신체가 그렇게 활성화되거나 변형된 것처럼 느끼게 해 주는 신경 장치가 존재한다. (Damasio 2003, p. 155)

거울 뉴런은 유아가 다른 사람이 특정한 행동을 하는 것을 관찰할 때 점화된다. 거울 뉴런은 제의와 춤과 같은 '본보기를 세우는' 사회적 기능에 기여하는 것으로 알려져 있다(이에 대한 상세한 내용은 Whitehead 2001, 2003 참고).

그러나 극적 발달은 반드시 상연의 주제를 포함해야 한다. 어떤 교육적 관점에서는 공연을 부정적 경험으로 간주하기도 하는데, 예를 들어 어른의 즐거움을 위해 어린아이들에게 공연을 하게 한다든지 공연 자체가 과정보다 더 중요시되는 경우가 그것이다. 슬레이드(1995)는 그것이 아이들의 몰입을 방해한다고 한다.

유치원에서 어설프게 치장하고 공식적인 무대에서 대본이 있는 완벽한 연극을 부모에게 보여 주려는 시도는 아이들에게 도움이 되지 않는다. 공연을 지나치게 빨리 경험하는 것은 몰입과 진정성을 방해할 뿐이다. (Slade 1995, p. 63)

그래서 연극치료사들은 치료적 의도를 가지고 공연을 올리는 것을 주저해 왔지만, 나는 그것에 도전한다. 회복 탄력성의 연극은 공유된 공연을 지향한다(12장 참조).

무어(2009)는 애착의 연극에 대해 광범한 글을 써 왔고, 치료 작업을 낡은 극본을 접고 새롭게 극본을 쓰는 기회로 본다. 그녀는 자신의 연극과 연극치료에 대해 이렇게 말한다.

> 희곡이 공개적으로 상연될 때 그것은 퍼포먼스(*performance*)이며, 사적인 것이 될수록 더욱 **수행적**(*performative*)이 된다(Schechner 2006). 우리는 서로의 사회극을 연기하면서 상황에 대해 새로운 관점을 획득한다. 일대기 작업을 할 때 다른 사람의 존재는 우리의 이해를 돕는 역할을 하기 때문에, 나는 터너가 쓴 퍼포먼스라는 말에 감명을 받는다. 그는 퍼포먼스가 고대 프랑스어인 'parfournir'에서 온 것으로 설명하는데, 그에 따르면 퍼포먼스는 '경험이 가져다주는 참된 결말'(Turner 1982)이라는 의미이며 형식(form)과는 아무 관련이 없다. 이런 해석은 퍼포먼스를 참여자들이 자신에게 내재된 힘을 발견해 나가는 과정에서 강렬한 고통과 수치심에 대항할 수 있도록 도와주는 더욱 사적인 개념으로 전환한다. (Moore 2009, p. 204)

무어(2009)는 대본을 바탕으로 한 자신의 공연이 입양된 아이들의 과거, 현재, 미래의 삶과 그들의 애착과 관계를 연결하는 가교를 만들어 주는 수단이라고 본다. 그녀는 위탁 보육사나 입양 가정의 부모를 '애착의 연극'이라 명명한 이 공연에 통합시킨다(Moore 2009).

쉬니나(Schinina 2004)는 '연극은 역할을 구축하는 데 집중하는 관계와 소통 그리고 표현을 발달시키는 도구로 이해되어야 한다'고 한다(p. 37). 사람들은 일상에서 다양한 역할을 연기하고, 무대에서 놀거나 연기할 때는 상상의 역할을 연기한다. 그리고 공연에는 기대를 충족시켰는지에 대한 평가가 따른다.

나는 언어보다는 극적 행동이 문화의 토대가 되며, 따라서 개인은 사회집단뿐 아니라 문화 형식으로 사회화될 필요가 있다는 화이트헤드(2003)의 생각에 동의한다. 이것은 극적 발달 과정이 다양한 문화 속에서 개인과 집단의 사회화에 고유한 기능을 수행한다는 것을 의미한다. 나아가 그것은 유아와 아동뿐만 아니라 특정 집단에 새로 진입하는 사람들에게 중요한 역할을 한다. '삶을 위한 연극'이 가지는 모든 의미는 '몸의 연극'에서 비롯된다. 그것은 초기 애착 경험의 극적 본질의 중요성을 더욱 강조한다. 그것은 개별 아동의 건강한 발달뿐 아니라 사회집단 내에서 극적 발달과 그 과정을 지속함으로써 어린이 문화의 토대를 구축할 수 있다.

연극, 사회심리학, 사회인류학 분야의 몇몇 학자들은 이와 관련하여 역할과 퍼포먼스에 대한 차별화된 이론을 발전시켜 왔다. 다음의 간단한 설명만으로도 그 이론의 복합적 틀을 충분히 설명할 수 있을 것이다.

상징적 상호작용론을 주창한 조지 허버트 미드(George Herbert Mead 1934)는 사람들이 세상을 향해 행동함으로써 현실을 어떻게 창조하는지를 설명하면서 몇 가지 중요한 개념을 만들어 냈다.

- **자아(self)**: 미드의 개념은 우리가 자신을 배우이면서 동시에 대상으로 바라볼 수 있는 능력이 있음을 설명해 준다. 자아는 **성찰적**이며 자신을 타인의 시선으로 바라볼 수 있다. 미드(1934)는 자아가 어린 시절의 놀이 단계와 게임 단계에서 발달한다고 설명한다.
- **놀이 단계**: 이 단계에서 아동은 특정한 타인(엄마와 같은)의 태도를 배운다.
- **게임 단계**: 이 단계에서는 다른 여러 사람들의 태도를 배우게 되며, 따라서 조직화된 집단 내에서 역할을 어떻게 수행해야 하는지 학습한다.
- **일반화된 타자**: 일반화된 타자는 게임 단계에서 발전되어 나온다. 그것은 공동체나 사회의 집단적 태도이며, 개인은 다른 사람들의 공유된 의미에 참여함으로써 자신을 사회에 속한 구성원으로 바라보게 된다.

- 아이와 미(*I and me*): 미드는 자아가 사회적 과정이라고 한다. '아이' 는 타인에 대한 개인의 즉각적 반응이며, '미'는 일반화된 타자의 수용이다.

그러므로 인간은 **행동**하는 유기체이다. 역할을 맡을 때, 우리는 다른 사람들이 스스로 어떻게 느끼는지 뿐만 아니라 자신의 행동이 타인에게 어떻게 인지되고 해석되는지를 이해할 수 있게 된다(Mead 1934). 타인의 역할을 취함으로써 공감과 양심이 발달한다는 것을 확인하게 된다. 미드의 관찰은 특정하고 일반적인 측면에서 극화된 자아나 타인에 대한 근본 원리를 일반적으로 그리고 구체적으로 파악할 수 있게 해 준다.

어빙 고프먼(Erving Goffman 1969)은 미드의 아이디어를 확장하여 사회적 현실이 상호작용과 퍼포먼스를 통해 어떻게 창조되는지를 보여 주는 연극적 관점을 세웠다. 레머트는 고프먼에 대해 이렇게 말했다.

> 사람들이 우리가 말하는 것을 우리라 믿고, 우리가 의도하는 바를 우리의 뜻이라 믿도록, 상황은 함축을 통해 우리가 주장하는 것이자 우리 자신과 타인들에게 어떤 인상을 심어 주는 수단임을 믿도록, 그럴듯한 공연을 하는 것이 우리의 능력이다. (Lemert and Branaman 1997)

빅터 터너가 제의와 제의적 상징, 제의와 연극의 관계에 대해 쓴 중요한 글은 인류학자, 연극 이론가, 연극치료사에게 영향을 주어 각 분야의 작업을 제의적 관점에서 개념화할 수 있게 해 주었다(Turner 1967, 1974; Turner and Bruner 1986). 터너는 자신의 삶에 근거하여 연극과 인류학에 관한 초기의 생각을 발전시켰다. 그의 어머니는 연극인이었으며, 아버지는 도산한 엔지니어였다. 그들은 그가 11살 때 이혼했고, 그는 부모와 멀리 떨어져 조부모 밑에서 자랐다.

나에게 공연의 인류학은 경험의 인류학의 본질적인 부분이었다. 딜타이가 주장하듯, 제의, 의식, 사육제, 연극, 시 등 모든 종류의 문화적 퍼포먼스는 인생 자체에 대한 설명과 해석이다. 퍼포먼스의 과정 자체를 통해 보통은 감추어져 있어 일상의 관찰과 추론을 허용하지 않는 사회문화적 삶의 심층을 드러낼 수 있다. (Turner 1982, p. 13)

터너는 또 이렇게 말한다.

현장 연구를 위한 훈련 과정은 내게서 아버지로부터 물려받은 과학자적 기질을 발동시켰고, 현장에서의 경험은 어머니의 선물인 연극적 재능을 활성화시켰다. 나는 그 표현과 분석의 단위를 절충하여 '사회극(social drama)'이라는 것을 만들었다. (Turner 1982, p. 9)

의사 아버지와 무용수 엄마 사이에서 태어난 나는 빅터 터너와 동일시하지 않을 수 없다. 60년 이상을 함께한 부모님 슬하에서 자란 나도 때로는 그처럼 의학과 예술 사이를 휘청거리며 오락가락했다. 연극치료와 놀이치료는 나의 생각과 실천 속에서 체계를 갖추어 갔지만, 다른 한편으로는 그 틀에서 자유로워지기를 원하여 놀이적 만남과 연극 경험에 몰입하였다. 구조와 패러다임을 개발해 나가면서도 내용은 담되 제한을 두지 않았고, 구성을 확정하기보다 주제의 변화를 추구하였다.

삶의 연극(Theater of Life)은 발달과 애착 이론가의 손에서 시작되어 제의와 퍼포먼스 이론가와 함께 풍부하고 생생한 태피스트리를 짜 나가고 있다. 그런데 그것이 바로 연극이다!

극적 발달을 다시 요약하면서, 우리가 어떻게 공감적인 사회적 존재로 성립하게 되는지 살펴보자. 첫째, 일치 놀이(*consonant play*)가 있다. 엄마와 아기가 같은 동작을 하고, 같은 소리를 내고, 같이 노래한다. 신생아는 보통 엄마의 움직임과 단순한 소리를 메아리처럼 따라 한다. 이것이 흉내로 이어지며, 바로 상호적인 드라마가 된다. 아기는 엄마를 모방하고, 엄마는 아기를 모방한다. 여기서 마주 따라 하기의 극적 행위가 발달하며, 유아가 행동과 소리를 모두 모방하고 주도하면서 더 복합적인 드라마가 나타난다.

노래 게임이나 소리를 동반한 이야기처럼 '의례화된' 행위의 반복은 창조성과 즉흥이 나타날 수 있는 안전한 토대를 마련해 준다. 최초의 사회적 관계와 안전한 애착은 유아로 하여금 신체의 정체성 내에서 안전한 느낌을 갖게 해 주며, 이로부터 극적 놀이에 대한 탐험이 시작된다.

유아의 이 같은 극적 발달은 건강한 애착과 회복 탄력성뿐만 아니라 정체성과 자존감, 그리고 문화로의 사회적 통합 과정에 필수적이다. 아동은 자신의 역할과 기대, 규칙, 규범을 익힘으로써 사회적 네트워크의 구성원이 된다. 문화는 의례와 제의, 춤, 미술, 음악, 연극, 공연과 스토리텔링을 포함한다.

트레바든(1993/2006)은 아이가 태어날 때부터 소통 능력을 갖고 있다고 한다.

> 경험되는 것을 다시 경험하는 것이 인간 의식의 본질이다. 다른 행위의
> 의식적 주체와 관련하여 행동하는 배우가 될 것, 그리고 즉각적인 공감
> 으로 다른 사람들의 정서의 생명력과 느낌을 수용하면서 정서의 주체
> 가 될 것. (Trevarthen 1993/2006, p. 121)

하지만 나중에는 태어난 지 6주 후에야 의사소통의 초점이 생긴다고 말

한다. 아기가 최대한 엄마의 존재를 느끼기 위해 잠시 숨과 동작을 멈춘
다는 것이다. 아기를 대상으로 광범한 관찰과 실험적 연구를 지속해 온
트레바든의 도전적 발견에 반론을 제기하기가 주저되지만, 나는 소통에
대한 강도 높은 집중이 생후 6주가 아니라 출생 시점에 시작된다고 본다.

> 체현된 문화적 가치와 관념을 전달받아 수용하면서 아동은 사회집단과 가
> 족 의례의 일부분이 된다.

트레바든은 특히 음악성과 리듬과 관련하여 아기의 초기 발달을 광범하
게 연구했다. 그는 아주 어린 유아들조차 다른 사람들의 행위를 이해한다
고 한다.

> 아기는 태어나면서부터 다른 사람으로부터 느껴지는 욕망이나 이미지
> 에서 의미를 찾기 위해 치열하게 참여한다. 그들은 상대방에 대한 시의
> 적절한 판단을 포함하여, 어른의 지혜에 대응하는 정서적 언어와 음악
> 적 감각을 가지고 있다. 또한 아기들은 '개인의 서사적 역사'를 재빨리
> 구축하여 현재의 순간을 기억된 과거와 그로부터 상상된 미래와 연결
> 시킨다. (Gratier and Trevarthen 2008, p. 122)

신생아와 그 발달에 관련된 연구가 증가하였지만, 트레바든의 관점과는
거리가 먼데다 유아의 소통 방식과 놀이의 세부 사항에 대한 관심이 적
었다. 그러나 엄마와 아기의 놀이 공간에서 일어나는 질적 소통에 중점
을 두고 그 틀 안에서 엄마와 아기에게 관심을 가지는 것은 중요하다.
  이제 우리는 이 책을 통해 재미있는 여행을 시작할 것이다. 그리고 새
로운 착상을 발견하고, 새로운 관점에서 낡은 이미지를 관찰하며, 심기

일전하여 어려운 상황에 대처함으로써, 창조적인 변화에 대해 희망을 갖게 되길 바란다.

NDP
정의와 이론

나는 일곱 살 때 기이한 경험을 했다. 새로 산 축구공을 갖고 놀고 있었다. 날은 이미 어두워졌고 다른 아이들은 모두 집으로 돌아가고 없었다.

나는 집으로 걸어가면서 하늘을 쳐다보며 생각했다. 별들은 얼마나 오래 살까? 산다는 건 얼마나 긴 걸까? 나는 얼마나 살 수 있지? 얼마나 있다가 죽는 걸까? 죽을 때 아무렇지도 않을까, 아니면 좀 다른 느낌일까? 난 갑자기 두려워졌고 이내 온힘을 다해 집으로 달려갔다. 울며 소리치며.

나는 침대에 누운 엄마와 아빠 사이로 끼어 들어갔다. 왜 비명을 질렀는지는 말하지 않았다. 그리고 그 일을 머릿속에 감추어 버렸다.
(Gascoigne 2004)

개관

신경극놀이는 초기 뇌 발달의 복합성에 대한 신경과학의 발견, 아동기 애착에 관한 동시대의 생각, 정서와 행동 장애 아동과 청소년을 위한 주요 개입으로서 놀이 치료와 연극치료의 등장 등을 포함하는 아동 발달에 관한 여러 접근법을 새로이 종합하며, 아동의 건강한 발달에 필요한 태생적 조건과 환경을 모두 고려한다.

역사적으로 태생적 조건과 환경은 인간의 사고와 감정과 행동에서 대립 요소로 이해되어 왔지만, 최근의 신경과학의 연구 결과는 그 둘이 사실상 같은 역할을 한다는 것을 보여 준다. 그것들은 모두 뇌와 그 기능의 역량을 확장한다. 아기의 뇌는 태어나기 전까지는 형성되지 않으며 생후에 급속히 발달하게 된다. 태생적 조건은 뇌에 잠재력을 부여하지만, 환경의 특질(혹은 방임 여부)에 따라 뇌의 궁극적인 성장과 역량이 결정된다. 우리가 뇌 발달과 환경에 대해 알고 있는 것은 대부분 결핍이 동유럽의 수천 명의 고아들에게 미친 영향에 대한 '실태 조사'에서 비롯되었다. 애착 행동에 대한 이해의 많은 부분이 할로(1958)의 붉은털원숭이에 대한 잔혹한 실험(2장 참조)과 독재국가의 정치적 탄압으로 수년 동안 학대, 방임, 잔혹 행위의 대상이 된 유아와 아동에 대한 연구 결과로 얻어졌다는 사실은 아이러니가 아닐 수 없다(2장과 아래의 논의 참조).

신경과학은 뇌와 그 기능에 대한 이해를 확대시켰다. 르두는 태생적 조건과 환경의 관계에 대한 새로운 시각을 내놓았으며, 신경과학자이자 심리치료사인 코졸리노는 사회 연결망과 신경 연결망의 연계성을 주장했다.

> 사고와 정서의 대립은 궁극적으로 해결될 수 있을 것이다. 그러나 그것은 단순히 정서 체계를 제어하는 신피질의 인식에 의해 주도되기보다 뇌 안에서 논리적 추론과 열정의 좀 더 조화로운 통합을 따를 것이다. (Le Doux 1998, p. 21)

우리는 삶의 첫 순간부터 복합적인 사회적 관계망 속에 존재한다. 이 정교한 사회적 관계성은 결속과 애착, 놀이, 타인의 의도에 대한 예측 그리고 타인의 눈을 통해 세계를 바라보는 능력과 같은 신경회로망에

의해 조직되고 통제된다. (Cozolino 2002, p. 172)

배경

루마니아와 인도에서 거리로 내몰린 청소년과의 작업은 신경극놀이에 대한 착상을 더욱 공고히 하는 데 도움을 주었고, 이전 연구의 기반 위에서 최근의 이론을 발전시키게 되었다. 연극치료와 놀이 치료에 관한 대부분의 초기 저술(Jennings 1983-2007)은 발달 패러다임으로서, 태어나 일곱 살까지 아동의 '극적 발달'을 밝힌 체현-투사-역할(EPR) 이론에 집중되었다. EPR의 세 단계와 그 적절한 적용은 건강한 애착과 성숙에 필수 요소다. EPR은 뇌의 우반구와 좌반구의 발달에 영향을 줄 뿐만 아니라 회복 탄력성과 자신감을 북돋우어 준다. EPR을 순행하지 못한 아동은 이후 삶에 심각한 영향을 받게 된다. 실제로 적절하게 체현(E) 단계를 거치지 못한 아이들은 왜곡된 신체 이미지와 잠재적인 섭식 장애를 갖게 될 수도 있다. 눈과 손의 협응이나 읽고 쓰는 데 애로를 겪거나 예술적 표현력이 부족하다고 느낀다면, 투사(P) 단계를 제대로 경험하지 못했을 가능성이 있다. 또한 많은 아이들이 '가장하기,' 다른 인물(동물이나 다른 사람)의 역할을 맡아 연기하는 것을 힘들어 한다. 그렇게 역할(R) 단계를 잘 거치지 못하면 일상에서 파괴적이거나 고립된 역할을 연기하게 된다. 이 아이들은 EPR의 역할(R) 단계뿐만 아니라 출생 초기 몇 주 또는 몇 달(3장 참조) 동안 극적 놀이를 해 볼 기회를 가져 보지 못한 까닭에, 다양한 역할을 연기하지 못하고 오직 피해자나 가해자로서 일상에서 파괴적인 만남을 지속하게 된다. 나는 신체적인 게임과 움직임 활동(Sherbone 2001)을 즐겁게 하고 정교한 점토 조각상이나 자화상, 콜라주를 만들 수 있지만 자신이 아닌 다른 사람이 되어 역할을 연기하지 못하는 아이들과 작업한 적이 있다. 역할을 연기한다는 것은 마치 자신이 다른 사람(또는 다른 존재)이 된 듯 '가상'을 가지고 놀 수 있음을 뜻한다. 이것이 내가 말하는 극적 반응(dramatic response)이며(Jennings 2005a), 우리가 다른 사람의 감정과 경험을 고려할 수 있다면 그것은 오직 역할을 맡아 생각하고 행동하는 것, 극적으로 노는 것을 통해서만 가능하다. 이것이 우리가 공감을 발달시키는 방식이며, 극적 놀이에 몰입하지 못하는 아이는 '타자'를 이해하는 데 심각한 문제를 겪을 수 있다. 배런-코언과 차크라바르티(Baron-Cohen and Chakrabarti 2008)의 공감에 대한 정의는 매우 적절해 보인다.

> 공감은 인간관계의 본질을 규정하는 특질이다. 공감은 다른 사람의 감정을 해칠지도 모르는 행위를 중단시키며 사람이나 동물에게 고통을 가하는 일을 그만두게 한다. 공감은 자신의 지각, 지식, 가치관, 감정과 같은 자기만의 세계를 잠시 내려놓고 자신을 다른 사람들의 세계에 맞추어 조율할 수 있도록 해 준다. (p. 317)

치료사이자 엄마로서 그리고 할머니로서, 나는 TV에 나오는 외견상 멀쩡한 많은 아이들이나 어른들에게서 보이는 공감의 결여 현상에 대해 갈수록 걱정이 깊어진다.

> 우리는 한두 세대의 아이들에게서 공감이 사라진 듯 보이는 시대에 살고 있다. 공감의 결핍은 다른 사람들이 어떻게 느끼는지를 이해하지 못한다는 것을 뜻하며, 그래서 그들에게 양심이나 죄책감 없이 막대한 고통을 안겨 줄 수도 있음을 의미한다. (Jennings 2007b)

인공수정 클리닉

1988년부터 나는 임신에 어려움을 겪는 사람들을 위한 병원에서 일했고, 거기서 출산 이전부터 엄마와 태중 아기의 감각과 투사와 극적 관계에서 EPR이 실제로 어떻게 시작되는지를 훨씬 잘 알게 되었다. 실제로 태아에 대한 연구가 급속히 확장되어 왔고, 그로 인해 낙태 반대자와 지지자 사이의 격렬하고 때로는 난폭한 논쟁이 있었다. 강간에 의한 임신이나 태어날 아이에게 장애가 있음을 알았을 경우에 어떻게 할 것인지와 관련한 매우 어려운 질문이 있다. 여기서 그런 논쟁을 다룰 것은 아니며, 다만 태아의 발달과 외부 환경이 태중의 아기에게 미치는 영향에 대한 연구가 많아졌음을 확인한다.

체현-투사-역할은 폭넓은 행동과 반응의 범위를 망라하는 확대된 개념이며(자세한 내용은 Jennings 1998 참고), 그래서 태아와 엄마, 신생아와 엄마의 상호작용과 놀이성의 세부에 초점을 맞추기 시작하였다(Jennings 1999a, 2003a, 2003b, 2009a, 2009c). 또한 생후 초기 몇 개월에 대하여는 EPR과 관련한 미세한 조정이 필요함을 알게 되었다. 나는 임신에서 생후 6개월까지에 관심을 두게 되었고, 결국 신경극놀이가 매우 적합한 개념이라는 확신을 갖게 되었다. 나는 이 예민한 시기에 NDP가 모든 유아의 발달에 영향을 줄 수 있다고 믿는다. 신경극놀이는 유아의 뇌 발달과 관련이 있으며, 놀이할 수 있는 능력과 '가상의' 극적 반응을 포함한다. 놀이성은 이 책의 전반에 걸친 모티프이다.

여성의 중요성

NDP가 '임신'에서 출발한다는 의미는 실질적으로 임신이 되는 바로 그 순간이 아닐 수 있다. 그럼에도 만일 임신이 폭력이나 상대방에 대한 배려 없이 이루어졌을 경우, 그것은 곧바로 불의의 사태에 대한 감정을 낳고, 그것이 임신 기간 내내 지속되어 태아에게 영향을 줄 수도 있다고 믿는다. 반대로 기다렸던 임신이거나 예상치 못한 기쁨이라면, 새로운 생명에 대한 감동이 시작될 것이고, 이는 임산부와 태아에게 긍정적인 변화로 작용한다(McCarthy 2007와 관련된 12장 참고).

많은 여성에게 임신은 태아가 처음으로 움직이고 놀이적인 생각과 백일몽과 감정 변화가 현저해지면서 시작된다. 입덧과 피로, 비만과 탈진에도 불구하고, 임신은 놀이적이고 창조적인 시간이다.

경제적인 필요뿐 아니라 사회적인 기대 때문에 임신 중에 반드시 일을 해야 하는 경우, 많은 스트레스를 받아야 하는 것은 참으로 안타까운 일이다. 엄마의 중요한 역할은 폄하되고 그냥 '전업 주부'라는 단어로 동일시될 뿐이다. 그러나 여러 측면에서 엄마는 다음 세대를 길러내는 매우 가치 있는 존재다. 따라서 엄마됨에 대한 관심과 충분한 시간이 필요한 데 비해 현실은 엄마를 생각할 줄도 모르고, 결정을 내릴 줄도 모르며, 당연히 의사보다 아기에 대해 잘 알지 못하는 사람으로 취급된다. 나아가 여성은 결혼 여부를 떠나 재정적으로 적절하게 대우받지도 못한다. 여성은 수백 년 동안 권리 신장을 위해 싸워 왔지만, 사회의 변화는 더디기만 하다. 특히 서구 문화 속에서 자신과 태아의 운명에 대해 말할 수 있는 엄마의 권리는 그리 쉽게 주어지지 않을 것이다.

역사적으로 산파나 출산을 돕는 여인들은 처벌을 받거나 죽임을 당해 왔다. 그들의 지식은 악마로부터 전수된 것이며 나쁜 힘에 대항하지 못하는 취약한 존재로 간주되었기 때문이다. 여성이 '공식적으로' 출산을 돕도록 허용된 것은 그리 오래된 일이 아니다. 분만을 위한 겸자가 처음 발명되었을 때 그 사실은 비밀에 붙여졌고, 오직 남자 의사만이 그것을 사용하도록 허용되었다. 사안은 좀 다르지만 오늘날까지도 여성은 나약하고 홀로 설 수 없는 존재라는 인식이 뿌리 깊다. 하지만 대부분의 여성은 강하고 활기 있으며, 경우에 따라서는 혼자서 출산할 수도 있다.

혼자서 출산 과정을 관리해 나갈 수 있는 여성에게 마취 상황에서 출산의 고통에 대한 실질적 이해가 없는 이른바 '전문가'인 의사가 뭔가로 쿡쿡 찔러대는 상황을 견뎌 내기란 쉽지 않다. 출산은 밝은 불빛과 크롬색의 도구들로 번쩍이는 공개된 전시가 아니라 사적인 중요한 순간이다. 이것은 꿈과 무대의 차이와 견주어 볼 수 있다. 꿈은 우리의 머릿속에서 연극처럼 존재하는 사적인 경험이며, 연극은 스포트라이트와 다양한 효과를 갖춘 공개적이고 집단적인 사건이다. 출산은 매우 사적이고, 개인적이며, 자연스러운 경험이다. 그러므로 반드시 밝은 조명 아래 풀 먹인 흰 옷을 차려입고 마스크를 쓴 사람들이 있는 수술실에서 진행될 필요는 없다.

9개월의 임신 기간과 아이가 태어나 6개월까지는 애착의 토대가 형성되는 시기다. 임신 기간은 출산 이후만큼이나 중요하다(4장과 5장 참고). 신경과학이 심리적 과정뿐 아니라 엄마와 아기의 정서적 애착의 바탕이 되는 화학적 분비물을 발견했다는 사실은 매우 중요하다. 엄마와 아기의 상호작용은 신경 화학물질에 의해 영향을 받으며, 궁극적으로 '긍정적 애착'을 형성하는 태생적 조건과 환경의 지속적 흐름이 존재한다. 엄마의 내면화는 내장, 근육, 감각, 정서적 기억의 복잡한 연결망과 연관되며, 그것은 스트레스 상황에서 정서 조절력을 지지할 수 있다(Cozolina 2002, p. 177).

뇌와 신체

신경극놀이(NDP)가 필요한 결정적 시기에 대해 동의가 되었다면, 이제는 그것이 정확하게 무엇이며 어떻게 해야 하는지를 알아보기로 하자.

NDP의 정의
신경극놀이는 임신에서 생후 6개월에 걸쳐 일어나는 엄마와 태아 그리고 엄마와 신생아의 감각적이고, 리드미컬하며, 극적인 놀이다.

NDP는 무엇을 하는가?
신경극놀이는 뇌 성장과 신체의 화학적 균형 그리고 신생아와 부모의 건강한 애착에 심대한 영향을 준다. 또한 아이의 정서적이고 사회적인 성숙에 영향을 끼친다.

신경극놀이는 '감각 놀이,' '리듬 놀이' 그리고 '극적 놀이'의 놀이 과정이다. NDP는 신생아의 신경회로와 뇌 발달에 직접 작용하며, 스토리텔링과 게임을 통해 놀이적 애착의 토대를 형성한다. 신체는 학습의 기초 수단이며, 이에 대해서는 후에 상세히 설명할 것이다.

NDP는 일찍이 매클린(1985)이 말한 '삼중 뇌'의 여러 부분에 영향을 준다. 뇌가 파충류의 층, 포유류의 층, 영장류의 층으로 구성되어 있다는 그의 이론이 모든 신경과학자의 동의를 얻고 있는 것은 아니지만, 그럼에도 불구하고 뇌 기능의 진화에 대해 이야기할 때는 그 이론을 유추하기도 한다. 코졸리노(2006)는 매클린의 모델이 치료사와 교사에게 매우 유용한 개념으로, 다윈과 프로이트의 이론과 연계된다고 평한다.

삼중 뇌는 인간 행동의 모순, 불연속, 병리학의 일부를 진화론적으로 설명한다(Maclean 1990). 매클린은 인간의 뇌가 세 층의 계통발생적 체계로 되어 있으며, 진화론적 관점에서 그것은 파충류와 하급 포유류와 연결된다고 한다. … 그것이 뇌 속의 뇌라고 생각하면, 각각의 연속적인 층위는 복합적인 기능과 능력을 향상시키는 데 서로 기여한다.

(Cozolino 2006, p. 24)

본능의 뇌(파충류)는 태생적인 공포와 후천적으로 경험된 두려움을 저장하는 편도체를 구성하며, 정서의 뇌(포유류)는 수유와 양육과 관련 있다는 사실이 매우 흥미롭다. 그것은 모든 포유류에 공통적으로 분포하며, 신생아의 애착과 돌봄에 영향을 주는 것으로 여겨진다. 이성의 뇌(집행 기능)는 기억과 의식적 경험이 위치한 곳으로 좀 더 고차원적 뇌로 평가되며, 정보에 의한 의사 결정과 숙고의 기능을 담당한다.

NDP는 치료적 놀이를 통해 뇌의 모든 층에 작용하는데, 예측 가능한 놀이는 본능적인 뇌를 안심시키고, 감각적이며 율동적인 놀이는 정서적 뇌에 영향을 주며, 극적인 놀이와 이야기는 이성적인 뇌 발달에 기여한다.

두려움으로 얼어붙어 본능적 반응에서 벗어나지 못하는 아이들에게는 항상성과 예측 가능성을 통해 안심시키는 것이 매우 중요하다. 감각적이고 리드미컬한 놀이는 놀이적 애착의 중요한 구성 요소이며, 극적 놀이와 이야기는 호기심과 구조를 모두 진작한다.

선더랜드(2006)의 연구 결과는 초기 뇌의 성장이 엄마(또는 주 양육자)와의 사회적 상호작용의 질적 수준에 의해 결정된다는 것을 보여 준다. '유아의 뇌는 많은 부분이 출생 이후에 발달하기 때문에, 부모와의 부정적·긍정적 상호작용이 뇌가 어떻게 조각되는지에 크게 영향을 준다. 특히 출생 당시 유아의 상위 뇌는 미완성의 상태다'(Sunderland 2006, p. 20).

파충류 뇌는 인간 뇌의 원시적 부분으로 생존과 관련이 있다. 그것은 음식을 먹고 체온을 유지하며 안전한 곳을 찾도록 일깨워 주며, 특히 위험을 경고하고 '싸울 것인지, 죽은 척 할 것인지, 아니면 도망칠 것인지'

를 결정하게 해 준다. 심하게 상처받은 아이들은 대체로 음식과 공포가 삶의 중심을 이룬다. 생존 자체가 가장 중요해지는 것이다. 그런 경우에는 새로운 가족을 찾아 주거나 집중 치료를 통해 변화를 가져오려는 시도가 반드시 성공적이지는 않으며, 보호자나 부모 또는 치료사의 애착 욕구와 아동의 그것이 뒤얽힐 때는 더욱 그렇다(8장 참고).

정서적 뇌는 변연계에 위치하며, 그 이름처럼 정서, 학습, 기억에 관계한다. 상위 뇌는 신피질에 있고 출생 시에는 '느슨하게 연결'되어 있다. 다시 말해, 시냅스의 연결이 완결되지 않은 까닭에 부모의 양육과 같은 외부 요인에 영향을 받는다. 사랑의 상호작용, 확증, 놀이성은 상위 뇌와 그 기능의 성장에 강력한 영향을 주며, 공감 능력뿐 아니라 상상력과 문제 해결 능력 그리고 반성 능력과도 깊은 관련이 있다. 이성의 뇌는 '감정의 뇌'와 '본능의 뇌'와 별개로 존재하기보다 서로 협업하는 것을 필요로 한다.

에릭 에릭슨의 성숙의 8단계는 '희망'으로 시작한다. 약간의 차이는 있지만, 대략 0-12개월/18개월 사이에 '신뢰 대 불신'의 단계가 위치한다(Erikson 1965/1995). 그는 부모와 자녀의 상호작용의 특질에 초점을 맞추며, 유아가 '따뜻함과 규칙성 그리고 믿을 수 있는 애정'을 경험한다면 아이의 세계관은 신뢰로 기울 것이고, 따라서 희망을 갖게 된다고 말한다. 그는 '충분히 좋은' 애착의 기본적 특성을 꼽는다. 그러나 상처받은 많은 아이들이 이 기본적인 '신뢰 대 불신'의 단계를 경험하지 못한다. 일련의 공포스러운 경험이 편도체에 자리 잡으면 반응성 애착 질환(Reactive Attachment Condition)의 상황을 끊임없이 스스로 반복하게 된다(Hughes 2006).

하위 뇌 또는 정서의 뇌는 포유류에 공통적으로 분포하기 때문에 둘 다 포유류 뇌로 불린다. 포유류는 어린 새끼를 보살피며, 인간 역시 놀이적이고 사회적인 이 능력을 공유한다.

접촉과 마사지, 진정시키는 소리, 사랑스러운 몸짓과 말을 통한 감각 놀이가 뇌의 정서 영역인 시상부와 시상하부를 강화한다면, 극적 놀이는 상위 뇌 영역에 속하는 공감 능력을 발달시킨다.

공감은 양심의 발달과 관계가 있으며, 도덕적 감각과 가치는 다른 사람을 어떻게 대해야 하는지와 관련이 있다. 공감은 다른 사람의 입장에서 그들이 어떻게 느끼는지 이해하는 능력이다. '타인의 역할을 취하지 못하면' 공감이 불가능하다(Mead 1934, 미드의 개념에 대해 자세히 알고 싶다면 서론을 참고할 것).

극적 놀이와 역할 놀이는 자기만의 현실에서 빠져나와 타인의 현실로 들어갈 수 있는 능력을 촉진하며, 그것은 상위 뇌의 영역에 속한다.

> '마치' 다른 사람이 된 듯 느낄 수 있을 때 비로소 공감을 발달시킬 수 있다. 따라서 발달 초기의 엄마와 아기의 흉내 내기는 '타자'에 대한 느낌과 인지 능력을 활성화시킨다. (Jennings 2007a, p. 8)

우리가 뇌에 대해 알게 된 것은 대체로 1990년대 초반 이후에, 극도로 심각한 환경에 노출된 일부 동유럽 국가의 고아원의 상황이 알려지면서부터였다(Gerhardt 2004; Sunderland 2006). 버림받고 장애를 입고 부모를 잃은 수천 명의 아이들이 경험 없는 직원이 일하는 대형 보호시설에서 가장 초보적인 '보호'를 받았다. 아기들은 침대에 누운 채 방치되었고, 매달린 병에 든 음식을 먹었으며, 어떤 신체적인 보살핌도 없었다. 아이들은 오랫동안 침대에 묶여 지낸 탓에 팔다리가 불균형하게 자라기도 했다. 음식을 하루 걸러 준 탓에 '급히 먹고, 토하고, 천천히 먹는' 행동이 관찰되었다. 먹을 것을 있는 대로 잡아채서 최대한 먹어 치우고 나서 토한 다음 그것을 다시 천천히 먹는 것이다. 그렇게 하루 또는 이틀 동안 배고픔의 고통을 견뎠다. 이 같은 환경은 아이들의 생존 뇌에 각인되어 긍정적인 정서나 놀 수 있는 능력 또는 공감을 발달시킬 기회가 박탈되었다.

이들에 대한 관찰 결과, 정서와 사회성의 방임이 실제로 뇌의 여러 발달, 특히 대뇌 신피질의 발달을 저해한다는 것이 밝혀졌다. 뇌의 사회적 기능은 태어나기 전까지는 발달하지 않으며, 다른 사람들과의 상호작용을 통해 성장한다. 또한 그 수준은 신뢰와 공감이 포함된 긍정적 사회관계의 발달 여부에 영향을 받는다. 고아들은 의미 있는 수준의 사회적 상호작용의 기회를 갖지 못했기 때문에 신뢰 형성 능력이 심하게 손상될 수밖에 없었다.

양육자와 음식으로부터 분리되는 것과 같은 고통스러운 경험은 뇌에서 '공포 화학물질'인 코르티솔의 분비를 증가시켜 유아에게 경계심과 고통을 불러일으킨다. 그렇게 방치된 많은 아이들이 몇 년 지나면 보호시설에서 탈출하여 거리나 기차역 또는 다리 아래에서 살아간다. 일곱 살 정도가 되면 고아원에서 빈번하게 일어나는 신체적이고 성적인 학대와 폭력을 그저 참아내기보다 스스로 보호하는 방법을 배운다. 고아원에서는 안전감 또는 안정감을 기대할 수 없기에, 시설의 피해자로 머물기보다 탈출을 선택하는 것이다.

게르하르트(2004)는 아동의 긍정적 정서 발달을 '정서적 면역성'이라는 말로 표현한다. '건강한 정서적 "면역성"은 안전하게 보호받고 접촉과 주시 속에서 스트레스에서 회복되도록 보살펴지는 경험에서 나온다. 반면에 분리와 불확실성, 접촉과 규율의 결핍은 스트레스에 대한 대응을 약화시킨다'(Gerhardt 2004, p. 84).

뇌 발달과 정서의 성숙은 발달 초기의 놀이적 애착에 달려 있다. 이 사랑의 상호작용은 양방향의 소통인데, 그것은 무엇보다 만지고 소리 내고 바라보는 것으로 이루어진다. 사회적 상호작용은 사회적 뇌의 발달에 영향을 주며, 이것이 결여될 경우에는 뇌가 충분히 발달하지 않는다.

두려움에 대한 생리적 반응은 보통 경직으로 나타난다. 부모가 자녀를 대상으로 자신의 애착의 역사를 반복할 수 있는 것처럼, 보호자나 치료사 역시 파괴적 역동에 휘말릴 수 있는데, 그것은 신중한 슈퍼비전과 때로는 개인 치료로 다룰 수 있다(12장 참조).

몸의 연극과 마음의 연극

화이트헤드(2001)는 타인의 마음을 읽는 능력인 '마음 이론'(Baron-Cohen 2003)으로부터 '마음의 연극'을 발전시켰다. 그는 마음의 연극이 상위 수준의 사회적 지능을 발달시킨다고 한다. 인간은 다른 사람들을 통해 경험하고 사는 데 전념한다. 험담이나 농담, 뉴스, TV는 물론 연극도 이에 한몫을 한다. 마음의 연극은 상상과 퍼포먼스를 통해서 생겨난다. 그는(2001) 이렇게 말한다.

- 흉내 내기(mimicry)는 반영이며 복사이다.
- 모방(imitation)은 통찰력이며, 그것은 목표를 복사한다.
- 미메시스(mimesis)는 행동과 사물과 사람을 재현하기 위한 자발적이

고 의도적인 시뮬레이션이다. (p. 11)

화이트헤드는 미메시스가 가장 놀이를 포함하며, 그것이 '마음의 연극'의 주요 요소임을 강조한다.

> 여기에 소개된 가장 놀이에 대한 연구는 신경과학과 사회인류학의 공동 작업이다. 우리는 특히 자폐증이나 마음의 이론과 관련하여 이를 더욱 깊게 연구하고 논리화하는 지식의 기반을 만들고, 사회적 뇌와 관련된 일반적인 질문에 답하고자 한다. 우리는 인류의 문화가 함축적 표현(춤과 같은)과 미메시스적 표현(가장 놀이와 같은)에 의존해야 한다고 생각하며, 이들은 또한 인류의 문화를 구성하고 특징짓는 전통적인 표현의 필수적인 마중물이다. (Whitehead et al. 2009, p. 1)

배런-코언(2003)은 가장 놀이의 중요성을 역설하며, '가장하는 것'은 아이들이 이해한 최초의 인식론적 정신 상태라고 말한다. 자폐인은 과거나 미래에 대한 통찰 없이 '지금 여기'에 갇혀 있다. 그는 자신의 생각을 읽기 위해 그것을 큰소리로 외쳐야 했던 자폐 아동의 예를 들면서, 그 같은 행동을 하는 까닭은 소년에게 '마음의 거울'이 없기 때문이며, 따라서 그에게 중요한 것은 '외부에' 거울을 만드는 것이라고 설명했다. 다시 '극적 반응' 또는 '가장하기'의 중요성에 대한 또는 실제로는 '가장 놀이'의 능력에 대한 이야기로 돌아가자.

먼저 '거울 뉴런'에 대한 신경과학의 발견을 살펴보자. 거울 뉴런은 유아가 사회적이고 문화적인 존재로 발달함에 있어 깊고 큰 영향을 미친다. 화이트헤드는 딜타이, 볼드윈, 쿨리와 미드의 생각을 통합하면서 '자기 인식은 사회적 거울과 공유된 경험적 세계에 의존한다'고 주장한다 (Whitehead 2001, p. 1).

거울 뉴런은 인간이나 동물이 특정한 행위를 할 때, 그리고 다른 개체가 그 특정 행동을 하는 것을 볼 때 점화된다. 태어난 지 36시간이 지난 아기는 사람의 얼굴에 나타나는 기쁨과 슬픔, 놀람 같은 표정을 구별할 수 있다. 또한 생후 몇 시간 내에 엄마의 표정을 모방할 수 있으며 혓바닥을 내밀기도 한다.

사회적 뇌 안에 있는 거울 뉴런과 그 연결망은 뇌와 신체 작용을 연결하여 나눠 갖기와 번갈아 하기를 자극할 수 있다. 거울 뉴런은 '역할 모델링'과 '본보기 세우기' — 예를 들어 '이것은 선한 일이다'라는 도덕적 명제 — 이론의 정당성을 해명해 준다. 또한 그것을 받쳐 주는 신경 생물학적 기반도 무시할 수 없다. 거울 뉴런은 조직화된 집단 활동 — 춤, 사냥, 기타 협동적 행위 — 에서 지배적인 역할을 담당한다. 엄마와 태아는 출생 이후에 있을 사회적인 반영을 기대한다.

내가 엄마와 태아 및 신생아에 대한 관찰을 다시 검토하기 시작했을 때 화이트헤드의 아이디어는 많은 영향을 주었다. 극적 놀이와 가장 놀이는 뚜렷했지만, 감각적이고 체현적인 놀이성은 무엇인지 분명하게 정의하기가 어려웠다. 나는 임신부가 배를 감싸고 몸을 흔드는 것을 관찰하였으며, 다른 여성들 역시 가끔 쿠션을 끌어안고 무의식중에 몸을 좌우나 앞뒤로 흔드는 것을 보게 되었다. 그때 둥글게 두른 엄마의 두 팔은 '안전의 원'에 해당하며, 그 원은 곧 아기가 태어나면 '애착의 원'이 될 것이다. 두 사람을 둥글게 감싸 제의적으로 담아내는 '원형 무대'처럼, 한 사람이 다른 사람에게 깊이 의지하는 것이다. 이는 아마도 출생 초기 몇 주의 놀이적 애착을 이해하는 다른 방식일 것이다. 이는 모험심이 좀 더 필요하다는 신호가 오기 전까지 침해와 위험에 맞서 보호하여 안전한 경계를 유지하는 한 편의 '신체적 연극'이다!

이것이 개인의 발달에서 마음의 연극에 선행하는 '몸의 연극' 개념을 탐험하게 한 계기가 되었다. 임신 기간은 물론 엄마와 신생아의 감각적이고 신체적인 초기의 놀이는 모두 '하나를 위한 둘'의 특성을 지닌다. 엄마와 아기가 물리적 근접성과 비언어적 소통을 통해 신체적인 삶을 사는 것이다. 그들의 친밀함은 역설적으로 유아가 궁극적으로 거리를 감당할 수 있게 해 주며, 신체적인 안전감을 확보함으로써 부재를 견딜 수 있게 해 준다.

엄마와 아기의 신체적이고 일치하는 초기의 놀이는 '메아리' ― 네가 웃으면 나도 웃는 ― 에 선행한다. 원 안에서의 일치는 차이가 성립하기 전까지 하나됨의 안전감을 형성한다. 후에 주 양육자가 부재하게 되기 전에 이 안전의 원을 형성하는 것은 매우 중요하다. 아이가 보호자가 '나갔다 다시 돌아오는 상황'을 이해하기 이전에 발생하는 보호자의 장기적인 부재는 불안과 잠재적인 우울을 지속시킬 수 있다. 몸의 연극은 발달적으로 마음의 연극을 예비한다.

대부분의 유아는 가족 안에서 적절한 애착(Bowlby 1969/1971)과 안전한 양육을 통해 감각적이고, 리드미컬하며, 극적인 놀이 단계를 거친다. 이 세 가지 놀이 과정은 임신 기간 중 엄마의 움직임과 연기를 통해(4장 참고), 그리고 태어나 6개월까지 집중적(5장 참고)으로 진행된다. 이때 아기와 엄마의 역동적 상호작용의 질은 수개월 이후의 정서적 애착 관계의 수준을 결정한다(Jaffe et al. 2001; Trevarthen 2005).

NDP의 주안점은 감각적이고, 리드미컬하며, 극적인 본질에 있으며, 이는 엄마와 아이의 놀이적 애착 관계의 핵심을 형성한다(Jennings 2003a). 신경극놀이는 몸의 연극이 성장하는 발판이 된다. 그 밖의 많은 뇌 과정이 발달하게 되는데, 이것이 균형을 요하는 신뢰, 보호, 자각, 자신감, 자존감 그리고 자아상의 신체적 기반이 된다.

감각 놀이, 리듬 놀이, 극적 놀이

주변을 이해하는 것은 태어나기 이전부터 감각을 통해 시작된다. 태아는 엄마의 자궁에 있을 때부터 온도와 소리, 리듬, 접촉 그리고 정서 변화를 자각할 수 있으며, 엄마는 감각 경험을 통해서 아이의 행복에 지대한 영향을 미친다. 태아는 엄마의 심장박동 소리를 듣고 자신을 그것과 조화시킨다.

감각 경험을 회피하고 접촉이나 끈적거리는 느낌을 싫어하는 여성은 아이에게 감각적 자극을 제공하는 데 어려움을 겪는다. 초기의 감각 놀이는 만지기와 껴안기, 감촉과 냄새, 눈에 보이는 움직임과 색채, 빨기와 맛보기, 소리와 음악에 대한 경험을 포함한다. 그것은 지저분하고 어수선할 수 있지만 황홀하기도 하다. 비닐 턱받이는 피부 접촉을 대신할 수 없다.

임신부는 태아에게 노래를 불러 주면서 배를 마사지하거나 따뜻한 이야기와 음악을 들려줌으로써 신뢰와 평안을 전달할 수 있다. 또한 리듬감 있게 천천히 움직이면서 규칙적인 리듬의 안전한 패턴을 형성할 수 있다.

많은 여성들은 태아에게 이야기를 들려주고 이런저런 말을 하며, 때로는 스스로 아기가 된 양 대답을 하기도 한다. 이 과정은 아이가 태어난 이후에도 지속된다. 엄마와 아기는 또한 비언어적인 방식으로 번갈아 가며 말을 하기도 하는데, 이것은 때로 매우 재미있는 놀이가 되기도 한다 (5장 참고).

역사적으로 인간은 세상을 이해하고자 노력해 왔고 우주의 법칙과 사회집단의 필요성을 발견했다. 이를 위해 우리는 이야기를 사용하며 (Storylore, in Jennings 2003a, 2003b), 제의, 리듬, 연극, 춤을 통해 우리가 살고 있는 세상을 모방하고 삶을 공유한다. 그러나 이것은 우리가 흔히 생각하는 것보다 훨씬 먼저, 임신 이후 몇 개월 안에 태중에서부터 이미 시작된다. 놀이와 창조성으로써 태아와 관계를 맺는 게 그 출발점에 있으며, 그것은 마치 인생에 대한 리허설과도 같다.

> 발달은 즐거운 임신에서 즐거운 일치 그리고 즐거운 메아리를 거쳐 즐거운 모방으로 이어지는 연속적 과정이다.

이 연속 과정은 보통 출산 이후 3개월 이내에 완결된다.

자궁 속에서 우리는 삶을 리허설할 뿐 아니라 바깥세상과 우리 자신의 연결 통로를 만들기도 한다. 태어난 아기는 탄생 축하 노래와 음악을 인식한다. 태어나기 전에 들었던 거슬리는 목소리는 피할 것이다. 또한 태어난 직후 들어 올려져 엄마 품에 안기면서 엄마와의 관계에서 자신이 누구인지 감각하기 시작한다. '그리고 내가 세상에 나올 때 엄마는 노래했나요? 빛으로 통하는 문을 열어 주었나요? 지구 여행을 시작하는 아기들과 나를 위해 노래해 주세요.'(Jennings 2003b, p. 6).

북유럽의 탄생의 여신인 욱스 아카(Uks Akka)를 위한 고대의 찬가는 제의, 리듬, 창조성이 아이들이 태어날 때 얼마나 중요한지 일깨워 준다. 오덴트(1984)는 출산이 얼마나 대단한 사건인지 잘 설명해 준다.

> 출산은 죽음과 마찬가지로 우주적인 경험이다. 그것은 모든 여성의 삶에 있어서 가장 강력한 창조적 경험이다. 그것은 인간 존재의 중단일 수도 있고, 아이를 만들어 낸 격정적 갈망과는 전혀 관계없는 파편적 사건이거나 아름다움과 존엄이거나 또는 분만 그 자체가 환희의 축배일 수도 있다. (Odent 1984, p. xxii)

초기의 며칠에서 몇 개월까지

아이는 엄마와의 감각적 경험을 통해 세상을 이해하기 시작하며, 생후 초기 며칠에서 몇 개월 동안 지속되는 신체적 또는 정서적 고조 상태는 감각 특히 냄새와 접촉을 통한 최초의 놀이를 통해 환희와 흥분을 창조해 낸다. 그 같은 감각 경험은 일종의 원형적 놀이로서 아기와 엄마의 최초의 애착을 형성하며, 그것은 또한 생물학적 기반을 가진다(2장 참고).

이 감각적인 원형적 놀이는 건강한 애착과 사회적 세계에서의 아동의 입지를 확장하며, 임신 중에 시작된 노래와 이야기 들려주기는 생후에도 몇 주 동안 계속되면서 애착을 강화한다.

앞서 보았듯이, 아기는 태어나 몇 시간 안에 표정을 보고 표현을 하기 시작하며, 빠른 속도로 엄마의 얼굴을 인식하고 분위기와 '불이 꺼지는' 시간을 감지한다. 갓난아기에게 미소 지으면, 아기도 이내 미소로 반응한다. 아기와의 사랑스러운 눈 맞춤은 사회성에 영향을 줄 뿐 아니라 뇌의 성장에도 기여한다. 아기는 처음에 냄새, 접촉, 소리를 통해 반응을 시작하지만, 시간이 지날수록 사회적 발달과 뇌의 발달에서 시각의 중요성이 증대된다. 그런 측면에서 '눈에서 멀어지면 마음에서도 멀어진다'는 속담의 의미가 새롭게 읽히기도 한다.

인도의 아난드 차북스와르(Anand Chabukswar, Kashyap 2005 참조)가 고안한 치료적 놀이의 흥미로운 과정은 '의도-가장-집중'의 세 단계로 나누어진다. 이 단계를 따라 참여자들은 안전한 놀이 공간에서 신체적인 움직임, 게임, 춤을 추며 그 과정이 무엇을 목적으로 하는지 이해하게 된다(의도). 그런 뒤에는 극화 작업으로 들어가 행복을 증진시키고 앞으로 나아가는 것을 방해하는 걸림돌을 탐험한다(가장). 세 번째 단계에서는 성찰, 나눔, 그리고 경험을 확장시킬 수 있는 다양한 수단을 통해 회기 내에서 경험한 변화를 회기 밖의 삶으로 통합한다(집중).

나는 그의 작업과 NDP 과정의 유사성에 주목한다. NDP에서 초기의 감각적이고 극적인 경험이 유아에게 내면화되어 성장과 발달 과정에서 그들 삶의 일부가 되기를 바란다.

항상 기억해야 할 것은 아이가 태어난 후에도 뇌의 성장은 지속되며, 임신 중에 형성된 창의력과 안전감 역시 마찬가지다. 3개월여의 일련의 놀이 단계를 거쳐 일치 놀이에서 메아리 놀이로의 이행을 완결하고 나면, 그 다음에는 체현-투사-역할(EPR)의 신체에 집중된 또 다른 놀이 과정이 기다리고 있다.

신경극놀이는 임신에서 분만까지 엄마와 아기의 건강한 애착 관계의 기반이 되며, 아이의 건강한 성장에 영향을 준다. 또한 사회적 발달과 뇌 발달의 강력한 연결 고리를 만들어 준다. 발달 초기에 아이와 엄마의 긍정적 주목은 출생 전후에 모두 뇌 발달을 촉진한다. 이 최초의 관계가 놀이적이고, 리드미컬하며, 극적이라는 사실은 매우 중요하며, 접촉, 소리, 맛, 냄새, 시각의 감각 전반을 포괄해야 한다.

NDP는 부모와 아기가 서로를 사랑스럽게 바라보는 장면에서 가장 잘 나타난다. 그것은 특히 초기의 몇 주 동안 아기가 경험하게 되는 모든 것을 강화한다. 사회적 기술이 발달하기 전에, 타인에게 반응하는 미소나 얼굴 표정을 흉내 내는 것과 같은 기본적인 반사작용의 체계를 구축해야 한다. 이 같은 상호작용 패턴은 다시 '반향적 응시'를 통해 감정을 담아내고 통제하는 능력을 이끌어 낸다.

신경극놀이는 아이가 위험을 감수하고 새로운 자극에 대면할 수 있게 될 때까지 '보호의 원, 돌봄의 원, 애착의 원' 또는 '몸의 연극' 속에서 안전함을 허용한다. 신체적이고 감정적인 애착의 원 안에서 우리는 안전하고 편안한 느낌을 갖게 된다. 이것이 우리를 주변의 세상, 양육자 그리고 자기 자신에 대한 신뢰로 인도한다.

NDP의 기초에 이어서, 2장에서는 NDP와 애착 이론의 관계 그리고 그것의 적용을 더욱 상세하게 살펴볼 것이다.

NDP와 애착

"엄마는 내 인생에서 가장 중요한 사람이에요." 찰리는 흐느끼며 말했다. "좋아하는 걸 그리라고 하겠지만, 장난감이나 생일 케이크를 그리지는 않을 거예요. 상냥했던 엄마를 그릴 겁니다. 엄마랑 나는 도시락을 싸서 함께 산책을 나갔어요." 찰리는 학대와 방임을 겪으며 여러 친척 집을 '전전했음'에도 불구하고 살아남은 성인 집단에 속했다. 그는 여전히 엄마에 대한 환상을 갖고 있었다.

개관

나는 1장에서 태아와 생후 6개월까지 아기들에게 '충분히 좋은 애착'의 건강한 발달에 있어 NDP의 의미를 설명하면서, 공감과 건강한 사회적 관계가 형성되는 이 예민한 발달적 시기를 이해하는 것이 중요함을 강조했다. 이 장에서는 애착과 그것이 어떻게 NDP와 관련되는지를 설명할 것이다.

우리는 어떻게 NDP가 치료적 개입을 통해 손상된 애착을 바로잡을 수 있는지(7장 참고), 어떻게 어린이와 십대의 회복 탄력성을 강화하도록 도울 수 있는지 살펴볼 것이다(6장과 9장 참고). 또한 애착이 생후 몇 달 뒤부터가 아니라 출생과 함께 바로 진행된다는 나의 생각을 피력하고자 한다.

애착을 다양한 관점에서 조명한 폭넓은 문헌이 있다. 여기서는 애착 이론을 이해하는 데 필요한 중요한 관점을 요약한 후 NDP의 치료적 효과와 관련된 의미를 정리할 것이다.

초기의 애착 이론가

스피츠, 볼비, 할로

애착 이론에 대한 최초의 이해를 담고 있는 두 편의 중요한 논문이 있다. 그 글들은 같은 시기에, 그러나 매우 다른 환경에서 쓰였다. 1958년, 존 볼비(John Bowlby, 1907-1990)는 「엄마에 대한 아동의 유대감의 본질(The nature of the child's tie to his mother)」을 출간했는데, 그것은 나중에 그가 발전시킨 애착 관찰과 이론의 전초적 역할을 하였다. 같은 해에 해리 할로(Harry Harlow, 1906-1981)가 「사랑의 본질(The nature of love)」을 출판했고, 거기에서 그는 아기 원숭이들이 먹이보다 정서적 애착에 더 관심이 있다는 것을 입증했다.

이 두 논문은 다른 영역에서 논란을 불러일으켰다. 아이들의 건강하지 못한 정서 발달이 엄마의 책임이라는 볼비의 주장에 대한 적대적 반응이 있었으며, 실험실 동물을 대상으로 한 할로의 잔혹한 실험에 많은 사람들이 분노했다. 볼비는 나중에 엄마에 대한 그 같은 관점을 수정했고, 그래서 지금은 '충분히 좋은 엄마' 혹은 '충분히 좋은 애착'이라는 표현을 쓰고 있다. 엄마에 대한 비난이 줄어들면서 오히려 애착 과정에 대한 이해가 커진 것이다.

볼비의 애착 연구가 표면화되기 전, 르네 스피츠(René Spitz)는 보호시설에 있는 유아를 연구하면서 〈슬픔 — 유아기의 위험(Grief — A Peril of Infancy)〉(1947)이라는 영화를 제작하였는데, 그 영화는 애착 대상이 없는 아기의 슬픔과 고립을 여실히 보여 주었다. 그의 연구는 최근 일부 동유럽 고아원에서 각목에 매달린 병에 든 우유를 먹으며 방임과 학대로 제대로 된 돌봄을 받지 못한 아기들의 상황을 이해하는 데 원용되고 있다. 많은 아이들이 오랜 시간 동안 침대에 묶여 있었고, 초기의 그 같은 잔인한 취급으로 팔다리가 비뚤어져 뇌성마비로 보일 정도였다. 6장에서는 이 동유럽의 상황을 더 자세히 다룰 것이다.

존 볼비의 생각과 글과 끈기 있는 연구는 지금까지도 유용하며, 그 중요성은 애착 연구 분야에서 절대 과소평가될 수 없다. 현대의 보육과 치료에 있어 그의 주장이 재평가되고 있는 것은 분명하지만, 그 기본 원리는 여전히 유효하다. 그의 애착 이론에 대해, 가령 아이들은 부모에게 배우는 것보다 또래를 통해 더 많은 것을 배운다는 해리스(1998)의 도전이 있었다. 그러나 나는 그녀의 주장이 안전, 신뢰, 공감, 관계의 건강한 기초를 형성하는 애착보다는 부모나 또래를 통해 전해질 수 있는 가치나 기술에 더 의존하고 있다고 본다.

볼비의 초기 연구는 난민촌과 병원과 고아원에 있는 아이들에 대한 관찰에 근거를 둔다(Bowlby 1951). 그는 실제 생활에서 일어나는 사건은 무시하면서 '아동의 내면의 삶'에만 주목하는 정신분석학적 관점에 회의적이었다. 그는 분리가 '반항, 무관심, 절망'을 초래하는 것을 관찰했고, 이것이 그가 후에 '분리 불안'이라고 칭한 것의 바탕이 되었다.

볼비는 의사이자 정신분석가로 훈련 받았지만, 초기 유아기의 경험이 이후 아동의 정서적이고 사회적인 발달에 영향을 끼친다는 사실에 더욱 몰두하게 되었다. 여기에는 어려웠던 그의 어린 시절(4살 때 사랑하는 유모를 잃고 7살에 기숙학교에 보내진)이 영향을 주었음에 틀림없으며, 그가 가장 집중한 주제는 분리와 상실이 유아에게 끼치는 영향이었다. 그러나 그의 생각은 어린이나 어른의 내면세계가 가장 중요한 연구 대상이라고 믿었던(지금도 여전히 그렇게 생각하는) 정신분석학 분야의 사람들에게는 오랫동안 받아들여지지 않았다. 그들은 심지어 아이가 외부 세계로부터 받는 영향에 관심을 기울이는 것조차 실질적인 문제를 회피하는 것이라 여겼다. 볼비는 그 같은 거부에도 불구하고 연구와 글쓰기에 몰두하여 자신의 이론을 더욱 공고히 했다.

적어도 한 사람(Mooney 2010 참고)은 볼비의 이론이 그 타당성에도 불구하고 묵살되어 온 이유 중 하나를 애착 이론이 사람들에게 심한 불편감을 주기 때문일 것이라고 주장함으로써 에둘러 그를 지지했다. 어쩌면 정신분석가들은 현실의 불쾌감과 죄책감에 직면하기보다는 환상에 머무는 것이 덜 고통스럽다는 정신분석의 논리에 스스로 희생되었을 수 있다. 그러므로 아이를 유모에게 맡긴 정신분석가들을 대상으로 애착 문제를 연구할 필요가 있을지도 모른다!

초기 유아기에 대해 글을 쓴 많은 이들(예를 들면 볼비와 에릭슨 같은)이 어린 시절에 힘들고 유해한 경험을 했다는 사실은 주목할 만하다.

에인즈워스와 낯선 상황

유아기 애착 연구에 있어 또 하나의 중요한 인물은 런던 타비스톡 클리닉에서 일했던 미국인 발달심리학자 메리 에인즈워스(Mary Ainsworth, 1913-1999)이다. 그녀는 1954년 런던으로 이사하면서 연구 보조원을 구하던 존 볼비를 찾아갔고, 그것이 계기가 되어 그와 함께 일생에 걸쳐 애착을 공동으로 연구하게 되었다. 그녀는 아동 발달에 어머니의 분리가 끼치는 영향을 조사하였고, 아프리카에서도 동일한 연구를 진행했다.

1960년대에는 아동과 양육자의 애착 양상을 관찰하는 '낯선 상황'이라는 과정을 개발하였다. 낯선 상황은 회기 동안 아이가 수행한 탐험의 양과 양육자가 떠날 때와 돌아올 때의 반응을 살피는 데 쓰인다. 방에서 엄마가 곁에 있을 때 어떻게 노는지, 낯선 사람이 들어왔을 때, 잠시 후 엄마가 떠났을 때, 얼마 있다 엄마가 다시 돌아왔을 때, 아이가 어떻게 반응하는지를 주의 깊게 관찰하는 것이다. 에인즈워스는 애착 관계가 안정적으로 형성된 아이는 이 과정을 큰 어려움 없이 통과하는 반면 애착 관계가 불안정한 아이는 불안해할 것이라고 예측했다(Ainsworth et al. 1978). 그녀는 여러 종류의 애착 유형을 설명하기 위해 특정한 개념을 사용했다. 예를 들어 '안정적 애착(secure attachment),' '혼란형 애착(anxious ambivalent insecure attachment)' 그리고 '회피적 애착(anxious avoidant insecure attachment)' 등이 그것이다. 이 개념들은 그 뒤로 면밀한 검토 과정을 거쳐 프라이어와 글레이저(Prior and Glaser 2006)에 의해 종합적으로 정리되었다.

에인즈워스는 '낯선 상황'의 개발자로 가장 잘 알려져 있지만, 2년 동안 우간다에 살면서 매우 중요한 비교 문화 연구를 완성했다. 그녀는 우간다의 엄마와 아기의 행동을 집에서 관찰하면서 엄마와 분리되었을 때 아이가 어떻게 반응하는지를 기록했다. 아이들은 엄마의 행방을 걱정했고, 엄마가 돌아왔을 때 매우 반겼다. 에인즈워스는 아기가 기어 다닐 수 있게 되면서부터 독립심이 증가하는 것을 관찰했지만, 두려울 때면 엄마의 무릎으로 돌아갈 수 있도록 엄마가 항상 곁에 있어 주는 것이 필요함을 발견했다(EPR의 관점에서 이것은 체현 놀이에서 투사 놀이라는 '또 다른 세상'으로의 전이라 할 수 있다: Jennings 2007a).

아동 발달과 심리 치료에 있어 비교 문화적 연구가 매우 부족하지만, 여러 이론가들은 서구 문화에 근거한 모델이라도 다른 문화에 무리 없이 교차하여 적용될 수 있다고 주장한다. 내가 만난 말레이시아의 테미아르 부족의 경우(Jennings 1994), 그들의 '전면적인 애착'은 손과 눈의 협응을 돕고, 더 일찍 걷게 해 주며, 서구에 비해 아기가 더 독립적일 수 있도록 촉진함을 알 수 있다. 테미아르 부족의 아이들은 4살 때까지 엄마 젖을 먹었고, 기어 다니는 대신 혼자 걸을 수 있을 때까지 업혀 다녔다.

에인즈워스와 볼비는 공동으로 『아이의 돌봄과 사랑 안에서의 성장 (*Child Care and the Growth of Love*)』(Ainsworth and Bowlby 1965)을 집필했다. 프라이어와 글레이저(2006)는 두 사람의 작업을 훌륭하게 설명하고 있다.

해리 할로

미국의 심리학자 해리 할로는 애착을 이해함에 있어 중요한 기여를 한 것으로 인정받고 있지만, 아마도 아주 차가운 심장을 가진 사람만이 동물에 대한 그의 잔인한 처우와 착취를 용인할 수 있을 것이다. 그의 실험은 동물을 대상으로 한 연구에서 우리가 지켜야 할 윤리 규범이 필요하다는 의식을 조성해 주었다. 그는 붉은털원숭이와 '대리모' 실험으로 유명하다. 그는 애정과 아동 발달의 관계를 밝히기 위해 철사로 만든 '대리모'와 부드러운 헝겊으로 된 '대리모'를 사용하여, 원숭이에게 먹이를 주는 장치가 달린 철사 엄마와 먹이를 주지 못하는 헝겊 '엄마' 중 하나를 선택할 기회를 부여했다. 실험 결과, 원숭이들은 먹이에 상관없이 대부분의 시간을 헝겊 엄마에게 매달려 보냈다. 또한 공포스러운 자극이 주어지거나 낯선 장소에 갔을 때도 원숭이들은 헝겊 엄마에게 우선 매달리고 나서 서서히 낯선 환경을 탐색하곤 했다. 할로(1958)는 이 실험이 아이가 엄마로부터 무엇보다 애정과 정서적인 보살핌을 필요로 함을 증명한다고 주장한다.

연구 방법에 대한 비판에도 불구하고 할로의 관찰은 여전히 오늘날의 애착 이론에 강력한 근거를 제공한다. 정신분석가들은 젖을 먹이는 것이 아기의 발달에서 가장 중요한 사건이라고 주장한 반면, 할로(1958)는 위

안이 훨씬 더 중요하다고 반복해서 주장했다. 프로이트는 유아의 발달 단계 중 구강기의 중요성을 고집스럽게 강조함으로써 유아의 건강한 발달에 있어 안전과 위안의 본질적인 중요성을 무시하거나 어쩌면 회피하도록 이끌어 왔다. 다음에 보겠지만, 에릭 에릭슨은 아이가 태어난 첫 해에 신뢰감의 발달이 결정적이며, 젖을 줄 것이라는 예측 가능성은 안정적 애착의 한 측면일 뿐이라고 강조했다.

애착 이론에 있어 스피츠, 볼비 그리고 에인즈워스와 같은 위대한 선구자들은 서로 소통하며 생각을 나누었고, 그들의 주장이 오랫동안 사람들로부터 무시되거나 거부당할 것이라는 사실을 알고 있었다. 하지만 애초의 주장이 다소 수정되긴 했으나, 할로를 포함하여 그들의 연구는 오늘날까지 애착에 대한 유의미한 이해의 초석을 제공한다.

애착 이론은 어른과 밀접한 거리에 있고자 하는 아기의 본질적인 인간 (동물)적 욕구에 기초한다. '아기는 보살핌을 주는 어른과 감정적인 유대 관계를 형성할 필요가 있다'(Laschinger 2004, p. xviii-xix). 애착에서는 어른과의 근접성뿐만 아니라 그가 중요한 어른이어야 한다는 것이 결정적이다. 그렇지 않다면 아이들은 적절하게 의사소통을 하거나 공감을 느끼거나 관계를 형성하는 데 있어 어려움을 겪게 될 것이다. 결코 가져 보지 못한 애착과 유대감으로 인해 상실과 슬픔을 경험하며, 그 감정은 종종 반사회적인 방식으로 표현되기도 하고 새로운 보호자에 대한 불신으로 나타나기도 한다(8장 참고). 그것은 마치 아이가 희망을 잃은 것처럼 보인다.

유아는 애착 대상의 상실에 대한 고통을 말로 잘 표현하지 못하며, 따라서 우리는 울음, 분노, 철수 등의 반응을 통해 짐작할 수밖에 없다. 많은 이들이(가령 Sunderland 2004) 우리는 애착을 형성하도록 프로그래밍 되어 있으며, 그 결과 애착의 결여나 상실은 본능의 뇌인 편도체로부터 이 같은 감정적 반응을 격발시킨다고 주장한다.

애착과 애도

발달 초기에 외상적 사건을 경험한 아동 중 일부는 긍정적인 상호 관계를 형성하는 능력이 손상된 경우가 있다. 방임이나 유기 혹은 신체적이거나 성적인 학대를 당한 경우, 적절한 개입이나 삶이 변할 만한 중요한 사건이 있지 않으면 정서적으로나 사회적으로 잘 살기가 쉽지 않다.

볼비는 후기 저술에서 애착의 광범위한 맥락을 언급했다. '애착 행동은 특별히 선호하는 개인과 접근성을 성취하거나 유지하려는 모든 형태의 행동을 말한다'(1979, p. 154).

볼비는 또한 치료 작업에서 정서적 외상, 상실, 애착의 붕괴에 대한 애도가 중요하다는 것을 일깨워 준다. 애도 과정이 방해받거나 미해결 과제로 남을 때, 심각한 결과가 초래될 수 있다(Murray Parkes 1998). 우리는 종종 가까운 친척, 친구를 비롯해 반려동물, 가정, 아끼던 장난감, 학교를 잃으면서 아이들이 얼마나 깊은 상실감을 경험하는지 알아차리지 못한다. 또 '애들이 뭘 알겠어' 혹은 '아직 어리니까 몰라도 돼'라는 생각으로 아이들을 장례식에 데려가지 않는 일도 잦다. 하지만 아이들은 친구, 친척, 반려동물, 물건, 장소, 일상의 습관에 매우 강한 애착을 가지고 있다. 설명되지 않은 갑작스러운 단절, 죽음, 혼란스러운 상황은 그것을 이해하고 지나가야 할 아이들에게 정서적인 충격을 가한다.

고통으로 가득했던 어린 시절에 대한 마이키 월시(Mikey Walsh)의 회상은 설사 짧게 스쳐 지나는 경우라 하더라도 애착 대상이 얼마나 중요한지를 잘 보여 준다.

> 나는 커 아줌마를 사랑하게 되었다. 그녀는 나에게 친절과 애정을 보여
> 준 유일한 사람이었다. 내가 무엇을 원하든지 간에 나를 믿어 주고 용
> 기를 심어 준 사람이 있다는 것은 나에게 일어난 가장 경이로운 사건이
> 었다. (Walsh 2010, p. 114)

사랑하는 사람을 잃은 것에 대한 미해결의 감정은 이후의 삶에 지속적인 영향을 주어 신뢰 관계를 형성할 수 있는 역량을 악화시킬 수 있다. 우리는 내게 중요한 누군가가 멀리 떠나거나 사라지거나 차에 치이지 않을 것이라 믿는다. 우리는 우리를 둘러싼 환경과 침실의 안전함을 믿도록 배웠고, 지붕 아래 모든 것의 위치를 기억하는 머릿속 나침반에 의지하는 법을 익혀 왔다. 그래서 새로운 곳으로 옮기거나 갑자기 보호시설에 맡겨지거나 집이 압류당하면, 종종 전혀 준비되지 않은 상태에서 삶의 뿌리가 심각하게 흔들리기도 한다. 아이들은 그 상실로부터 엄청난 무력감을 느끼게 되고, 심한 혼란과 분리가 영구적인 삶의 방식이 될 수도 있다. 부모가 적절한 대비를 하지 않거나 상실을 경험하는 동안 아이를 '지탱'해 주지 못했다면 아이의 삶에 가능한 빠른 치료적 개입이 필요하다.

위니콧과 에릭슨

애착에 대한 이해에 크게 기여한 도널드 위니콧(Donald Winnicott, 1896-1971)은 놀이와 놀이 공간에 대해 지속적으로 말하고 있다. 그에게 있어 심리 치료란 두 사람이 함께 노는 것에 관한 것이다. 그의 저술 중 일부가 경제적 불안이나 빈곤한 환경보다는 엄마의 상실이나 죽음과 연관된 유아의 박탈감을 이야기하고 있어 요즘 전문가들에게는 다소 구식으로 비쳐질 수 있지만, 그럼에도 불구하고 그는 '중간 대상(transitional object)'과 '중간 현상(transitional phenomena)' 분야의 창조적 개척자다. 그는 첫 번째 상징이자 부재하는 엄마를 재현하는 부드러운 천과 장난감을 중간 대상이라 명명하면서, 강력한 애착을 형성한 그 물건을 빼앗기면 아이들은 매우 큰 상처를 입게 된다고 말한다. 그는 또한 자위행위를 '중간 현상'의 일부로 간주하여 아이들의 자기 성애적 행동을 그만두게 해서는 안 된다고 했다.

소위 보호시설의 직원들이 자위행위를 악하다고 믿는 것은 안타까운 일이다. 특히 동유럽에서, 사적인 장소에서의 자위행위를 허용하는 것의 중요성을 가르칠 때 나는 직원들이 깜짝 놀라는 것을 보았다. 일하는 부모를 위한 한 탁아 시설에서는 직원 중 한 명이 일곱 살 된 남자아이에게 오후에 쉴 때면 담요 위에 꼭 손을 얹고 있어야 한다며, 만약 다시 성기를 만진다면 음경을 잘라 버릴 것이라는 메시지를 전하기 위해 침대 옆에 가위를 놓아두기도 했다. 몇몇 나라의 가장 열악한 고아원이 폐쇄되기는 했지만, 그렇다고 직원의 태도까지 바뀌는 것은 아니었다. 2003년부터 내가 설계하고 운영해 온 루마니아의 '창조적 보살핌' 훈련 프로그램이 소수의 직원들에게 영향을 주었을 뿐이다.

위니콧(1965)은 다음과 같이 말한다.

> 자위와 관련한 가장 흔한 장애가 있다면, 그것은 자위에 대한 억제, 또는 참을 수 없는 불안 혹은 박탈감이나 상실감에 대한 아이의 방어 수단 중에서 자위행위가 사라지는 것뿐이다. (p. 157)

또한 '일반적인 아이들이 노는 방식을 연구해 보면, 박탈로 고통 받는 아이들에게 절대적으로 필요한 것이 무엇인지를 배우게 된다.'

위니콧은 정신분석가로 훈련 받고 여러 해 동안 실제 활동도 하고 영국정신분석학회(British Psychoanalytic Society)의 수장을 맡았음에도, 아동에 대한 이해와 접근법을 신중하게 간접적으로 발전시켰다. 나는 애착을 이해하는 데 있어 그의 가장 중요한 공헌들 중 하나가 엄마와 아이의 창조적인 영향에 대한 그의 신념이라고 생각한다. 즉, 창조성은 성 이전의 최초의 욕동으로서 엄마와 아기의 관계의 기초를 형성한다. 이에 대해서는 신경극놀이에서 놀이적이고 창조적인 애착에 대해 논의할 때 더 상세하게 다룰 것이다.

에릭 에릭슨(1902-1994)은 '정체성 위기'라는 표현으로 잘 알려져 있다. 볼비에게 애착에 관심을 갖도록 한 경험이 있었다면, 에릭슨에게도 역시 정체성이라는 주제에 관심을 갖도록 부채질한 경험이 틀림없이 있었다. 그는 혼외 관계를 통해 태어났고, 부모는 그 사실을 그에게 비밀로

단 계	나이	기본적 갈등	중요 사건	요약
1. 구강 – 감각기	생후 12개월 –18개월까지	신뢰 대 불신	수유	양육자와의 사랑과 신뢰 관계, 그렇지 않으면 두려움과 불신이 나타남
2. 근육 – 항문기	18개월부터 3세	자율성 대 수치심과 의심	배변 훈련	신체적 기술과 협응의 발전. 징벌적인 양육 태도는 수치심과 의심을 촉발할 수 있음
3. 운동기	3세에서 6세	주도성 대 죄책감	독립	자기주장과 주도성의 발전, 그러나 죄책감의 가능성이 있음
4. 잠재기	6세에서 12세	근면성 대 열등감	학교생활	새로운 기술을 배우고 싶은 욕구를 다룸. 그렇지 않으면 열등감/실패감 위험
5. 사춘기	12세에서 18세	정체성 대 역할 혼란	친구관계	십대는 성 역할과 정치 등에서 정체성이 발달함. 그렇지 않으면 혼란에 빠짐
6. 청년기	19세에서 40세	친밀감 대 고립감	사랑관계	청년기는 친밀한 관계를 발전시키지만, 실패할 경우 고립감을 느낌
7. 중년기	40세에서 65세	생산성 대 침체	양육	성인은 다음 세대를 양육할 방법을 찾지만 소외감을 느낄 수 있음
8. 성숙기	65세에서 죽음까지	자아 통합 대 절망	삶의 회고와 수용	충족감과 다른 사람과의 평화, 또는 절망감

표 2-1. 심리사회적 발달의 8단계(Erikson 1968)

했다. 그는 아버지의 성을 받았지만, 엄마가 재혼을 하면서 계부의 성으로 바꾸었다. 스칸디나비아 출신의 생부를 둔 에릭 에릭슨은 푸른 눈에 금발이었지만 유대인으로 길러졌고, 그래서 눈에 띄는 외모로 인해 유대인 학교에서 놀림을 당했고, 중학교에 가서는 거꾸로 유대인이라고 조롱을 받았다고 한다.

처음에 그는 빈에서 미술 교사로 일했는데, 안나 프로이트(Anna Freud)를 만난 후 분석가로 전향하면서 아동 발달을 강조하는 몬테소리 전문가가 되기로 결심한다. 미국으로 이주해서는 보스턴에서 최초의 아동 정신분석가로 명성을 쌓게 된다. 에인즈워스처럼 비교 문화 연구에 관심을 가져 미국 원주민인 유로크족의 아동 발달을 연구했다. 아동 발달과 애착에 대한 그의 가장 의미 있는 공헌은 프로이트가 주장한 자아 발달의 5단계를 아동, 청소년, 성인, 노인에 이르는 성장의 8단계로 확장시킨 것이다(표 2-1 참고). 에릭슨은 '사춘기의 위기'에서 잘 살아남은 사람이 성인기로의 전이 역시 잘 다룰 수 있을 것이라 예상했고, 그에 대해서는 9장에서 좀 더 면밀히 다룰 것이다.

이 주제와 관련한 가장 흥미로운 그의 서술 중 하나는 희망이다. 에릭슨에 따르면, 희망은 유아기의 '기본적인 신뢰와 불신'의 갈등에서 파생된다. 희망이 없다면 절망 가운데 있을 수밖에 없다. 희망 없이 어린아이는 성장할 수 없다. 실제로 희망을 품을 수 없는 상황으로 인해 쇠약해져 죽는 아이들이 있다. 학창 시절에 우리에게 혹은 우리의 성적을 두고 절망적이라고 말하던 선생님들을 어렵지 않게 떠올릴 수 있을 것이다. 하지만 납치된 경우에도 희망을 놓지 않는 낙천적인 성격을 가진 사람들이 해결책이 없다고 느끼는 사람보다 생존 확률이 더 높다.

양육자를 믿을 수 있고 그 행동을 예측할 수 있는 아이는 희망을 가질 수 있다. 희망은 신뢰로부터 성장하며, 초기의 애착에서 기본적 신뢰가 형성되었다면 그 아이는 좀 더 희망적이거나 낙천적일 수 있을 것이다. 실망하지 않기 위해 최악의 경우를 생각해야 한다고 믿는 사람들이 얼마나 많은가?

우리가 애착을 이해하도록 돕고 애착 과정을 지속적으로 재검토하며 동시대의 맥락 속에서 다듬어 나가는 데 힘쓴 여러 사람들이 있다. 데이비드 하우(Howe 2005)는 애착 연구에 있어서 특히 방임의 문제를 훌륭히 탐색하였다. 게르하르트(2004)는 애착에 대한 여러 학자의 연구를 한데 모아 놓았고, 신경과학에 대한 이해와 초기 애착이 뇌 발달에 미치는 영향에 대한 연구 역시 급증하고 있다.

초기 애착 대상이 필요한 결정적 시기에 대해서는 애착 전문가들 사이에서도 이견이 있을 수 있지만, 그럼에도 불구하고 최초 6개월이 아기의 안녕에 결정적이라는 데는 논란의 여지가 없다. 이런 이유로 아기의 이후 발달을 위한 토대로서 긍정적 애착을 강화하기 위해 임산부와 갓난아기를 위한 프로젝트가 증가하고 있다. 나는 여기서 임신부터 생후 6개월까지의 기간이 NDP를 위해 대단히 중요한 시기임을 강조하고자 한다.

애착이란 과연 무엇인가?

애착의 중요성에 관한 광범위한 연구가 있고, 건강한 애착이 긍정적이고 사회적이며 친밀한 관계를 형성하는 데 영향을 미친다는 데는 논란의 여지가 거의 없음에도 불구하고, **애착 자체의 본질**에 대하여는 제대로 된 연구가 부족하다. 학자들은 초기 애착 대상의 '정서적 유용성'과 욕구에 대한 유아들의 '미세 조정' 능력을 언급하고 있다. 그렇다면 아이를 양육하는 데 있어 이것이 실질적으로 어떤 의미를 가지는가?

조율과 상호성은 상호 인지, 정서적 공명, 번갈아 가며 하기를 반영하는 유대 관계의 질적 측면이다. 유아의 내면 상태에 잘 공명하고, 그것을 발달 단계에 맞는 행동과 말로 적절하게 번역해 내는 엄마의 능력이 나중에 가서는 아이가 자신의 내면 상태를 말로 설명할 수 있는 능력을

이끌어 낸다. (Cozolino 2002, p. 191)

초기 애착 대상이 놀 수 있어야 한다는 사실은 몇 번을 강조해도 지나치지 않다! 애착은 놀이적이며, 엄마는 임신할 때부터 아기와 놀기 마련이고, 바로 놀이를 통해 애착이 형성된다. 우리는 코졸리노(2002)가 말한 것처럼 유대 관계의 신경화학이라 할 만한 생물학적 욕동이 존재함을 안다.

> 엄마-아기의 유대 관계를 만들어 내는 신경화학은 매우 복합적이다. 따뜻하고 행복한 감정, 안고 쓰다듬고 보살피고자 하는 욕망, 분리의 고통과 재회의 기쁨과 흥분이 모두 우리로 하여금 놀라운 감정을 경험하게 해 주는 신경화학적 상관관계를 갖고 있다. 엄마-아기의 상호작용은 생화학적 연결을 통해 옥시토신, 프로락틴, 엔돌핀, 도파민 등의 분비를 자극한다. (Cozolino 2002, pp. 176-7)

엄마와 아기가 안고 만지고 보살피는 행동은 놀이와의 연관 속에서 이해될 필요가 있다. 엄마는 감각적인 방식으로 놀 수 있어야 하는데, 그것은 감각이 그렇게 발달하기 때문이다. 감각은 초기 체현적 경험의 가장 중요한 양상이기도 하다. 유아는 쓰다듬기, 토닥이기, 손가락으로 톡톡 건드리기, 목욕하기, 따뜻한 수건으로 감싸기 등 감각적 접촉 놀이를 통해서 몸-자기를 발달시킨다(Jennings 1998). 시륄니크(2005)는 '아이의 환경에서 감각 발달을 위한 지원이 결여되면, 세상은 뚜렷한 윤곽을 만들어 내지 못한다'고 말한다(p. 13).

보고 듣고 맛보고 냄새 맡는 나머지 감각은 엄마와 아기의 놀이적 관계를 구성한다. 예를 들면, 엄마가 아이를 보며 얼굴을 찡그리면 아기도 따라서 하는 놀이(메아리 놀이의 시작)도 있고, 장난감이나 음악상자, 작은 종소리뿐만 아니라 엄마가 흥얼거리거나 노래하는 소리는 아기의 듣는 능력을 자극한다. 아기는 또 젖을 먹으면서 그 맛에 따라 엄마가 쓴 것을 먹었는지 신 것을 먹었는지를 금방 알아차린다. 후각은 자신의 엄마와 다른 엄마들을 구별하게 해 준다는 점에서 가장 중요하다고 할 수도 있다. 그리고 우리는 아기가 실제로 젖을 먹기 전에 엄마 가슴에 바싹 파고들어 잠깐 자는 것을 관찰할 수 있다.

애착 관계에 어려움이 있는 경우, NDP는 치료 작업을 설계할 때 감각 놀이에 초점을 맞춘다. 많은 감각 경험은 안전감의 기초를 만들어 주는 리듬 놀이로 재생 가능하다. 심장박동, 손뼉, 흔들리는 요람, 단순한 드럼 비트가 만들어 내는 리듬은 아기가 자신의 몸과 소리에 안착하게 해 준다.

1장에서 본 것처럼, 애착 관계의 결정적인 양상은 '가장 놀이(as if play),' 곧 서로를 흉내 내고 반향 하는 극적 놀이로서, 엄마는 마치 아기가 된 것처럼 연기하고, 아기는 엄마인 것처럼 연기하는 것이다. NDP는 초기의 놀이와 치료에 있어서 극적 반응을 중요시한다. 스토리텔링 또한 중요한데, 매우 단순하고 자전적인 이야기를 하거나 아이가 좋아하는 이야기를 표정과 억양을 섞어 반복적으로 들려줄 수도 있다.

아기와 놀기 위해서는 엄마가 퇴행할 필요가 있다고들 하는데, 내가 보기에 그것은 또 다른 정신분석학적 구속일 수 있다. 엄마는 노는 법을 다시 배워야 하거나 어릴 때 하지 않았던 것을 새로 배워야 할지도 모른다. 그러나 나는 이것을 퇴행이라고 보지 않는다. 오히려 놀이는 '요람에서 무덤까지' 삶의 일부가 될 필요가 있으며, 우리는 그것이 가능함을 확증하기 위해 창조적인 환경을 필요로 한다.

NDP의 중요성은 아기의 세상이 시작되는 시점과 밀접하게 연관된다. 이때 아기는 엄마의 현존을 필요로 하며, 엄마가 다시 돌아오는 경험을 했다고 해서 부재를 견뎌 낼 수는 없다. 아기는 아직 그 같은 정신적 장치를 가지고 있지 않기에, 엄마가 눈앞에 없으면 사라진 것이다. 그러나 일단 위니콧(1965)이 말하는 '중간 대상'과 같은 상징을 갖거나 '사건의 재현(representation of an event)'이 가능해지면, 엄마의 부재는 잠시일 뿐 곧 기쁘게 다시 만나게 될 것이라는 믿음이 자라난다. 그럼에도 아기들에게는 아직 사건의 재현을 유지할 능력이 부족하다. 즉, 개념을 고수하지 못하기 때문에 '나는 버림받았다'는 느낌만 남게 된다. 그래서 유아 초기에 이런 분리가 반복해서 일어나면 모종의 부적응 행동이 나타나게 된다. 첫돌을 지나면서 마침내 사건 또는 사람의 이미지나 재현을 유지하는 능력을 획득하게 되지만, 그것을 강요하거나 재촉해서는 안 된다. 유아는 아직 중대한 부재를 다룰 수 있을 만큼 생물학적으로나 정서적으로 준비되어 있지 않기 때문이다.

> 사랑하는 사람이 없고 아이가 너무 어려서 그것을 아직 이해하지 못한다면, 그 상황은 아이에게 극도의 고통이 될 수 있다. 엄마를 잃은 아이에게 '괜찮아, 그렇게 울 일이 아니야'라고 말할 수는 없다. 그럼에도 여전히 어른들은 아이들에게 그런 메시지를 전한다. 부모와 분리되어 고통스러워하는 아이에게 꼬치꼬치 캐물으며 '어리석게' 굴지 말라고 충고하려 든다면, 그것은 아이의 뇌와 몸에서 일어나는 엄청난 호르몬 반응을 전적으로 과소평가하는 것이다. (Sunderland 2006, p. 51)

전문가들은 부모가 갑작스런 분리나 초기의 상실로 인한 정서적 외상을 이해하도록 도울 필요가 있다. 그것은 단지 감정을 인식하고 다루는 데 그치지 않고 과도한 스트레스에 대한 몸의 화학적 반응을 이해하는 것을 포괄한다. 어린아이가 너무 일찍 분리되거나 그 시간이 지나치게 길어지면, 코르티솔 수치가 올라가 뇌로 흘러들어갈 수도 있다. 시뢸니크는 일단 우리가 '사건의 재현'(혹은 상징)을 유지할 수 있다면, 그것이 정서적 외상을 다루는 전환점이 될 수도 있다고 말한다. 그러나 영아에게는 분리로 인한 정서적 외상이 갑작스럽고 영구적으로 느껴질 수밖에 없다.

> 모든 정서적 외상은 우리를 뒤흔들어 비극으로 인도한다. 그러나 그 사
> 건의 재현은 밤하늘에 길을 안내하는 별처럼, 개인의 역사에 전환점을
> 열어 준다. (Cyrulnik 2005, p. 12)

정서적 외상을 입은 아이에게 적절한 개입이 주어진다면 그 상처는 오래
지 않아 아물 수 있다. 예를 들어, 부모 중 한쪽의 갑작스러운 죽음은, 살
아 있는 부모가 정서적으로 여유가 있다면, 그의 보살핌으로 견디어 낼
수 있다. 그런데 어떤 사람은 자신의 슬픔에 압도되어 자녀의 감정적 욕
구에 적절히 반응하지 못하기도 한다. 그럼에도 불구하고 애착으로 고통
받는 아이는 주변의 관련된 어른들에게 보호적이고 양육적인 반응을 이
끌어 낸다.

애착 스트레스는 신체적인 불쾌감(질병, 배고픔, 통증)이나 겁에 질리는 느
낌 또는 신체나 정신 측면에서 애착 대상과의 갑작스런 분리 등으로부
터 촉발된다. 엄마라고 해서 유아의 감정을 다 맞추어 주지는 못하며, 그
것은 그들의 개인적인 애착 욕구나 갑작스러운 상실 또는 정서적 외상

때문일 수 있다. 어린아이들은 흔히 외향적 특성과 사교성을 나타낸다. 아이들은 아주 일찍부터 관계 맺기를 원하고 몸짓이나 표정, 소리, 리듬 속에서 대화를 추구하며, 그렇게 하기를 하루 이틀이 아니라 몇 달 동안 지속한다.

아이들은 이 밀착된 애착 관계로부터 자기 자신과 다른 사람 그리고 사회적 상호작용을 이해하고 배워 나간다. 그들은 자신과 다른 사람을 보는 방법에 대한 심적 표상을 개발하기 시작한다. 다시 말해, 그들 내면의 모델은 자기 자신이나 다른 사람의 행동 양식에 대한 기대와 믿음을 담고 있다. 아기들은 자신이 사랑스럽고 인정받는 존재라는 것, 다른 사람들, 그중에서도 특히 엄마가 관심과 흥미를 가지고 그들에게 정서적으로 반응한다는 것을 경험하기 시작한다. 볼비(1969/1971)는 보호와 안전을 강조하며, '지속적인 애정적 유대'가 생물학적 기반을 갖는다고 주장한다.

애착이 결핍되거나 아동의 가장 기본적인 놀이 욕구가 충족되지 않은 바로 그곳이 NDP가 절실하게 필요한 지점이다. 이상적으로는 애착 관계를 향상시키기 위해 엄마와 아기가 함께 NDP 프로그램을 실행해야 한다. 만약 엄마가 할 수 없다면, 아기를 보살피는 다른 사람들이 유아와 함께 NDP의 잠재성을 키워 나갈 수 있도록 도와야 할 것이다. 이에 대해서는 8장에서 더 살펴볼 예정이다.

애착 분야에는 존 볼비를 비롯해 다수의 개척자가 있었고, 그 덕택에 이제는 우리도 발달 초기에 적어도 주 양육자와 적절한 애착 관계가 형성되지 못한다면 아이가 제대로 자랄 수 없음을 이해하게 되었다.

신경극놀이는 애착 이론이 특히 놀이적 애착이 요구되는 발달 초기의 결정적인 몇 개월을 집중 조명한다는 점에서 그 덕을 크게 보고 있다.

신경극놀이는 감각적이고 리듬적이며 극적인 놀이로 구성되며, 그것은 놀이적 애착 관계의 근간을 형성한다. NDP가 스토리텔링으로 구조화될 수 있다는 것 또한 중요하다.

신경극놀이는 신뢰와 희망을 발달시키고, 다른 사람들과 공감할 수 있는 능력을 키워 주며, 장차 사회적 관계에 대한 잠재적 토대를 형성한다.

신경극놀이와 애착은 이야기가 끊어지지 않고 지속될 수 있도록 동력을 공급해 준다.

NDP
놀이와 놀이 치료

아빠 무릎에 앉으면 모든 게 노랗고 파랗게 보였어요. 나도 남자애들처럼 너무나 물놀이를 하고 싶었지만, 아빠는 '물론 안 돼'라며 가로막았죠. 그때 담을 넘어 달아났어야 했어요. 싫다고 말해야 했는데, 대신 푸른색 모직 드레스를 입고 아빠 무릎 위에서 땀을 뻘뻘 흘리며 앉아 있기만 했죠. 난 항상 아크레로 돌아가길 간절히 바랐어요. (Zuabi 2010, p. 43)

개관

앞서 우리는 신경극놀이에 대한 정의를 세웠고, 임신부터 생후 6개월까지의 대단히 중요한 시기 동안 NDP가 아동의 발달에 어떻게 작용하는지를 알아보았다. 또 엄마(혹은 다른 주 양육자)와 갓난아기가 충분히 좋은 애착 관계를 형성하는 데 NDP가 어떻게 핵심적인 역할을 하는지 살펴보았다. 앞서 언급했던 애착 이론의 선구자들에 대해서는 다시 거론하지 않겠지만, 연극치료의 상당 부분이 관계에 관한 것이며, 놀이는 다른 누군가와 관계를 맺는 하나의 수단이라는 점을 다시 한 번 강조한다. 그런 맥락에서 아이와 엄마 그리고 놀이에 대해 깊은 이해를 제공한 사람은 물론 위니콧이다.

나는 누구에게나 깊고 강력한 추진력으로 모든 관심을 쏟아붓는 대상
이 있다고 생각한다. 나이가 지긋해져 지나온 삶을 되돌아보면, 삶에서
일어난 각양각색의 다양한 행위와 직업적 이력을 통합하는 어떤 긴급
한 경향을 발견하게 될 것이다. 내 경우에는 평범한 좋은 엄마를 제대
로 알아 찾아내고 싶은 욕심이 내 작업에 크게 작용했음을 보게 된다.
내가 정말로 깊이 대화를 나누고 싶었던 대상은 바로 엄마들이었다.
(Winnicott 1957)

이제는 놀이와 놀이 치료의 관계를 살펴보고 NDP와 신경극놀이-치료
(NDPT)의 연결 고리를 만들어 볼 차례다.

놀이와 놀이 치료에 관한 자료가 많이 있고(참고 문헌 참조), 그것을 한
장에서 적절하게 다루기는 어렵다. 여기서는 놀이와 놀이 치료의 연결
선 상에서 '예방적' 행위인 놀이와 '치료적' 행위인 놀이 치료를 잇는 고
리와 두 분야에 대한 간단한 논평으로 충분하다고 본다. 놀이와 놀이 치
료 사이에는 스스로 돕기 위해 자기만의 놀이를 만들어 내는 영역이 있
고, 거기서는 보통 놀이치료사의 개입이 필요하지 않다. 교사는 교육적
인 틀 안에서 놀이 상황을 유지하면서 자기 발견과 학습과 발달을 위한
자원으로서 중요한 역할을 수행한다(12장 참고). 놀이와 놀이 치료는 신
경극놀이의 전후 맥락을 형성하고, 초기에 놀이 경험이 누락된 유아, 아
동, 청소년을 위해 NDP를 어떻게 발달시킬 수 있는지를 보여 준다.

1장과 2장에서는 놀이가 엄마와 아기가 임신에서 출생 후 6개월까지
건강한 애착을 형성하는 데 핵심적임을 살펴보았다. 다시 강조하지만,
엄마와 아기의 최초의 놀이는 감각 놀이, 제의 놀이, 극적 놀이를 포함
한다.

> 놀이는 엄마가 아기에게 배려와 관심을 표현하는 수단일 뿐 아니라, 그 자체로 보살핌과 관심이며 관계 그 자체다.

놀이와 놀이하기

시간의 안개를 거슬러 가 보면, 철학자들은 아동의 놀이의 중요성이나 폐해를 두고 오랫동안 논쟁해 왔다. 플라톤(1974)이 단호하게 아이들의 놀이가 '국가에 피해를 주는 가장 큰 위협'(그는 배우라는 존재의 위험성에 대해서도 언급했다)이라고 주장한 데 반해, 아리스토텔레스는 좀 더 긍정적인 관점에서 아동의 사회화를 위해 놀이가 중요하며 아동의 놀이가 시의 기원이라고 믿었다(이 생각은 Goldman 1998에서 발전되었다).

앤 캐터닉(Cattanach 1992/2008)은 놀이에 대해 흥미로운 개관을 제시하였고, 빅토리아 시대로 거슬러 올라가 과학적 연구를 시도했다. 놀이는 1917년 무렵부터 이미 교육의 맥락에서 연구되었고, 콜드웰 쿡은 학습의 자연스러운 수단으로서 놀이의 중요성을 강조했다.

콜드웰 쿡(Caldwell Cook 1917), 피터 슬레이드(Peter Slade 1954), 브라이언 웨이(Brian Way 1967), 리처드 코트니(Richard Courtney 1968) 등이 모두 놀이와 드라마의 중요성과 아이들이 타고난 배우라는 점을 강조했다는 것은 흥미로운 일이다. 그러나 고대에서 근대에 이르기까지 배우는 불쾌한 부류로 괄시당하면서 '진정한 예술가'로 대접받지 못하고 떠돌이나 유랑자로 분류되어 서구 사회에서 어떤 지위도 형성할 수 없었다. 심지어 보험에도 가입하기 어려워 나중에는 배우 조합을 만들어 그들만의 보험회사를 세워야 했다. 오늘날에는 대중매체를 통해 유명 배우가 제품을 선전하고, 연기보다 그들의 사사로운 일상이 대중의 시야에 머무른다.

놀이, 연기, 가장, 꾸미기는 모두 사실이 아니고 거짓말이며, 심지어 정신병질적이라는 생각이 사람들 머릿속에 똬리를 틀고 있다. 문간에 서서 달콤한 거짓말로 돈을 빼앗는 사기꾼이자 엄청난 부패를 거짓으로 은폐하는 정치꾼과 다를 바 없다 여기는 것이다. '만약 우리가 알았더라면'이나 '진실은 밝혀지기 마련이다' 혹은 『햄릿』의 플로니어스가 아들 레어티스에게 전한 충고처럼 말이다.

무엇보다도 ― 너 자신에 진실해라
그리고 밤이 낮을 따르듯이 그 길을 가거라
그러면 너는 어느 누구에게도 거짓되지 않을 것이다

(햄릿 3. i: 78-80)

또한 배우는 그리스어로 hipokcritiki인데, 거기서 위선자(hypocrite)와 위선(hypocrisy)이라는 단어가 파생되었음을 기억할 필요가 있다.

여기서 '진실'의 본질과 철학에 접근하는 것이 오히려 쉬울 것이다. 가장 놀이의 개념과 어떤 사람에게는 그것을 받아들이기가 왜 어려운지 잘 들여다보자. 물론 자폐 스펙트럼 장애를 가진 참여자와 작업할 때는 그들이 대체로 구체적 사고에 머물러 있기 때문에 '~인 척하기'가 매우 어렵다(10장 참고).

'일상 현실'과 '극적 현실'의 차이에 대한 혼란이 있을 수도 있는데 (Jennings 1998), 엄마는 아기와는 기꺼이 가장 놀이를 하지만, 시간이 조금 지나 아이가 학교의 냉혹한 현실 대신 낭만적인 이야기를 하면 거짓말을 하고 있다고 걱정을 한다(Jennings 1999a).

놀이는 세상을 살아가는 데 필요한 일과 비교해 중요하지 않거나 시간을 낭비하는 어리석은 것으로 치부되어 묵살되기도 하는데, 실제로 1980년대 중반에 지역 기금을 모으던 어떤 집단은 '낙서나 하며 시간을 낭비하는' 아이들의 놀이 집단을 위해 돈을 쓰지는 않겠다고 한 적이 있다.

인류학자들이 아이들의 놀이 자체에 관심을 갖고 장시간 그것을 관찰하고 정의하기 시작한 것은 최근의 일이다. 골드먼(1998)은 가장 놀이(make-believe play)가 포함된 아동 놀이에 관한 논문이 매우 적음을 지적한다.

> 놀이 분석가들은 놀이를 그처럼 등한시하는 현상을 전형적으로 성인 지향적이고, 유아의 상호작용을 평가절하 하는 사회-역사적 유산을 그대로 수용하고 영속시키려는 학계 자체의 소산으로 본다. 그리하여 '놀이'에 몰두하는 아동 행동의 가장 뚜렷한 특징이 일과는 확연히 구분되는, 비이성적이고 하찮으며 비생산적인 것으로 간주되었다. (Goldman 1998 p. xv)

골드먼(1998)은 또한 다음과 같이 말한다.

> 그럼에도 불구하고 가장 놀이(as if play)의 주제는 인류학에 잠재적이고 중대한 영향을 미치는 영역이라고 나는 믿는다. 그 명쾌한 현상은 인류의 상상, 근대성의 이미지, 역할들이 서로 다른 '목소리'로 채워지는 과정, 그리고 그것이 신화적 텍스트로 변형되고 번역되는 과정을 들여다 보는 독보적인 렌즈를 제공한다. 인류학이 '상상'을 이해하기 위해 시도한 수많은 방법들 가운데 가장 놀이(pretend play)는 그것을 추구함에 있어 민족지적 기반을 가진 독특한 접점을 제공한다. (Goldman 1998, p. xvi)

아동권리협약(*Convention on the Rights of the Child*)이 1989년 11월 20일 유엔총회에서 채택되었다는 것은 고무적인 일이며, 협약 제31조는 '모든 어린이에게는 휴식과 여가를 가질 권리가 있고, 놀이와 예술적, 문화적, 오락적 행사에 참여할 권리가 있다'고 선언한다.

모일스(1989)는 교육적 범주 안에서, 교과과정의 필수 요소로서 놀이와 관련해 대략 세 가지의 유익한 효과를 찾아볼 수 있다고 한다.

- 언어의 습득
- 문제 해결 능력
- 창조성의 발달

부모와 교사는 처음 두 항목에 대해서는 비슷하게 동의하지만, 세 번째 항목은 받아들이길 어려워하는데, 그것은 창조성이 '예술 흉내' 정도이거나 현대 학교의 교수요목으로는 부적절하다고 여기기 때문이다. 모일스 (1989)는 계속해서 다음과 같이 말한다.

> 만일 자신을 효과적으로 표현하는 능력을 갖게 되는 것이 교육의 '바람직한' 결과물이라고 인정한다면, 놀이와 연계된 창조적 활동만큼 좋은 것은 없다. 아동은 놀이의 맥락 속에서 주도적으로 '창조자' 역할을 수행한다. 끊임없이 창조하면서 현실적 관점을 획득하고, 스스로 타협점을 찾으면서 자신을 재현하는 아이디어와 이미지를 만들어 낸다. 이것은 아동의 말, 그림, 색칠, 공예, 디자인, 음악, 춤, 연극, 그리고 당연히 놀이에서 포착된다. (Moyles 1989, p. 70)

학문적 차원에서는 특히 초기 발달에서 놀이의 중요성에 대한 지지가 큰 폭으로 높아졌지만, 현실적으로 놀이 관련 단체는 절박한 재정 삭감에 직면해 있으며, 탁아소 역시 점차 축소되고 있다.

우리는 신체적 놀이와 게임의 중요성에 가치를 두며 신체적 놀이와 민첩성 그리고 효과적 학습의 직접적 연관성을 입증해 왔다. 그러나 운동장이 개발업자에게 팔려 나가면서 아이들이 놀고, 수영하고, 다른 야외 활동을 할 수 있는 공간은 점점 더 줄어들고 있다. 학교는 건강이나 안전 수칙에 시달려 놀이를 포기하기도 한다. 2010년 영국에 몰아닥친 폭설은 아이들이 다칠 수도 있다는 우려를 낳아 많은 학교가 휴교에 들어갔다. 겨울철에 집 밖에서 눈싸움을 하고 눈사람과 미끄럼틀과 이글루를 만들며 마음껏 놀았던 행복했던 어린 시절을 얼마나 많은 사람이 기억하고 있을까? 그때는 어른들 없이도 우리의 몸과 상상력을 마음껏 충족시킬 수 있었다.

아카데미 단편 애니메이션 작품상을 받은, 레이먼드 브릭스 원작의 〈스노맨(*The Snowman*)〉(1982)은 아주 오래된 눈에 대한 추억을 다루고 있다. 하워드 블레이크(Howard Blake)가 작사 작곡한 음악 〈하늘을 걷다(Walking in the Air)〉라는 노래는 세인트 폴 대성당의 성가대원이 불렀다. 영화는 한 소년과 그가 만든 눈사람의 관계가 발전되는 모습을 그리고 있다. 눈사람이 소년의 집으로 들어와 모든 기술 관련 제품을 만지작거리더니, 많은 동물을 놀래키면서, 소년과 눈사람은 오토바이를 타고 집을 나선다. 음악은 소년이 하늘을 날아 아무도 가 본 적 없는 눈사람의 세상으로 들어가면서 시작된다. 모험을 마친 후 지구로 돌아오자 눈사람은 아침 햇살에 녹아내리고 소년은 지금까지의 일이 꿈처럼 느껴지지만, 눈사람이 주고 간 스카프를 발견하고는 이내 그 일들이 사실이었음을 깨닫게 된다.

그 영화가 2000년 UKTV의 '크리스마스의 멋진 순간들'에서 4위에 선정된 것을 보면 영국뿐 아니라 다른 나라에서도 커다란 감명을 주었던 것으로 짐작된다. 그 영화는 어떻게 어른과 아이들의 마음을 모두 사로잡았을까? 그 이야기는 또한 아이들의 상상력을 고취시키고 세상을 다른 방식으로 이해할 수 있는 판타지로 이끌어 간다. 다른 각도에서 보면

두 캐릭터가 공유하는 외로움에 대한 인식, 낯선 대상과 상황에 대한 탐험, 짧은 만남의 덧없음에 대한 경험을 주기도 한다.

캐런 스태그니티(Karen Stagnitti)는 놀이 치료 분야에서 손꼽히는 전문가이자 이론가다. 『치료로서의 놀이(Play as Therapy)』에서 그녀는 공동 편집자인 로드니 쿠퍼(Rodney Cooper 2009)와 함께 다음과 같이 서술한다.

> 놀이는 아동의 발달과 내면세계에 영향을 줄 뿐 아니라 성장, 발달과
> 개인적 역량을 지속적으로 자극하고 촉진하는 적극적이고 능동적이며
> 열린 과정으로서 발달에 기여한다. 아이들이 어디에서 어떻게 무엇을
> 하며 노는가는 그들의 문화와 환경을 광범위하게 반영한다. (Stagnitti
> and Cooper 2009, p. 16)

놀이의 비교 문화적 이해는 매우 중요하지만, '놀이는 유익하다'라는 단순한 일반론적 관점을 반복할 수도 있다. 예를 들어, 바닥에 앉아 생활하는 집시 집단의 아이들에게 바닥은 더럽고 짐승들에게나 어울리는 곳이라는 윤리를 강하게 주입하려 함으로써 문화적 갈등을 일으킬 까닭이 없

는 것이다. 이와 비슷하게 인도의 일부 가족 집단에게 거칠게 뒹구는 놀이는 부적절한 것으로 평가되기도 한다. 동인도 지역을 연구한 루프나라인 등(Roopnarine et al. 1994)은 그곳의 부모들이 서구에 거주하는 동족과 달리 거칠고 자극적인 활동에 거의 참여하지 않는다고 보고한다. 신체적인 친밀함에 가치를 두는 문화에서는 아버지가 자식에 대한 애정을 신체적 접촉으로 보여 준다.

> 부모는 아이들과 매우 다양한 게임을 하면서 신체적으로 친근하게 논다. 그것은 엄마가 아기와 휴식을 취하거나 평소대로 아기를 돌보는 과정이나 아이를 쓰다듬는 동안에도 일어난다. 게임의 종류는 지역이나 세대에 따라 다양하지만 공통적인 요소도 있다. 집중적인 촉각 자극, 문화에 대한 사회적 메시지, 언어적 내용의 풍부함, 신체적 친밀감이 바로 그것이다. (Muralidharam et al. 1981, p. 15)

이들은 촉각 자극과 노래를 수반하는 놀이에 대해서도 언급한다. 재미있는 사례 하나는 인도 북동부 벵골 지역의 '칸, 돌, 돌(Kan, Dol, Dol)'이라는 게임이다. 엄마와 아이가 마주보고 앉아 서로의 귀를 잡는다. 그리고 엄마는 아기를 좌우로 살짝 흔들면서 노래한다.

Kan do, dol, du luo ni,
Ran ga ma thae chiruni
Bar ash be ek hu ni
Ni ye ju be ta knu mi

그 내용은 이렇다.

신부가 얼굴을 가리고 기다리네

신랑은 벌써 저만치 와서

신부를 데려가려 하네

(Muralidharan et al. 1981, p. 15)

여러 문화 집단의 놀이를 관찰해 보면, 정체성, 가치관, 관계, 신화의 활용에 대한 아이디어가 발견되고, 아이들이 어른의 기술을 배우는 과정, 상상을 통해 각 집단의 신념에 부합하는 이야기와 제의를 창조하는 방식을 알게 된다.

놀이는 엉망진창일 수도 있다

일반적으로 좀 더 질서가 잡힌 놀이를 즐기기 전에 아이들은 엉망진창 놀이 단계를 거친다. 혼돈과 엉망진창의 차이를 구분해 보자. 우리들 대부분은 어릴 적에 물웅덩이에서 마구 철벅거리거나 나뭇잎을 발로 차며 놀았던 것을 기억한다. 베커렉(2009)은 엉망진창 놀이로 가득 채워진 유쾌한 이야기로 그녀의 책을 시작한다.

어떻게 엉망진창 놀이를 발견하게 되었는가. 내가 그것을 발견했다기보다는 오히려 그것이 나를 발견해 주었다는 쪽이 맞을 것이다. 난 항상 모든 것에 엉망진창이었다. 꽤 어렸을 때부터 정원에서 흙과 잡초로 요리를 했다. 모래 상자에 물을 가득 채우기도 했고, 무엇이 먼저 나오든 물이 아니면 오스트레일리아를 찾아내겠다고 진흙 구덩이를 파기도 했다. 장미 잎사귀를 썩혀서 향수를 만들고, 우유와 버터로 아이스크림을 만들어 놓고 그것을 굳힌다며 불 옆에 놓기도 했다! 의심할 여지가 없이 엉망진창을 즐기는 아이였던 것이다. 나는 어른이 되어서도 달라지지 않았고 아이들과도 엉망진창 놀이를 엄청나게 즐겼다. (Beckerleg 2009, p. 17)

엉망진창 만들기는 감각 놀이의 중요한 순간인데, 아이들은 물방울 놀이에서 손가락 그림 놀이, 모래 놀이, 물놀이에 이르기까지 다양한 표현 매체를 통해 감각을 탐험한다. 애착 발달에서 초기의 감각 놀이로는 젖을 먹으면서 흘리기, 엄마가 아기의 손가락을 빨아 줄 때 묻는 침의 발견, 목욕할 때 발라 주는 크림의 감각, 기저귀 갈아 줄 때의 느낌 등이 있다. 좀 자란 뒤에 아이들은 음식과 침을 탐험하면서 혼자만의 엉망진창 놀이를 하게 되고, 그것이 끈적끈적해지면서 종종 부모를 짜증나게 한다.

　엉망진창 놀이는 질서를 찾아가는 방식이다. 엉망진창을 만들어 봄으로써 한계, 억제, 경계를 배울 수 있다. 그것은 감각 놀이를 발전시키는 수단이기도 하며, 어른이 된 후까지 유지되기도 한다. 가령 정원사와 농부는 새로운 것을 만들어 내지만 일을 할 때는 잔뜩 어지럽히기 마련이고, 유치원 교사에게 엉망진창의 상황은 일과의 일부이다. 요리를 하는 사람은 많은 재료를 손으로 섞는데, 손으로 반죽한 것이 기계로 한 것보다 맛이 더 좋다. 그들은 또한 재료의 특성에 민감하고 그것을 창조적으로 사용한다. 의사나 간호사 혹은 수의사처럼, 처리하기에 별로 유쾌하지 않은 엉망진창을 다루는 직업도 있을 수 있다. 엉망진창 감각 놀이는 유아를 위한 체현 과정에서 중요한 단계이다.

엉망진창 놀이는 혼돈의 놀이가 아니다

엉망진창 놀이는 때로 경계를 상실하거나 통제 불능의 혼란스러운 놀이

와 혼동되기도 한다. 엄마는 잔뜩 화가 나서 '이렇게 살 순 없어'라는 의미로 '이게 도대체 무슨 난리야'라고 소리를 지를 수도 있다.

아이들은 종종 '제어가 안 되는 것'처럼 굴 때가 있다. 두 뺨은 발갛게 상기되고 통제할 수 없는 에너지가 터지듯 올라와 장난감을 전부 마루에 쏟아 놓거나 그 위에서 뛰거나 어떻게든 부숴 망가뜨린다. '혼돈의 징표'가 관찰되면 아이들에게 약속(놀이방의 물건을 망가뜨리거나 부수면 안 된다는)을 상기시키는 것이 중요하다. 치료사는 목소리를 치료적으로 활용하여 리드미컬한 억양으로 말하면서 안정감을 형성할 수 있다(음악치료사들은 이 방면에 탁월하다). NDP의 기본 원칙 중에서 리듬 놀이는 토대를 만들고 다지는 본질적인 수단으로서, 노래, 드럼 소리, 리드미컬한 움직임이 있는 신체적인 게임을 통해 접근 가능하다.

부록에는 교사와 치료사를 긴장시키는 다루기 어려운 상황에 도움이 될 다양한 NDP 치료의 아이디어가 수록되어 있다. 그리고 『위기에 처한 아동과의 창조적 놀이(*Creative Play with Children at Risk*)』(Jennings 2005b)

에서도 엉망진창과 혼돈에 대한 치료적 이야기와 작업 계획 등 실질적인 방법을 논했다.

끝나지 않는 혼돈 속에서 사는 듯 보이는 사람들은 늘 주변에 있다. 찬장과 바닥은 엉망이고, 쓰레기는 한쪽으로 밀쳐놓은 채 포장 음식을 먹고 병째로 우유를 마시면서, 누군가 나서서 '이제 그만 좀 해'라고 말하기 전까지 그 같은 방식으로 세상과 만나는 것이다. 내가 아는 한 소녀는 더 이상 그런 혼란 속에 살지 않겠다고 결심하고 침실을 더할 수 없이 깨끗하고 단정하게 바꿨다. 소녀는 삶의 방식이 매우 조직화된 한국의 언어와 문화를 배우고 있었다.

혼돈이 파괴적으로 작용하는 상황도 있는데, 가령 부모가 양극성 장애가 있는 경우에는 흔히 조직적 체계가 무너지고, 밤낮이 바뀌고, 한밤중에 밥을 먹거나, 넘쳐 나는 창조적 활기와 깊이 모를 절망의 교차로 인해 집 안이 아수라장이 되어 버린다.

또한 규범과 가치가 무너진 학대 가정에서도 혼돈과 혼란이 나타나는데, 자녀를 부적절한 성적 행동에 참여하도록 강요하거나, 자녀가 오히려 알코올과 약물 중독에 빠진 부모의 보호자가 되기도 한다. 이런 학대 가정의 아이들은 충분한 보살핌과 놀이 치료를 받을 필요가 있다.

놀이성과 놀이

NDP에서 나는 최초의 애착을 위해서는 엄마와 아기의 놀이적인 상호작용이 필요하다고 자주 말했는데(Jennings 2009a, 2009c), 놀이성은 '놀이를 즐기거나 하고 싶어 함'이라 말할 수 있다(*Concise Oxford Dictionary*: Allen 1990). 따라서 놀이를 하기 위해서는 놀이성이 있어야 한다. 코르디에와 번디(Cordier and Bundy 2009)는 십자로 나누어진 사분면의 연결 형태로 놀이성의 요소를 정의한다. 내재적 동기, 내부 통제, 현실을 유예할 수 있는 자유, 틀 씌우기가 그것인데, 놀이성이 맨 가운데 위치하면서 이 네 요소의 균형에 의해 다양한 놀이가 생성된다. 히스코트는 아동과 연극을 할 때 '불신의 자발적 중지(suspension of disbelief)'가 꼭 필요하다고 말한다 (Heathcote and Bolton 1995). 가장하고 '극적 현실'로 들어갈 때 우리의 일상적 사고는 유예되며, 그것은 상상의 과정이 걸림 없이 펼쳐지도록 하기 위함이다. 이때 놀이성이 있다면 다양한 형태의 놀이를 즐길 수 있게 된다.

놀이 치료

영국놀이치료사협회는 놀이 치료를 이렇게 정의한다.

> 놀이 치료는 아동과 치료사 사이의 역동적 과정으로, 그 안에서 아이는 자신의 방식과 속도로 과거와 현재의 문제를 탐험하며, 이것은 의식적이든 무의식적이든 아이의 현재에 영향을 주게 된다. 아이의 내적 자원은 성장과 변화를 가져다주는 치료적 연합에 의해 활성화된다. 놀이 치료는 아동 중심적이며, 놀이가 1차 매체이고 언어는 2차 매체다. (www.bapt.info)

1990년대 초부터 다양한 형태의 놀이 치료가 고유한 개념과 체계로 개발되어 성장해 왔고, 현재는 작업 체계와 윤리적 기반을 갖추고 '공인된' 훈련 과정을 운영하고 있다. 종합적 훈련 과정인 '놀이 작업(Playwork)' (Brown 2006)을 비롯해, 놀이 치료 훈련을 위한 여러 가지 접근법이 시도되고 있다(McMahon 1992; West 1992).

놀이와 치료 분야에서 선구적으로 길을 닦아 온 중요한 개척자들이 있다. 마거릿 로웬펠드(Margaret Lowenfeld, 1979)는 모래 상자와 피겨를 활용한 '세상 기법(Make a World Technique)'을 개발하였다. 그녀는 수많은 피겨를 수집하고 다른 치료사들을 위해 그것을 목록화 하여 아이들에게 풍부한 선택의 기회를 제공했다. 치료로서의 모래 놀이는 독자적인 분야로서 융 학파의 아동치료사들이 개발했다(Ammann 1991; Kalff 1980; Weinrib 1983). 한편, 다른 놀이치료사들이 모래 놀이를 광범한 활동 목록에 포함시켰는데(Jennings 1999a, 2005b), 차이가 있다면, 모래 상자가 치료의 중심을 차지하는가 아니면 여러 놀이 재료 중에서 모래 상자를 선택하는가로 구분된다. 나는 안전의 원 안에서 보호의 또 다른 수단으로 원형의 모래 상자를 쓰고 있다.

칼 로저스(Carl Rogers 1951/1961)는 아동 중심적이고 비지시적인 접근법에 상당한 영향을 주었고, 버지니아 엑슬린(Virginia Axline)은 『자기를 찾는 아이 딥스(Dibs in search of Self)』(1964)를 통해 아이들과 작업하는 많은 사람들에게 깊은 감동을 주었으며, 그녀의 초기 저서 『놀이 치료(Play Therapy)』(1947/1989)는 많은 젊은이를 놀이 치료의 길로 이끌었다.

엑슬린(1947/1989)의 '비지시적인 치료적 접근'을 위한 기본 원칙을 간단히 소개하면 이렇다(p. 73).

1. 따뜻하고 우호적이며 친밀한 관계를 형성한다.
2. 아동을 있는 그대로 받아들인다.
3. 아동이 자신의 감정을 완전히 표현할 수 있도록 자유로운 환경을 조성한다.
4. 아동의 [내면의] 감정을 인식하고 그를 통찰할 수 있도록 피드백을 줄 수 있다.
5. 스스로 문제를 해결하는 아동의 능력을 존중한다.
6. 어떤 방식으로든 아동의 행동이나 대화를 지시하지 않는다.

7. 치료 과정을 서두르지 않고 변화를 재촉하지 않는다.
8. 치료가 현실에서 자리 잡도록 하되 제한을 최소화하여 아동이 스스로 관계에서의 책임을 깨닫게 한다.

숙련된 전문가는 비지시적인 놀이 치료를 통해 고통 받는 아이의 삶에 엄청난 변화를 가져올 수 있다. '통제가 되지 않는' 아이들 또한 이 방법을 통해 내적 통제 수단을 발달시킨다. 프로이트 학파나 클라인 학파에 속한 몇몇 치료사는 비지시적인 놀이 치료 접근을 사용하되, 엑슬린의 원칙 중 5번과 6번은 예외로 하기도 한다.

바이올렛 오클랜더(Violet Oaklander)는 프리츠 펄스(Fritz Perls)와 함께 게슈탈트 치료 이론을 원용하여 의미 있는 접근법을 개발하였고, 그녀가 쓴 『아이들에게로 열린 창(*Windows to Our Children*)』(1978)은 여전히 유익하다. 게슈탈트 놀이 치료는 개인이 부분의 총합보다 더 크고 모든 행동은 항상성의 과정에 따른다는 게슈탈트 원리에 근거한다. 블롬(Blom 2006)에 따르면,

> 통합은 게슈탈트 놀이 치료의 목표로서 전인적 존재인 아동이 인지, 감정, 신체, 감각을 통합함으로써 전경에 떠오른 미해결 과제를 완결하도록 도와야 한다. 치료 과정에서 전인적 존재인 아동의 여러 층위가 모두 다루어져야 한다. (p. 54)

이와는 완전히 대조적으로 과제 중심적이고 목표 지향적인 인지 행동 놀이 치료의 흐름이 있는데, 거기서는 특정한 이슈를 다루기 위해 구조적으로 짜인 놀이 치료 프로그램을 적용한다(지시적 또는 비지시적 놀이 치료에 대한 논의는 Carroll 1998을 참고할 것). 일부 지시적인 놀이 치료는 아동에게 입원 치료를 준비시키거나, 아동의 만성적인 악몽을 다루는 데 활용되기

도 한다(Marner 2000).

캐터넉(1992/2008)은 『상처 입은 아이를 위한 놀이 치료 모델(*A Model of Play Therapy to Heal the Hurt Child*)』에서 사회구성체 이론과 이야기 접근법을 기반으로 한 놀이 치료를 개발했다. 그녀는 그것이 우리가 자신에 대해 하는 이야기와 다른 사람들이 우리에 대해 하는 이야기를 바탕으로 한다면서, 다음과 같이 말한다.

> 학대받은 아이들은 그들을 학대한 가해자가 들려준 지배적인 이야기를 갖고 있고, 행동과 말로 주변 사람들에게 그것을 확인하려 한다. 자신이 '버릇없고,' '못되고,' '섹시하다'는 이야기를 입증하기 위해 그런 상황을 계속해서 만들어 내는 것이다. 놀이 치료에서는 아이가 현실에서 보여 주는 주제가 상상의 이야기에서 그대로 나타난다. 그래서 치료 작업에서는 상상의 이야기를 가지고 놀면서 주제를 확장하고 의미를 전환하고 변형하며 대안적 플롯과 해법을 탐험하면서 더 이상 착취당하지 않도록 지지하는 방향으로 이야기를 이끌고 간다. (Cattanach 1992/2008, p. 51)

또한 다음에 소개되는 '부모-자녀 놀이 치료'와 '치료 놀이'라고 불리는 새로운 접근 방식도 있다.

부모-자녀 놀이 치료

부모-자녀 놀이 치료의 목표는 부모-아동 관계를 증진시키는 것이다 (Landreth 1991/2002). 1960년대 거니(Guerney) 부부가 처음 개발한 이 접근법을 1990년대 초반 이후로 랜드레스(1991/2002)가 정교하게 구체화하였다. 그는 가족 상담, 어려운 상황의 역할 연기, 부모와 아이의 놀이 상황에 대한 슈퍼비전을 결합한다.

랜드레스에 의하면, 이 접근법은 예를 들면 한편에서는 부모 상담과 부모 놀이 치료 회기를 진행하고, 다른 한편에서는 다른 사람이 놀이 치료를 위해 아동을 관찰하는 식으로 여러 전문가의 협업이 필요하다. 그리고 그것은 단기간의 개입 과정이다. 수 브래턴(Sue Bratton)은 랜드레스, 켈람, 블랙커드와 함께 10주차의 워크북을 완성하여 부모, 교사, 치료사에게 유용한 자료를 제공했다.

치료 놀이

치료 놀이는 처음부터(Jernberg 1976) '애착을 근간으로 하는 치료'임을 명확히 하고 있으며, 건강한 부모-자녀 관계를 위한 4차원 모델로 구성된다.

1. **구조화하기**: 부모는 신뢰할 수 있고 예측 가능하며, 아이가 자신의 경험을 명료하게 정의할 수 있도록 돕는다.
2. **참여하기**: 부모는 흥분과 놀람과 자극을 제공하여 (아이들의) 기민함과 집중력을 최고 수준으로 유지한다.
3. **보살피기**: 부모는 따뜻하고, 부드럽고, 침착하고, 위안을 주고, 안정시킨다.
4. **도전하기**: 부모는 아이가 전진하도록, 조금 더 분발하도록, 좀 더 독립적이도록 용기를 준다.

(Jernberg and Booth 2001, p. 17)

물론 이것이 어떤 대상에게나 모두 가능한 것은 아니며, 때로는 장기간의 통찰 중심의 놀이 치료가 필요할 수도 있다.

놀이 치료 4차원 모델

야스닉과 가드너(Yasenik and Gardner 2004)는 이 접근법을 치료사가 작업의 틀을 체계화하는 수단이자 개입과 관련한 의사를 결정하는 방식으로 개발하였다. 그것은 수직축의 의식과 무의식, 수평축의 지시적인 것과 비지시적인 것으로 구성된 사분면을 제시한다. 그래서 수직축은 의식적인 것에서 무의식적인 것으로 향하고, 수평축은 비지시적인 것에서 지시적인 것으로 진행한다. 이것이 4분면을 형성하고, 치료사는 여기서 아동의 관심사에 최적화된 분면을 선택한다. 이 접근법은 치료의 시작점과 뒤이은 개입의 적절한 형태를 디자인하는 데 매우 유용하다.

신경극놀이와 놀이 치료

1장과 2장에서는 임신과 생후 6개월 동안 엄마와 아기의 관계를 NDP로써 어떻게 이해할 수 있는지 살펴보았다. 그리고 애착 관계를 증진하는 기본 요소는 다음과 같다고 생각한다.

- 감각 놀이와 엉망진창
- 리듬 놀이와 제의
- 극적 놀이와 흉내 내기

광범위하고 다양한 상황에 적용되는 NDP의 원칙은 이 책 전체에서 설명하고 있으며, NDP 기법과 재료는 부록에 긴 목록으로 제시되어 있다. 놀이와 놀이 치료가 주제인 이 장에서는 NDP의 원칙이 전 연령대 아동을 위한 놀이 치료의 구조적인 개입에 어떻게 활용할 수 있는지 자세히 알아본다.

감각 놀이

많은 아이들이 태어나고 자라면서 최초의 감각 놀이를 경험하지 못한다. 사실 우리는 일반적으로 출산을 정갈하지 않은 과정이라 여겨 기억하고 싶어 하지 않는다. 그러나 미끌거리는 느낌과 꼭 안아 주는 것, 따뜻하게 목욕한 다음 보송한 수건으로 닦는 것, 따뜻한 젖가슴과 젖을 먹고 어루만지는 것은 출생 직후 초기 몇 시간 동안 경험할 수 있는 매우 중요한 감각이다.

리듬 놀이

반복과 예측 가능성의 감각이 뒤떨어지거나 내면화되지 못한 아이들이 있다. 그런 경우는 아마도 엄마와 자신의 심장박동을 느끼거나 부드럽게 흔들어 주고 손뼉을 치고 찬트를 하거나 노래를 불러 준 적이 없고, 느닷없이 신체적 학대가 가해지거나 고함을 지르는 예측하기 힘든 상태를 겪었을 것이다. 리듬 놀이에는 허밍, 찬트, 노래를 통한 음성적인 형태가 있으며, NDP 개입에는 노래하기나 북치기 등이 포함된다.

극적 놀이

아주 어릴 때는 두 사람만 있어도 극적 놀이를 할 수 있지만, 이마저도 많은 아이들에게 허용되지 않는데, 주변의 중요한 어른들은 흉내 내기, 웃기는 표정 짓기, 따라 하다 바꾸기, '하나, 둘, 셋 – 짜잔 여기 있네'와 같은 놀이를 참을성 있게 받아 줄 만한 시간이 없다.

이런 형태의 놀이는 모두 기본적으로 체현 활동이며, 아기의 신경과 감정과 사회적 발달에 각기 다르게 기여한다.

놀이 치료에서 감각적이고, 리듬적이며, 극적인 요소

신경극놀이는 아동, 청소년, 어른을 대상으로 애착에 근간을 둔 독립적인 치료 모델이다. NDP 치료는 애착에 문제가 있고, 초기 관계에서 놀이 활동이 결여된 아동이나 청소년에게 적합하다. 거기에는 정서 또는 행동의 문제, 해리성 장애, 자학을 포함한 학대가 있을 수 있으며, NDP는 상실이나 애도, 가족 해체, 정서적 외상과 학습 장애에도 적합한 치료 모델이다.

NDP 치료는 단기 개입으로도 적용될 수 있는데, 처음에는 시간과 장소와 경계가 분명한 12주의 단기 작업으로 진행한다. 필요하다면 그 다음 12주는 좀 더 신중하게 고려하여, NDP에 지속적으로 참여하는 부모와 다른 가족 구성원의 숙달도가 달라지는 것을 관찰해 가며 시행할 필요가 있다. 가족이 놀이를 지속할 수 있도록 지원하면서 새로운 발달 단계로의 이행을 격려해야 한다.

NDP는 통상 어른과 아이가 일대일로 구성되는 소집단으로 한두 명의 조력자와 함께 시행된다는 점에서 독특한 치료 방식이며, 상황의 심각성에 따라 일대일 관계는 또 다른 전문가나 자원봉사자 혹은 예비 치료사로도 구성될 수 있다. 가족의 다른 구성원이 참여할 수 있다면, 아이는 한 명의 전문가와 식구 한 사람까지 두 명의 어른과 작업하게 된다. 궁극적으로는 진행 중에 전문가(조력자는 제외)는 상황으로부터 철수하고 부모만 남아 아이들과 놀이를 지속하게 된다.

NDP는 이런 방식으로 초기 애착의 역동을 재창조하고 집단의 맥락 속에서 자녀를 다시 키우는 경험을 하게 해 준다. 집단은 모두 리드미컬하고 극적인 놀이에 참여할 수 있다. 내가 아는 한 이것은 개별적이기보다 집단 상황에서 일어난다는 점에서 독특한 접근 방식이다.

NDP 치료는 감각적이고, 리듬적이며, 극적인 놀이의 기본 단계가 충족되고 나면 회복 탄력성이라는 또 다른 주요한 단계로 옮겨 간다. 그에 대해서는 12장에서 논할 것이다.

4장은 임신과 출산 과정에서의 신경극놀이의 발달을 주제로 한다.

NDP, 임신과 출산

내가 지쳐 엄마 팔에 안겨 있을 때, 아이처럼 작은 체구의 할머니 아이비는 검게 물들여 잔뜩 부풀린 머리카락과 입 안 가득한 금이빨을 보이며 말했다. '베티야, 내 생전 이렇게 뚱뚱한 애를 낳는 건 처음 봤구나. 꼭 돼지새끼 같네.' … 베티 월쉬가 돼지를 낳았던 그날의 저녁은 가족의 역사에 그렇게 기록되었다. (Walsh 2010, pp. 15-8, 22-3)

개관

'놀이'와 '임신'이라는 단어는 함께 잘 쓰이지 않는다. 임신을 하면 예비 부모들은 신경 쓸 일이 많아 보통은 신중해진다. 진료 예약, 초음파 검사, 식이조절, 운동, 출산할 병원, 정부 경제 지원 체계 등 생각하고 결정해야 할 일이 한두 가지가 아니다. 그럼에도 나는 예비 부모의 상황 또는 계획하고 기다린 임신인지 여부를 떠나, 놀이의 가치에 대한 인식이 두려움과 걱정 그리고 혹시 있을지도 모르는 좌절을 다루는 데 큰 영향을 준다고 믿는다. 안타깝게도 치료사나 상담자는 임신과 관련한 불안이나 문제가 심각할 경우에만 개입하며, 그마저도 항상 가능한 것은 아니다. 셀윈은 여자들이 임신한 것을 알게 되는 순간 경험하는 복잡한 감정을 이렇게 묘사한다.

엄마가 된다는 것은 흔히 기쁜 일로만 언급된다. 하지만 실제로 임신에 직면하면 복잡한 감정을 느끼는 것이 인지상정이다. 체형의 변화에서 오는 불쾌감, 원했던 임신일 경우의 기쁨, 다가올 수고로운 육아에 대한 두려움 등이 그것이다. (Selwyn 2000, p. 21)

이 장은 임신 중에 시작되는 NDP의 중요성에 초점을 맞추고 있으며, 출산과 이후 과정에 대한 준비의 일부로 NDP 프로그램을 제안한다. 또한 출산 전 애착의 점진적 발달 과정을 잘 이해할 수 있도록 몇 가지 발달 경로를 제시하며, NDP 과정이 출산 준비나 산전 건강관리와 교육에 대해 배타적이지 않으며 오히려 그 일부가 될 필요가 있음을 강조할 것이다. 이 시기의 NDP는 생물학적 발달과 신체적이고 놀이적인 준비에 초점을 맞춘 '임신 기간의 돌봄의 원(Pregnancy circle of care)' 안에 놓인다(그림 4-1).

- 생물학적 발달은 보통 산부인과에서 초음파와 검진을 통해 점검되고, 의료진이 태아의 건강 상태와 성장 단계를 모니터한다.
- 신체적 준비는 산모와 태아의 건강을 위해 필요하며, 산부인과에서 호흡법과 자세를 비롯해 임신에 대한 전반적인 조언을 한다.
- 놀이 준비는 임산부 교실에서도 할 수 있고, 임신 기간 중 산모가 배우자와 함께 또는 혼자서도 연습할 수 있다.

돌봄의 원에서 나는 주로 NDP의 발달을 위한 놀이에 집중한다. '나는 『즐거운 임신 — 긍정적인 아이들(Playful Pregnancy — Positive Children)』(Jennings, 근간)에서 보호의 원-돌봄의 원-애착의 원'(Jennings 2009a)을 더 발전시킬 예정이다. 임신에는 놀이 말고도 여러 측면이 있다. 가령 초기에 입덧으로 끔찍하게 고생하고 있다면, 절대 즐거울 수 없을 것이다! 그렇지만 그렇듯 몸이 힘들고 정상이 아닌 듯 느껴질 때, 상상력을 동원

그림 4-1. 돌봄의 원

해 마음을 안정시키고 즐거움을 회복시키는 이완 활동을 할 수 있다.

여기서는 이미 많은 여성들이 하고 있는 임신 중 놀이의 여러 기법을 애착의 맥락 속에서 40주의 임신 기간을 관통하는 일관성을 갖도록 좀 더 확장하려 한다.

성장하는 관계

임신 중 아기와 엄마의 관계는 보통 움직임의 시작을 의미하는 작은 떨림에서 출발하는데, 나비의 날갯짓 같은 이 느낌은 흔히 아기가 살아 움직인다는 뜻으로 '태동'이라 표현된다. 때로 임신부들은 미심쩍어 하다가도 태동이 몇 번 반복되면 아기가 정말로 있다는 확신을 갖게 된다. 실제로 태아가 움직이기 시작하는 것은 몇 주 전이지만, 엄마는 그것을 대개 16주 정도가 되어야 감지할 수 있으며, 태동을 느끼면서 엄마와 아기의 관계는 놀이적으로 발달하게 된다. 이 관계는 지지와 격려 속에서 아기의 출생과 함께 바로 건강한 애착의 뿌리를 형성할 것이다.

셀윈은 부모가 주변의 지배적 견해와 경향뿐 아니라 그들의 심리 상태, 신체적 건강 및 가족과 사회적 관계의 영향을 받는다고 말한다.

> 부모는 신체나 정신 건강상의 변화 또는 가족이나 친구 관계에 변화가 있을 때 그에 대처함에 있어서 사회적으로 우세한 당시의 담론에 영향을 받기 마련이며, 태아의 성장 역시 이런 변화와 광범한 환경에 영향을 받는다. 이 같은 상호작용 체계에 대한 이해가 중요함에도 불구하고, 전문가들조차 이 시점의 발달과 관련하여 한 측면에 국한되는 경향이 있다. 관련 전문가는 모두에게 더 나은 결과를 낼 수 있도록 엄마와 태아의 상호작용 체계에 미치는 영향력에 대해 좀 더 잘 알 필요가 있다.
> (Selwyn 2000, p. 21)

난임 부부 역시 아직 생기지는 않았지만 장차 가질 아기에게 집중하게 된다. 일단 아이를 갖기로 결심하고 나면 기다리는 시간이 길어질수록 더욱 집착하게 되고, 병원을 오가며 검사하느라 한 해를 보내고 나면 무력감과 함께 상대를 탓하는 마음이 생겨나기 마련이다. 임신이 부부 관계의 중심에 놓이게 되고, 그것이 지나친 스트레스를 유발한다. 생식력에 대해서는 다른 책(Jennings 1994)에서 논한 바 있기 때문에 여기서는 넘어가겠지만, 스트레스를 많이 받는 사람일수록 임신 가능성이 적어진다는 데는 의심의 여지가 없다.

이에 대해, 예를 들어 강간에 의해서도 임신이 된다는 사실을 놓고 반론을 제기할 수는 있겠으나, 그것은 장시간 불안에 노출되는 것과는 별개의 문제이며, 수년 동안 불안이 지속되면 호르몬 체계의 전체적 균형에 영향을 줄 수 있다. 일반적으로 말해서, 스트레스가 수태와 임신, 출산과 유아기에 모두 도움이 되지 않는다는 것은 확실하다.

임신 기간에 일어나는 중요한 사건

임신 중에 관찰되는 성장 단계는 새 생명의 존재와 놀이 가능성에 대한 자각이 점차 강화됨을 보여 준다(그림 4-2). 첫 3개월에는 신체적 발달이 급속히 진행되는 것을 볼 수 있는데, 여기서 가장 중요한 것은 12주가 되면 이미 뇌의 구조가 완성된다는 사실이다.

임신 초기

4주

세포층이 증식되고 급속도로 분열한다. 외층은 뇌, 피부, 머리카락으로 발달하고, 중간층은 근육, 뼈, 혈관, 생식기가 되며, 내층은 폐, 간, 소화기관, 방광을 형성한다.

8주

구부러진 척추를 가진 '아기 형태'(이후 2주간 점진적으로 변화한다)를 보이고, 중추신경계가 빠르게 발달하며, 심장박동이 시작되고, 심방 4개가 갖춰진다. 팔다리와 손가락을 알아볼 수 있다. 뇌 발달, 뼈의 강화, 물갈퀴 모양의 발.

12주

심장이 거의 완성된다. 뇌 구조가 갖춰지고, 얼굴 모양이 나타나며, 손과 발의 물갈퀴 모양이 변화한다. 순환 계통이 작동하고, 뼈는 더욱 단단해진다. 소화기관이 작동하고, 숨쉬기 연습으로 호흡기관이 자극된다.

임신 중기

16주

엄마들은 태동과 움직임의 시작을 경험한다. 4개월 말쯤 되면 태아는 '인간'의 형태를 띠기 시작한다. 다양한 표정, 하품하는 듯한 모습, 엄지손가락을 빠는 것이 보이고, 손톱과 발톱이 자란다. 갑상선이 호르몬을 생성한다.

20주

폐가 형성되고, 신장이 완성되고, 치아 싹이 나타나며, 심박이 강해진다. 면역체계가 소화기, 폐와 함께 발달하고, 미각, 후각, 청각, 시각, 촉각 등의 감각이 발달한다.

24주

뇌가 매우 빠르게 성장하며, 폐로 양수를 마시고 내뿜는다. 거의 신생아처럼 움직임이 많아지고, 소리와 밝은 빛을 감지한다. 기억이 시작될 수 있고, 기관이 발달하고, 눈은 아직 감겨 있다.
대부분의 나라에서 24주가 되면 아기는 생명체로 간주되며, 미숙하지만 엄마로부터 독립적인 생존 능력을 갖춘 것으로 본다.

28주

눈꺼풀이 열리고 신경계가 성숙한다. 모든 것이 자라고 튼튼해진다. 엄마의 감정 변화, 특히 스트레스에 반응한다. 코르티솔이 엄마로부터 태반으로 흘러들어가 아기에게 영향을 주며, 인지력이 증가한다.

임신 후기

32주

양수에 떠 있는 동안 움직일 수 있는 공간이 갈수록 작아진다. 눈은 초점을 맞추고 깜빡이며, 청각은 바깥세상을 향한다. 폐의 주요 부분이 발달하여 자궁 바깥에서의 호흡이 가능해지며, 머리카락이 자라고 살이 오른다.

36주

머리카락이 굵어지고 눈썹이 난다. 주요기관은 대부분 성숙했지만 폐는 여전히 발달 중이며, 근육이 강해져 움직임이 많아진다. 살이 올라 전반적으로 통통해진다. 하지만 36주 만에 태어나면 미숙아로 간주된다.

40주

아기는 머리를 이리저리 돌리면서 젖을 빠는 '연습'을 한다. 태어날 준비가 되었고 심장과 폐는 변화에 대비한다. 엄마의 항체가 아기에게 전해진다. 신생아의 면역은 엄마에게 의존한다. 뼈와 두개골은 출산을 위해 부드러운 상태를 유지한다.

그림 4-2. 임신의 주요 단계

그림 4-2는 배아가 아기로 자라 태어날 준비를 하는 40주 동안의 중요한 발달 단계를 보여 준다. 어떻게 그 많고 복잡한 조각이 어우러져 작동을 시작하는지를 생각하면 신기하기 짝이 없다. 초음파와 영상 기술의 발달은 아기가 자라는 과정을 전보다 훨씬 자세히 볼 수 있게 해 준다. 작은 움직임을 비롯해 우리가 알아차리기도 전에 태중에서는 많은 일이 일어나고 있다. 한 덩어리의 세포에서 온전한 형태의 아기가 만들어진다는 것은 여전히 경이롭다.

그림 4-3은 수차례의 에너지 분출을 보여 주며, 그것은 NDP의 이해와 실행을 위한 결정적 단서를 제공한다.

주요 출산 단계의 세부

아기가 공식적인 '사람(baby-person)'으로 간주되기 이전에도 20주가 되면 감각 반응이 일어난다는 사실은 우리의 논의에서 매우 중요하다(14주가 되면 미각이 발생한다). 이는 우리에게 감각 체계가 얼마나 중요한지 그리고 9개월 동안 어떤 단계로 발달하는지를 보여 준다. 아기가 냄새와 맛을 느낄 수 있고, 불빛의 변화를 감지하며, 자궁에서도 음악을 인지한다는 것은 이미 알려진 사실이다. 개별적으로 차이는 있지만 움직임도 매우 활발해지는데, 이사도라 덩컨(Isadora Duncan)은 종종 자신이 엄마 뱃속에서부터 이미 춤을 추었다고 말하기도 했다!(Daly 1995).

임신 첫 3개월 동안에는 계속해서 속이 메스껍지만 않다면 가벼운 불편감 외에 태아에 대해 아무것도 느끼지 못한다. 입덧이 심하면 삶이나 임신에 대해 갑자기 비관적으로 변하기도 하지만, 다행스럽게도 그 상태가 오래가지는 않는다. 태동이 있기 전이라도 아기는 엄마가 먹은 음식에 반응하며, 이것은 아기의 미각을 현저히 발달시킨다. 아기가 태어난

20주
뇌의 감각 영역이 활성화되며, 태아는 미각, 후각, 청각, 시각, 촉각을 느낄 수 있다.

24주
뇌의 빠른 성장이 이루어지는 시기이며, 독립적인 호흡을 준비하기 위해 폐로 양수를 마시고 내뿜는다. 마치 신생아처럼 움직임이 활발해지고, 소리를 듣고 밝은 빛을 감지하며, 기억력이 가동되기 시작하고, 눈은 아직 감겨 있다.

28주
눈꺼풀이 열린다. 엄마의 기분 변화 특히 스트레스에 반응한다. 코르티솔이 태반의 벽으로 들어간다. 엄마는 아기의 존재를 더욱 뚜렷이 느낀다.

32주
눈이 초점을 맞출 수 있게 되고, 청각은 외부로부터의 소리를 알아차리며, 특히 엄마의 목소리에 익숙해진다. 목소리의 긴장감을 인지하며 음악을 기억한다.

40주
아기는 머리를 이리저리 돌리며 젖 먹기 '연습'을 한다. 세상과 만날 준비를 마친다.

그림 4-3. 감각, 리듬, 극적 발달을 위한 주요 출생 단계

후 엄마가 임신 기간 동안 섭취했던 음식을 선호한다는 연구 결과도 있다(Stoppard 2008).

24주가 되면 밝은 빛에 반응하며 엄마의 음성을 인식한다. 엄마의 목소리는 다른 사람이 말하는 것보다 자궁 속에서 더 크게 들리며, 태아는 경쾌한 가락이나 억양, 리듬의 순환을 전체적으로 알아차린다. 태어나면서부터 엄마의 목소리를 구분한다. 고함과 불편한 소리는 아기에게 영향을 주며, 갑작스런 소음에 깜짝 놀라기도 한다.

아기는 임신 기간에 들려준 노래를 나중에 인식하고, 듣고 싶은 노래를 선택한다. 간혹 임신 중에 즐겨듣던 노래를 출산 때도 들려주기도 하는데, 아기는 태어난 후 그 노래를 듣게 되면 안정감을 갖게 된다.

28주가 되면, 아기는 확실히 엄마의 기분에 영향을 받는다. 많은 전문가들은 이 현상이 좀 더 일찍 시작되며, 심지어 임신 직후부터 긍정적인 감정을 갖고 폭력적이지 않은 언어를 사용할 필요가 있다고 권한다. 비록 태아가 화난 목소리를 듣지는 못한다고 하더라도, 엄마의 몸에 발생하는 긴장은 확실히 감지한다. 출생 이후뿐 아니라 자궁에서도 불안, 두려움, 우울감을 느끼는 것이다. 32주에는 자궁 외부의 소리를 잘 듣기 위해 미세 조정을 하고, 눈은 이미 초점을 맞추어 제 기능을 하며, 청각역시 민첩하게 작동한다.

40주가 되면 매우 경이로운 일이 벌어지는데, 작지만 정교한 역할 놀이가 진행된다. 바로 젖을 먹기 위한 움직임을 시작하는 것이다. 아기는 엄마의 가슴에서 젖을 찾는 것처럼 머리를 이리저리 돌리면서, 입으로는 젖을 빠는 동작을 연습한다.

'삶의 리허설'은 아기의 생존을 위한 기술로서 자궁 속에서 이미 발생한다. 드라마는 우리가 세상과 만나기도 전에 이미 시작되는 것이다!

강요 또는 애착?

불행하게도 이것의 부정적인 측면은 일부 경쟁적인 부모들이 아이가 더욱 총명해져 성공해야 한다는 바람으로 아직 태어나지도 않은 아이에게 무언가를 억지로 가르치려 하기도 한다. 불룩한 배에 카세트테이프를 차고 걸어 다니며 아기의 사고를 프로그래밍 하려 드는 것이다. 물론 누구나 인생의 행로에서 자녀에게 최상의 것을 주고 싶어 하고 자녀가 최고가 되기를 원한다. 다만 차이가 있다면, 최고가 되기 위해 태어나지도 않은 아이에게 극단적인 경쟁과 압력을 주입한다는 점이다.

우리는 '부모'의 기대에 '부응'해야 하는 많은 아이들이 십대나 청년이 되었을 때 문제를 겪을 수 있음을 알고 있다. 섭식 장애는 자신의 운명에 대한 통제권을 획득하는 방법으로서 매우 위험한 결과를 낳을 수 있다. 우리 사회는 부모들에게 필요한 정보를 제공하기보다는 강압적이고 융통성 없는 유아교육 방식을 선택하고 있다. 다행인 것은 아이들을 학교, 부모, 종교 단체가 제공하는 적절한 신념과 지식으로 채워져야 하는 일종의 빈 그릇으로 보는 사고가 구시대의 철학이 되었다는 점이다. 정서, 사회, 학문을 막론하고 학습을 위한 최상의 기반을 형성하는 것은 엄마와 아기의 호혜적인 초기 애착 관계다.

> 중요한 것은 자극이 아니라 관계의 발달이며, 우리가 출생 전의 애착에 초점을 맞출수록 엄마됨과 유아기로의 전이가 유익하고 즐거워진다는 사실이다.

임신 초기와 중기와 후기에 일어나는 다양한 발달을 이해하는 것은 엄마와 아기의 유대를 점진적으로 촉진할 활동을 계획하는 데 도움을 주고, 그를 통해 애착 과정을 강화하면서 놀이의 세계로 이끌어 줄 것이다.

임신 기간의 놀이

일반적으로 엄마들은 아기가 밤중에 더욱 활동적이고 낮에는 조용해지는 경험을 한다. 엄마가 이리저리 움직이는 것은 아기에게 태반의 요람 속에서 흔들거리며 잠들게 하는 효과를 가져다준다. 아기가 밤중에 요란하게 움직이는 것은 엄마가 앞으로 겪어야 할 토막잠을 준비시키는 것일 수도 있다!

순한 아기는 덜 수고스럽겠지만, 어찌됐든 아기는 밤중에도 주의를 기울일 필요가 있다. 엄마에게 밤새 깨어 있어야 하는 데서 오는 피로감보다 더 힘든 일은 없으며, 엄마가 지치면 그것이 다시 아기에게 고스란히 전달되어 더욱 보채게 된다. 때로는 밤중 수유를 포기하고 아빠에게 젖병을 물리게 함으로써 잠을 조금이라도 더 자는 경우도 물론 있다. 더 만족스러운 대안이 있다면, 엄마가 낮에 잠을 자고 기력을 회복할 수 있도록 도와주는 것이다.

여성은 임신 사실을 알게 되면 놀이성이 발동하는데, 그것은 어느 정도 저절로 일어난다. 만일 부모가 놀이를 좋아하고 아기도 기쁜 마음으로 갖게 되었다면, 창조적 발달을 위한 텃밭은 이미 갖추어진 것이라 볼 수 있다.

임신 3단계에 필요한 '보호의 원'과 '돌봄의 원' 사이의 균형

첫 3개월은 발달 단계가 전부 자리를 잡고 서로 연결되기 시작하는 시기다(그림 4-4).

그림 4-4. 임신 초기

임신 초기의 발달 양상은 중기와 후기에 비해 더 중요하다. 물론 중기와 후기도 중요하지만 초기만큼 전면에 부각되지는 않는다. 엄마의 신체 상태를 보면 지속되는 입덧으로 고생하며 아기가 괴물처럼 느껴지기도 하지만, 이때 놀이적이며 창조적인 생각을 갖도록 용기를 돋우어 줄 필요가 있다.

임신 중기에는 모든 요소가 좀 더 균형을 잡아가게 된다(그림 4-5).

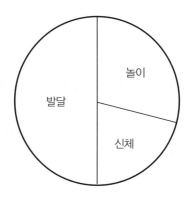

그림 4-5. 임신 중기

분명히 발달에 강한 초점이 있지만, 통상 강한 에너지의 파동이 임신 중기에 나타난다. 그때 엄마와 아기의 창조적 활동이 시작되고, 다른 임신부들과의 교류와 다양한 강좌를 통해 신체적 변화를 위한 준비가 시작된다.

　임신 후기에는 신체와 발달 단계에 아무 문제가 없다면 애착 형성을 위한 자극이 다른 모든 것보다 우위에 놓인다(그림 4-6).

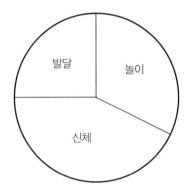

그림 4-6. 임신 후기

마사지와 리듬의 중요성

임신 초기에는 배를 부드럽게 쓰다듬는 것도 중요하지만, 머리나 목 마사지로 불안을 잠재우고 안정시킬 필요도 있다. 임신이 안정될 때까지 전신을 마사지하는 것은 좋지 않으며, 임신 후기가 되면 얼마든지 기회가 있다.

　부드러운 마사지로 관계를 적극적으로 체현하면서 부드럽게 콧노래를 흥얼거리거나 노래를 부를 수도 있다.

마사지를 하거나 노래를 할 때 생겨나는 리듬 역시 중요한데, 태아가 엄마의 심장박동 리듬을 지속적으로 인지한다는 것은 이미 알고 있는 사실이다. 리듬은 삶의 조절 장치이자 예측 가능한 안정적 패턴을 생성하고 부지불식간에 발생할 수 있는 예측 불가능한 것을 담아내는 그릇이기도 하다. 아기가 불안해할 때 안고 흔들어 주는 것이나, 우리가 힘들 때 쿠션 따위를 안고 몸을 흔드는 것을 떠올려 보자. 마사지와 흔들어 주기는 초기 애착을 형성하는 가장 중요한 행위일 것이다.

스토파드는 임신 중의 활동을 긍정적인 관점에서 기술한다.

> 뱃속에 있는 아기에게 말을 걸고, 음악을 들려주고, 불룩 나온 배를 마사지해 주면, 아기는 진정되고 평안하며, 안전하고 사랑받는 느낌을 갖게 된다. 아기의 기분이 좋아지면 뇌에서 세로토닌 같은 사랑의 호르몬이 분출되어 아기가 건강하고 행복하게 자라도록 도와준다. (Stoppard 2008, p. 9)

엄마는 마사지하는 동안 부드러운 음악을 들으며 노래하고 뱃속의 아기와 함께 춤을 추고 싶은 자극을 받는다. 음악은 지나치게 격정적인 것은 피하되, 즐겁고 가볍게 리듬을 탈 수 있는 정도면 충분하다. 아기는 춤의 흔들림뿐만 아니라 엄마가 행복을 느낄 때 분비되는 호르몬의 영향을 받는다. 임신 중기가 되면, 아기는 음악을 듣기도 하고 엄마의 동작에 따른 리듬도 느낄 수 있게 된다. 아기는 가면 갈수록 엄마의 기분과 긴장, 불안에 민감해지기 때문에 긍정적인 생각과 감정이 몸에서 배어나게 할수록 좋다. 임산부를 위한 수영 교실에 참여하거나 혼자 수영을 할 수도 있지만, 임산부에게 어떤 영법이 좋은지 조언 받을 필요는 있다. 아기가 엄마 뱃속에서 헤엄치듯, 엄마도 물에서 헤엄을 치는 것이다.

우리는 감각을 통해 주변 세상을 이해하는데, 이것은 태어나기 이전부터 시작된다. 아기는 자궁 속에서 이미 온도, 소리, 리듬, 접촉, 감정의 변화를 감지하며, 엄마는 그 감각 경험을 통해 아기의 행복에 깊은 영향을 주게 된다. 다른 건 하지 않더라도 최소한 아기에게 따뜻한 이야기를 하고 차분한 음악을 들려주는 것만으로도 둘 사이에 평온과 신뢰를 형성할 수 있다.

또한 동작과 마사지의 신체적 측면뿐 아니라 놀이적 관점에서도 임산부 교실에서 진행하는 요가에 참여해 봄 직하다. 비슷한 경험을 하는 다른 임산부들과 함께하면 많은 도움을 주고받을 수 있다. 임신 중에 고립되어 있으면 두려움이 생기기 쉽다. 임산부 요가에는 훌륭한 동작이 있어서 여성을 진정시키고 집중하게 해 주며, 또한 아기에게도 안정감을 준다.

임신 기간 동안 많은 여성이 뱃속의 아이에게 말을 건다고 보고된다. 비밀과 꿈, 이야기와 가십을 말하기도 하고, 속마음을 털어놓기도 하며, 온갖 종류의 희망이나 걱정을 털어놓기도 한다. 이런 대화는 일찍 시작될수록 좋은데, 이 역시 애착 과정의 하나이기 때문이다. 이것은 대개 태동으로 아기의 존재가 느껴진 후에 시작된다. 뱃속의 아기에게 말을 거는 방법은 다양하고, 개인적으로 편안하다면 그것으로 충분하며, 지켜야 할 규칙 따위는 없다. 실제로 많은 여성이 나름의 방식으로 아기와 대화를 나눈다. 다음은 임산부를 위한 몇 가지 제안이다.

- 말없이 사랑과 보살핌의 마음을 전한다.
- 비밀을 속삭여 주거나 농담을 건넨다.
- 유쾌한 소문을 들려준다.
- 엄마와 아기에 관한 이야기를 만든다.
- 짧은 대화를 해 본다. '애야 거기서 뭐하고 있니? 우와, 제법 세게 차는 걸?'
- 꿈을 나누고 꿈꾸는 미래의 모습을 공유한다.
- 노래를 해 주고 콧노래를 흥얼거리거나 부드러운 음악을 들려준다.

임산부는 이 밖에도 태중의 아기와 소통하는 다양한 방법을 떠올릴 것이다. 엄마의 놀이성으로부터 아이디어가 마구 솟아날 것이며, 그것이 때로는 바보처럼 느껴지기도 하지만, 이내 유쾌하게 즐기게 된다. 경우에 따라서는 소리 내어 대화하기보다 마음속으로 하는 게 더 편하기도 하다.

이야기나 대화가 다른 차원으로 발전하기도 하는데, 그것은 보통 태아도 조금씩 삶에 관한 역할 놀이를 하게 되는 임신 후기에 접어들면서 시작된다. 엄마는 아기에게 말을 걸고는 자신이 아기가 된 듯 스스로 대답을 한다. 사적인 한 편의 드라마가 나타나는 것이다. 그것은 흔히 대화 형식으로 시작되고, 아기는 엄마가 말하는 것에 관한 해설자 역할을 한다. 엄마가 '그래, 네가 말을 할 수 있다면 엄마에게 조금만 더 힘내요, 라고 말할 거지?'라고 하거나 혹은 그렇게 생각하고 있다면, 설사 엄마가 아기처럼 말하지 않는다 하더라도 아기와의 대화를 상상하고 있는 것이다. 물론 엄마는 자신의 마음을 아기 목소리로 말할 수도 있다. 내가 '극화된 관계'라 명명한 것이 바로 그것이다(Jennings 1999a). 태중의 아기와 관련하여 엄마가 먼저 재미있고 놀이적인 역할을 연기하고, 그것이 장차 엄마와 갓난아기 사이에 점진적으로 형성될 역할 놀이의 기반이 된다.

이것은 발달의 매우 중요한 부분이며, NDP의 핵심을 규정한다. 엄마가 아기가 태어나기도 전에 아기와 역할 놀이를 하고 더 나아가 아기와 '역할을 바꾼다'는 것은 나중에 아기가 태어나서 실제로 역할 놀이를 할 수 있는 무대를 갖추는 일이다. 우리가 다른 사람의 역할을 연기할 수 있다면, 상대가 생각하고 느끼는 것을 짐작할 수 있으며, 그것이 역지사지의 시작이다. 다른 사람의 입장에 자신을 세울 수 있을 때, 공감과 양심을 발달시킬 수 있다. 그렇지 않고 늘 자신의 일상적 역할에 묶여 있다면, 상상력을 사용할 기회도 없을 테고 다른 사람이 된 느낌을 경험할 수도 없다.

특히 임신 후기 3개월 동안 엄마에게는 아름다운 세상을 상상하고, 이야기를 들려주며, 아기와 함께 극적 장면으로 들어가 아기의 역할을 하면서 놀아 줄 시간이 필요하다. 이때는 아빠도, 비록 자주는 아니더라도, 역할 놀이에 참여하는 것이 좋다. 아빠 역시 '이 특별한 아이가 커서 무엇이 되면 좋을까' 등의 주제로 대화할 수 있으며, 아빠는 아기가 아들임을 알 때 자신과 같은 성 정체성을 가진 존재로서 더 편하게 대화를 나눈다. 딸이라면 대개 훨씬 방어적인 보호자 역할을 맡곤 한다.

아기가 태어나다!

출산 직후에는 모든 게 끝났다는 압도적인 안도감에 휩싸이기 마련이다. 출산은 흔히 길고 고통스러운 여정이며, 축축하고 끈적거리는 덩어리가 품에 안길 때까지는 별 탈 없기를 바라며 노심초사 지켜보게 된다. 그래서 의사와 간호사가 농담을 건네도 웃어야 할지 울어야 할지 모르기도 한다. 언젠가 내가 막 아기를 낳았을 때, 간호사가 이렇게 말하는 소리를 들었다. "우리가 아래층에서 나머지 일을 다 마칠 테니까 위층에서 그분을 잘 모시고 계세요!"

40주 동안 상상으로 기다리고 느껴 왔던 아이가 진짜 눈앞에 있다. 엄마는 아기가 어떤 모습일까를 그리며 상상의 대화와 이야기를 나누어 왔다. 오랜 시간을 지나왔고, 특히 임신 후기에는 아기가 커서 어떤 사람이 될까를 고민하기도 한다. 우리는 또 아기를 이상화한다. 모든 면에서 완벽하기를 기대하고, 잠 못 자는 밤과 뒤죽박죽인 힘든 날이 없기를 꿈꾸는 것이다. 그러나 뱃속에 있던 아기가 밖으로 나오면 지속적인 요구와 뒤죽박죽과 영원히 끝나지 않을 것만 같은 배고픔의 세상으로 옮겨 갈 수밖에 없다. 그럼에도 우리의 생물학적 욕동이 아기를 사랑스럽고 완벽하게 느껴지게 한 덕분에, 비교적 부드럽게 그 간극을 넘어가게 된다.

출산 직후 엄마들은 우쭐하다가 탈진된 기분이 들다가 또는 이것들이 뒤섞여 나타나기도 하는데, 정서나 호르몬이 안정되기까지는 시간이 걸린다. 이때 아빠는 엄마를 돌보아야 할지 아기를 살펴야 할지 망설이게 되며, 이 역시 조정의 과정이 필요하다. 갓 엄마가 된 사람에게는 많은 확인이 필요하다! 그래서 출산 선물로 꽃을 보내는 것이다. 다산의 상징인 꽃을 통해 엄마됨을 확인하고 지지하는 것이다. 아빠에게도 즉시 중요한 역할이 주어진다. 아내와 함께 만든 새 생명의 출산과 안전한 분만을 축하하고 기념하는 것이다.

산모와 조산원은 임신 중의 NDP 단계를 잘 이해하고 출산에 참여할 필요가 있다. 목욕은 긴장을 푸는 데 도움이 되고, 임신 기간에 들었던 음악이 분만 시에 쓸모가 있을 수 있다. 개인적으로는 긴장을 완화하는 데는 수중 분만이 가장 탁월한 것으로 보인다.

아기는 태어나자마자 몇 시간 안에 엄마의 표정을 흉내 내려 한다. 나는 이것을 이미 '극적 반응'으로 서술한 바 있으며, 극적 놀이의 첫 단계로서 애착 과정의 중요한 부분을 형성한다. 이 책에서는 신경극놀이를 자연스러운 발달 과정이자 치료적 개입의 양 측면에서 조명하고자 한다.

임신과 출산 준비 과정에서 신경극놀이

아기는 태중에서 세 가지 주요 영역, 곧 발달적, 신체적, 놀이적 영역에서 성장한다는 것을 NDP는 확인하고 있으며, 그것은 임신 초기, 중기, 후기에 형성되는 '보호의 원-돌봄의 원-애착의 원' 안에서 이루어진다.

NDP는 감각적이고, 리듬적이며, 극적인 놀이를 활성화시키고 세 단계의 임신 기간을 거치면서 출산에 맞춰 점진적으로 발달해 간다.

감각 놀이: 임신 기간 중의 스트레스는 산모의 등과 어깨와 발을 마사지하여 완화할 수 있다. 아기의 발차기가 증가한다.

리듬 놀이: 몸을 흔들기, 리듬(심장박동과 음악을 통해)이 증가한다. 엄마는 자발적으로 노래할 것이다.

극적 놀이: 아기는 역할 놀이의 잠재성을 보여 주며 출산 이전에 그 기술을 연습한다. 점진적으로 증가하는 엄마와 아기의 놀이적 상호작용은 자궁 속에서 일어나는 즉흥적 행위이며 상호 소통의 출발점이 된다.

5장에서는 출산 과정과 출산 이후의 6개월을 다룰 것이다.

> 나는 전문가들이 엄마들에게 다른 어떤 것보다 가정 출산과 수중 분만을 권장해야 한다고 생각한다.

NDP, 출산과 첫 6개월

나는 아주 비참한 환경에서 태어났어요. 부모님은 그걸 아주 미안해했지요! 구닥다리 뮤직홀의 우스갯소리처럼 들리지만, 진짜로 그랬어요. 어린 시절 얘기를 할라치면 친구들은 어김없이 나를 올리버 트위스트와 비교했고, 그게 전혀 터무니없는 소리도 아니었답니다.

(Wisdom with Hall 1991, p. 11)

개관

이 장은 주로 출산과 그 직후의 시간을 둘러싼 믿음과 생각에 집중한다. 그리고 출산 시에 정점에 이르는 신체적이고 정서적인 욕구와 관련한 여러 태도에 대해서도 살필 것이다. 전문가들이 모두 동의하는 최선의 모범이 있는 것도 아니어서, 산모는 가족과 친구들뿐 아니라 전문 의료진의 의견이 엇갈리는 가운데 몸부림치며 혼자 신음할 수도 있다.

또한 갓난아기의 안정적이고 창조적인 발달에 결정적인 지지와 실질적인 지원의 맥락에서 NDP 과정이 어떻게 지속되는지를 살필 것이다.

병원 아니면 집?

출산은 전통적으로 제의, 찬트, 마사지와 새로운 생명의 안전한 탄생을 알리는 다양한 문화 규준에 포함되는 정상적 과정이다. 안타깝게도 영국 병원은 아직도 치명적일 수 있는 MRSA 감염에서 자유롭지 못한 것이 현실이며, 그럼에도 병원에서의 위생적인 출산을 힘주어 강조하고 있다. 매우 훌륭한 가정의였던 내 아버지는 출산이 병을 고치는 일과 달리 정말 기분 좋은 일이라고 버릇처럼 말했고, 2차 세계대전 이후 현저한 발전을 이룬 의료 시설 속에서도 가정 분만을 더 선호했다.

가정 분만이 병원 분만보다 감염 위험이 적고 더 안전하다는 그동안의 지표에도 불구하고, 미국과 영국에서는 다른 유럽 국가들보다 가정 분만을 선택하기가 더 어렵다고 한다(Stoppard 2008). 많은 의사들이 둘째 아이는 어떻게 하든 첫 아이는 무조건 병원에서 낳아야 한다고 주장한다.

지금은 수중 분만을 이용하는 사례가 늘고 있으며, 산모들 역시 덜 기술적이지만 좀 더 인간적인 탄생에 대한 욕망을 충족시키고자 가정 분만을 선택하고 있다. 수중 분만은 자궁의 '안전한 물'을 확장함으로써 극심한 고통을 완화하는 데도 유용하며, 냄새, 촉감, 소리를 통해 따뜻한 결속감을 제공한다.

오덴트(Ordent 2001)는 임산부가 물에 매력을 느끼게 되는 것은 태고의 뿌리에서 시작된다고 한다. 그는 인간이 해안의 평야에 거주한 '수생 유인원(aquatic apes)'에서 진화하였고, 우리 뇌가 생선 기름을 필요로 하는 것도 그런 까닭이라 믿는다. 그는 또한 산모들이 수도꼭지에서 물 흐르는 소리들 들으면 어떻게 바로 물에 끌리는지, 바닥에 물이 조금밖에 없는 분만 수조에 들어가는 법을 어떻게 이미 알고 있는지를 설명한다.

일부 병원은 분만실에 욕조를 설치하고, 음향 시설과 아빠를 위한 편의 시설을 제공한다. 하지만 아직도 '그것을 누가 결정할 것인가'에 대한 이슈가 남아 있다. 우리는 '의사가 가장 잘 안다'는, 역사적으로 뿌리 깊은 신념을 갖고 있다. 출산 관련 전문가들은 누구나 출산의 고통을 완화하길 원한다고 가정한다. 그러나 연구 결과에 의하면 어떤 진통제는 분만 시 애착 과정을 둔화시킬 수 있다.

> 아기가 마취제에 노출되면 생후 며칠 동안 행동에서 어려움을 겪을 수 있다. 더 짜증스러워하고 달래기 어려운 데다 반응도 둔감해진다. 더욱이 부모와 아기의 결속이 방해받기도 하며, 그것이 오랫동안 부모-자식 관계에 영향을 줄 수 있다. (McCormick 1997)

부모가 의사 결정권이 별로 없다고 느끼는 것은 특히 출산이 자연적인 과정이기보다 의료적인 개입이 필요한 상태로 간주되기 때문이다. 부모들에게 가정 분만에 대하여 물어보았을 때, 가장 흔한 대답은 '혹시라도 잘 못되면 어쩌죠?'였다. 병원은 감염 위험으로 악명 높은 공간임에도 불구하고 안전한 장소이자 일종의 보호 구역으로 인식되고 있는 것이다.

전문가라면 임신한 여성에게 가정 분만이나 수중 분만 시설을 갖춘 병원에 대하여 알려 줄 의무가 있으며, 그렇게 함으로써 부모가 자율성을 회복하여 출산에 대해 스스로 결정하도록 도울 수 있다.

부모는 주변의 도움을 받되 자기 자신과 아이의 운명은 스스로 감당해야 함을 느낄 필요가 있다. 출산을 준비해 보았거나 임신과 출산 관련 정보를 잘 아는 부모는 보통 여러 전문가들의 도전에 더 잘 대처할 수 있을 것이다. 그럼에도 불구하고 그들 역시 권위적인 의사나 간호사가 일방적으로 지시를 내리고 확답은 주지 않는다고 느낀다. 간호사가 '우리 친구, 참 잘 했어요'라고 할 때는 많은 임산부가 아이처럼 취급받고 있다고 느끼는 것이 당연하다. 새로 부모가 되는 사람들이 그에 걸맞은 대접을 받지 못하고 자신감도 부족하다는 건 참으로 놀라운 일이 아닐 수 없다.

부모는 특히 우울할 때 지원 단체를 통해 도움을 받을 수 있다. 어떤 엄마는 '제대로 좀 해'라며 자신과 싸우다가 매번 실패로 끝나 버리면서 좌절감을 느끼기도 하는데, 그런 감정은 아기에게 고스란히 전달되기 마련이다. 우울하고 부적절한 감정에 빠져 있는 엄마는 자녀도 비슷한 감정을 경험한다는 것을 발견하게 될 것이다. 그래서 임신과 출산 워크숍처럼 출산과 이후 과정을 지지할 수 있는 방안이 필요하다. 전통 사회에서라면 그 같은 정보는 마을의 산파나 적어도 엄마의 엄마로부터 전해져 내려온다. 그런데 이미 전통 사회의 부족적 연결 고리가 깨졌기 때문에, 우리는 이 정보의 흐름을 새롭게 창조해야 한다.

부모는 신체 발달과 심리 발달, 놀이적 애착(4장에서 설명된 것과 같이)에 관련된 세부 사항을 알 필요가 있는데, 아직 관련 기관에서는 이들을 위한 큰 틀의 대책을 마련하지 못하고 있으며, 이런 장기적 지원이 결과적으로는 사회적 경비를 줄여 주는 효과가 있음에도 지금은 부모가 교육을 위해 따로 돈을 써야 하는 게 현실이다. 정부 입장에서는 '환자'가 '전문가'에게 의존하는 편이 오히려 현상 유지에 더 편할 수 있다.

호르몬에 모든 책임을 돌리는 것이 보편적이다. 십대 청소년이나 월경기의 여성, 임신부, 출산 직후 산모의 정서 반응을 한결같이 호르몬의 영향으로 설명하는 것이다! 직관보다 논리, 감정보다 사고가 더 중요하며, 정서는 진지한 사고의 걸림돌이다. 이것은 몇 백 년 동안 우리와 함께 해 온 지혜다. 그에 비추어 특히 임신부, 어린아이를 둔 엄마, 월경기의 여성은 '감정 덩어리'라는 고정관념이 자리 잡고 있다.

의학적으로 볼 때, 생물은 고통을 피하기 마련이며, 우리도 역시 고통을 느낄 때 강한 진통제를 찾도록 설계되어 있다. 그러나 모두 알다시피 약물은 중독성이 있다. 처방을 받아야 하는 것이든, 받지 않아도 되는 것

이든, 약물은 신체적 고통을 가라앉히는 데 그치지 않고 정서적 고통까지 제압한다. 약물이 불안, 상실감, 공포, 분노를 잠재우는 것이다. 약물이 아니라면, 그 다음에는 심리 치료가 있다. 심리 치료는 우리를 위해 고통을 해석하고, 종종 고통을 위해 우리와 우리의 경험을 비난하기도 한다.

신체와 정서의 고통은 모두 우리의 현실이며, 지지적인 관계를 통해 접근해야 한다. 그것은 치료사나 상담사일 수도 있고 그렇지 않을 수도 있다. 그런데 나는 놀이와 신체 활동이 어른스러움과 부모다움을 잃거나 퇴행시키지 않으면서 문제의 핵심에 접근하게 해 준다는 것을 발견했다.

여성은 감정적이고 남성은 이성적이라는 편견이 강해질수록 우리는 임신에 커다란 영향을 미치는 고정관념에 빠지게 된다. 여성의 감정이 특히 출산 시기에 고조되는 것은 사실이지만, 그렇다고 해서 사고와 의사 결정 능력이 마비되는 것은 아니다. 마찬가지로 배우자인 남성은 여러 가지로 계획을 세우고 준비하느라 바쁘겠지만, 아내를 위해 봉사한다는 느낌보다 자신의 감정에 충실할 필요가 있다.

> 남성은 출산에서 중요한 역할을 하게 되며, 아버지로서 강렬한 감정을 표현할 수 있어야 한다.

남성은 강하고 여성은 약하다는 고정관념에 빠져서는 안 된다. 남성과 여성 모두 아기와 놀이적이고 정서적인 애착을 만들 수 있으며, 성 역할에 고착되지 않는 유연한 역할과 책임으로 포용적인 가정을 만들수록 아이를 위한 환경은 더욱 균형을 갖추게 된다.

또 다른 문화

내가 말레이시아에서 테미아르 부족과 살고 있을 때(Jennings 1994), 아버지를 포함해 남자는 모두 분만 장소에서 멀리 떨어져 있어야 했다. 전통을 따르는 남성들 사이에서 통용되는 몇 가지 금기가 있었는데, 그렇다고 남자들이 한잔하러 어울려 나가는 것은 아니다. 그들은 숲에서 통나무를 가져다 잘게 자른 후 분만 장소에서 하루 종일 큰 불을 피운다. 그리고 그들은 강에서 물을 길어와 끓이며, 곁에는 심부름하는 아이들이 분주하게 들락거린다.

출산은 경험 많은 산파가 도우미를 데리고(나도 자주 참여했다!) 주관하며, 다른 나이 든 여성들은 주변에 앉아 이야기를 나눈다. 분만은 주로 부엌 불 옆에서 진행되며, 산모는 약 45도로 기울어진 의자에 기댄다. 첫 단계로 산파는 코코넛 기름으로 산모를 마사지하는 것으로 시작하며, 산모에게 쓴맛이 나는 식물(그것이 무엇인지는 잘 모르겠다)을 달여 낸 물을 가급적 많이 마시도록 권한다. 산파는 이따금씩 산모의 안쪽을 살펴 자궁경부가 손가락 몇 개 굵기만큼 확장되어 있는지 확인하고 도우미들과 의견을 나눈다. 모든 주의가 산모에게 집중된다. 분만이 임박하면 산파는 찬트를 하며 강의 정령에게 아기가 빨리 나오도록 도와 달라고 기원한다. 주변에 모여 있는 부인들과 배우려고 온 처녀들은 무릎을 넓게 벌리고 앉아 상황을 주시한다. 아기가 막 나오기 시작하면, 산파는 그물, 냄비, 옷가방 등 주변에 있는 것을 모두 활짝 펼친다.

화려한 개막 의식은 아기를 기둥으로 떠받친 오두막의 대나무 마루에 눕히면서 절정에 오른다! 산파는 이때 산모의 상태를 보아 가며 배를 힘주어 눌러 태반이 나오도록 도와주고, 아기는 태반에 붙어 있는 채로 둔다. 이때는 산모가 아기보다 더 위험한 상황으로 간주된다. 산파는 산모를 제의적 방식으로 씻긴 다음, 깨끗하지만 새것이 아닌 옷을 입힌다.

그런 후에야 태반에 붙은 채로 마루에 누워 있는 아기에게 주의를 돌린다. 산파는 대나무 칼로 탯줄을 자르고, 아기를 씻고 닦아 옷으로 감싼 다음 젖을 먹이도록 한다. 어떤 산파는 산모에게 '빨리 젖을 주지 않으면 아기가 잊어버리게 될 거야'라고 소리쳐 말하기도 했다. 아빠와 형제자매는 머리를 맞대고 모여 갓난아기를 힐끔거리기도 하지만, 대개는 산모와 아기, 산파를 제외한 이들은 사냥하고 요리하고 다른 잡다한 준비를 하느라 부산하게 움직인다. 아빠는 아기의 건강을 위해 금기 사항을 주의 깊게 챙긴다.

산파는 산모 곁에 머물며, 같은 방에서 자면서 산모와 아기를 규칙적으로 마사지한다. 다른 사람들은 며칠이 지난 후에야 방문하며, 산모와 아기는 산파의 지속적인 보살핌 아래 조용한 시간을 보낸다. 새로이 엄마가 된 산모가 홀로 남겨지거나 하는 부적절한 일은 발생하지 않는다.

테미아르 부족의 출산 의식에서 중요한 주제는 경험 있는 여성 집단이 산모와 아기를 지속적으로 지원한다는 것이다. 어린아이들은 집 주변을 돌아다니며 무엇이 어떻게 돌아가는지 숨어서 구경하기도 했고, 십대들은 조용히 주변에 머무는 것이 허용되었다. 그런 식으로 아이들은 출산의 신비를 배우고 익혔으며, 실제적인 지식을 갖고 있는 부인들이 분만과 이후 과정을 주관했다.

갓난아기에게는 접촉이 필요하다

고도의 기술로 자동화된 사회에서 인류 본연의 소통 방식이 잊히기는 매우 쉽다. 요즘에는 흔히 문자 메시지나 이메일로 연락하는 일이 고작이지만, 그럼에도 '자주 연락하자'는 말에는 충분한 이유가 있다. 소송이 다반사가 되어 버린 우리의 사회·교육 체제 속에서 교사나 보육사들은 아이들과 접촉하는 것을 두려워할 수밖에 없다. 엄마들이 인간적 접촉이 '애착'이라는 단어의 핵심임을 망각하고 있는 것도 그리 놀랄 만한 일은 아니다.

1장에서 우리는 '유대와 애착'의 중요성을 논의했고 그것이 아기의 뇌와 사회적 발달에 어떻게 영향을 미치는지를 보았다. 여기서 다시 강조하고자 하는 것은 그것이 몸에 근거한다는 것이다. 문자 그대로 아기는 엄마와 신체적으로 붙어 있을 필요가 있다. 아기 원숭이가 어미의 가슴이나 등에 찰싹 붙어 다니는 광경은 아기에게 무엇이 필요한지를 잘 보여 준다. 많은 사람이 원숭이에게 행한 잔혹한 실험 때문에 해리 할로 (1958)를 비난하지만, 실험을 통해 그가 발견한 것은 애착과 결정적인 관련이 있다.

아기를 마사지하는 것은 매우 중요하며, 태어난 후에도 지속되어야 한다. 다양한 문화에서 탯줄을 끊자마자 마사지를 하도록 권한다(Jennings 1994). 스토파드(2008)는 미숙아에 관한 연구에서 마사지가 아기의 체중을 늘리고 민첩성과 혈액 순환과 소화력을 증진시킨다고 보고한다. 그녀는 또한 동일한 원리가 태아에게도 적용될 수 있다고 믿고 출산을 앞

둔 엄마들에게 다음과 같이 조언한다.

> 갓난아기는 지속적으로 마사지해 주어야 한다. 영국 워릭 대학교의 연
> 구에 의하면, 마사지를 받은 아기는 잠을 잘 잘 뿐 아니라 덜 울고 쉽게
> 만족한다고 한다. 남편이 아내의 배를 부드럽게 마사지해 주면, 뱃속의
> 아기 역시 위안을 얻으며 전두엽의 성장이 촉진되고, 그로 인해 아기의
> 지적 능력이 발달될 뿐만 아니라 천식, 관절염, 알레르기, 궤양성 대장염,
> 만성 피로 증후군에 저항력을 가지게 된다. (Stoppard 2008, pp. 102-3)

보건 전문가들은 엄마가 아기와 신체적으로 접촉을 유지할 수 있는, 예
를 들면 포대기로 업거나 안을 수 있는 방법을 알려 줄 수도 있다.

갓난아기는 함께 있어 주어야 한다

아기들은 즉각적인 사회적 욕구를 갖고 태어난다. 엄마와 함께 있는 것
을 좋아하고, 밤낮으로 같이 있고 싶어 한다. 그러나 많은 전문가들이 잘
못해서 아기를 질식시킬 수도 있다는 사례를 들며, 겁을 주어 아기와 함
께 자지 못하게 한다. 하지만 여러 식구가 한 방에서 같이 자는 것은 그리
오래 전 일이 아니며, 아주 어릴 때부터 자신만의 방을 갖는 것은 최근의
추세일 따름이다. 아직도 아기가 밤에 울면 '울도록 놔둬서' 그냥 잠들게
하라고 조언하는 의사가 있는데, 그것은 처음부터 아기와 전투를 벌이라
는 것이나 다름없다. 심지어 '아기가 두 손 들 때까지 절대 포기하지 마
라'고 권하기도 한다. 아기를 엄마를 엄청나게 괴롭히는 괴물로 고정관념
화 하는 것이다.

  그러나 아기는 단지 밤중에 혼자 남겨져 놀라고 무서워하는 것뿐이

다. 왜 부모가 아기와 같이 자면 안 되는 것인지 알 수 없다. 나중에는 침대 옆 요람에 재우면 되지 않는가. 아기와 같이 잠을 자며 보살피고 먹고 싶을 때 먹이는 일이 아기를 망치고 응석받이로 만든다는 증거는 어디에서도 찾을 수 없다. 서구 특히 영국에서는 확대가족보다는 '부부'를 훨씬 중요시한다. 이때 엄마에게는 다른 가족의 도움 없이 대처하기 어려운 일이 많이 있으며, 혹시 싸움이라도 벌어진다면 절망적인 상황이 될 수도 있다. 데버라 잭슨(Deborah Jackson)의 『침대 위의 세 사람: 아기와 같이 자는 것의 장점(Three in a Bed: The Benefits of Sleeping with Your Baby)』은 전문가와 부모를 안심시킨다. 그녀는 거침없이 말한다.

> 만일 엄마가 갓난아기를 요람에 재우고 나서 살금살금 방에서 걸어 나간다면, 아기는 삶을 유지해 주고 안락함을 주는 자기의 일부가 떨어져 나간다고 생각한다. 아기는 이 분리에 대처할 수 있는 자원을 그리 많이 갖고 있지 못하다. 항의를 하든, 하지 않든, 아기에게는 엄마가 필요하다. 아기의 고통에 대한 이렇듯 확실한 설명은 육아 수첩 어디에도 적혀 있지 않다. 전문가들은 끈질기게 아기를 재우라고 권한다. 그렇게 하는 편이 (분명히) 더 쉬우므로, 엄마가 아기의 변덕에 휘둘려서는 안 된다고 한다. 하지만 그들은 중요한 점을 놓치고 있다. (Jackson 2003, p. 40)

갓난아기는 따뜻함과 친밀함을 느끼고 싶어 할 뿐 아니라 엄마와 같이 있기를 바란다. 포대기에 싸인 채 엄마와 신체적인 접촉 없이 다른 방에 놓인다면 행복하지 않을 것이다. 한 산파가 내게 말하길, 아기에게는 출산이 어느 정도 예기치 못한 상황이기 때문에 '태어남의 충격'을 극복하는 것이 필요하다고 했다. 엄마로부터 버림받은 아기는 우울하고 두려울 것이다.

엄마들에게는 기운을 회복할 수 있도록 도움이 필요하다. 매우 피곤하고, 당분간 호르몬은 엉망이며, 여러 곳이 뭉치고 멍들어 있기 때문이다. 이 시기는 엄마들이 설거지나 집안일에 시달리지 않도록 도와주는 것이 중요하다.

갓난아기는 대화가 필요하다

엄마가 곁에 있으면서 신체적으로 접촉하는 것은 신생아에게 필수 요소다. 하지만 접촉도, 함께 있음도 정적이다! 아기에게는 대화가 필요하다. 대화는 상호작용이며(그렇지 않다면 그것은 표현에 불과하다), 극적 놀이와 스토리텔링은 아주 초기부터 아기와 엄마의 대화를 가능케 한다.

사람들과의 대화는 태어나면서부터 가능하며, 그것은 그리 놀랄 일도 아니다. 경험을 다시 경험하는 것이 인간 의식의 본질이다. 다른 의식적 대상과의 관계 속에서 행동할 수 있는 배우가 될 것 그리고 활력의 정서적

특질을 수용하면서 정서의 근원이 될 것. (Trevarthen 1993/2006, p. 121)

트레바든은 모든 아기가 태어나면서부터 대화를 할 수 있고 또 대화를 필요로 함을 일깨워 준다. 그는 또한 아기를 '배우'라 부름으로써 내가 상호작용과 극적 놀이에 대해 말한 것을 한마디로 압축한다.

엄마와 신생아의 유대나 애착은 근본적으로 중요하다. 많은 전문가들이 엄마가 안을 수 있게 아기를 곧장 엄마에게 줄 것을 권하며, 엄마와 아기의 접촉과 함께 있음 그리고 대화를 장려한다. 이 강력한 애착은 뇌 발달과 장차 맺게 될 관계의 토대를 형성한다. 전문가와 다른 가족 구성원과 친구들은 이 사실을 잘 이해할 필요가 있다.

치료적 개입이 필요한 경우

우리가 앞서 말한 지원 제도가 갖추어져 있음에도 불구하고, 엄마와 잠재적으로는 아기에게 정신적 고통을 주는 상황이 있다. 라파엘-레프(2001)는 일부 여성에게 출산은 (산후 우울증보다) '산후 고통(postnatal distress)'을 촉발하며, 그 경우 산모와 아기의 안전을 위해 심리 치료가 요구된다고 한다.

심리 치료는 새로이 부모가 되거나 예정되어 있는 사람들이 강렬한 정서적 충격을 경험하는 동안 붙들고 의지할 수 있는 구명줄이나 다름없다. 주변의 도움이 있다 해도 아기의 안전을 확보하기 위해서는 수개월에 걸친 고통스러운 노력이 필요하다. 긴장에서 해방되는 시점에 도달하기도 전에 정신력의 저하나 퇴보에 대한 걱정으로 인한 돌발적 공포, 산후 출혈이나 '쓰러짐'의 위험 등으로 인해 산모는 갑자기 어두운 정

신적 심연에 빠져들기도 한다. (Raphael-Leff 2001, p. 60)

라파엘-레프(2001)는 산모의 50%가 산후 2년간 수면 부족, 쏟아지는 눈물, 사회적 고립 등 여러 형태의 산후 고통을 경험하며, 이 중 약 10~20%는 매우 심한 혼란에 빠진다고 한다. 여기서 이를 길게 논할 바는 아니지만, 중요한 것은 산후의 감정이 모두 긍정적이지만은 않다는 사실이다. 라파엘-레프가 제시한 대부분의 사례는 문화적 특성과 엄마와 아기를 둘러싼 환경으로부터 생겨난 것이다. 나는 많은 여성이 겪는 산후 고통의 깊이가 과소평가되어선 안 되며, 이를 위해 어떤 지원이 확장되어야 하는지를 진지하게 고민해야 한다고 생각한다.

이 책의 독자는 이미 파악했겠지만, 나는 정신분석학적 접근을 옹호하지는 않으며, 따라서 산후 고통에 대한 해석에 꼭 동의하지도 않는다. 하지만 어떤 형식이든 개입은 필요하며, 그래서 나는 대다수 상황에 적용될 수 있는 NDP 접근을 통해 성별과 관계없이 애착에 대한 이야기를 할 수 있게 해 주는 틀거리로 돌아가고자 한다.

보통은 이야기를 나누고 지원 체계에 도움을 받을 수 있음을 안내한 후에 숙련된 치료적 놀이가 더해지면 충분하다. 적절한 지원 체계가 작동하는 상태에서 의료적 개입이 필요한 산후 정신증이 나타나는 경우는 현실적으로 매우 적다. 앞서 본 바와 같이, 테미아르 부족(Jennings 1994)에서 갓 출산한 산모는 산파와 가족 구성원으로부터 일차적인 관심과 지원을 제공받는다.

모유 먹이기?

젖은 웬만해선 마르지 않으며, 아기의 면역 체계를 키우고 자궁의 축소를 돕는다. 그럼에도 우유나 모유 중 어느 것이 더 좋은가에 대한 논쟁은 왜 끊이지 않을까? 거기에는 결코 끝나지 않을 다면적인 논제가 있으며, 그 중 상당수는 의존과 독립에 대한 새로운 생각과 관련된다.

자식을 먹이는 것은 엄마로서 중한 책임을 느끼게 되는 일이다. 어떤 엄마는 모유가 충분하지 않다거나 묽다며, 아기의 건강을 걸머진 사람으로서 부족함을 토로하기도 한다. 그러나 비타민이 풍부하고 성분 조합이 과학적이라 선전하는 조제분유가 얼마나 믿을 수 있는지 모르겠지만, 조제분유를 먹이려면 시간과 돈이 많이 들고 모유의 면역력을 제공하지도 못한다. 모유를 먹일 때는 엄마가 반드시 아기 곁에 있어야 하고, 그래서 조제분유를 먹이는 것이 엄마에게 소위 자유를 준다고 하지만, 그것은 애착 과정의 단절을 초래한다. 만일 아기가 여러 사람의 손에서 병에 든 우유를 먹게 된다면, 유대 형성 과정에 혼란을 겪을 수 있다. 어느 누구와도 최초의 관계를 형성하지 못하는 것이다.

오덴트(2001)는 위태로운 다른 문제들을 제기하면서, 특히 옥시토신과 프로락틴이라는 두 호르몬에 대해 이야기한다. 그는 옥시토신을 '사랑의 호르몬'이라 말하면서, 그 사랑이 여러 방식으로 유도된다고 한다.

> 프로락틴이 많이 분비되면, 사랑의 호르몬이 아기에게 영향을 주게 된다. 프로락틴은 젖의 분비를 촉발시키는 필수 호르몬으로도 잘 알려져 있다. 사실상 그것은 진화적 계층 구조상 고대의 호르몬으로서, 가령 둥지를 만드는 것부터 젖먹이 엄마의 공격적 방어에 이르기까지 새끼를 돌보는 데 필요한 다양한 역할을 담당한다. (Odent 2001, p. 38)

따라서 이들 호르몬은 애착 과정을 촉진하고, 젖의 분비를 자극하여 모유를 풍부하게 해 주며, 엄마에게는 아기를 보호하고 지키는 감정을 촉발한다. 동물의 왕국을 통틀어 포유류만 새끼 보호 본능을 가진 것으로 알려져 있다.

오덴트(2001)는 계속해서 말한다. 프로락틴은 "모성 호르몬"일 뿐 아니라 피임 기능도 수행한다. 엄마가 "계획에 따라서"가 아니라 "아기가 원할 때" 수유를 한다면, 임신을 억제하는 프로락틴이 충분히 분비된다(Odent 2001, p. 38). 밤에 통잠을 자지 못하고 젖을 먹여 수유 간격이 좁아지면 저절로 피임이 된다는 '할머니들 얘기'가 실없는 소리는 아니다.

프로락틴의 또 다른 측면은 성욕을 억제하는 기능인데, 엄마가 아기에게만 초점을 맞추도록 다른 관심을 차단해 주며, 이는 포유류에게 공통적으로 나타나는 현상이다. 그러므로 모유 수유를 중단하고 우유를 먹인다는 선택은 많은 문제를 함축하고 있으며, 특히 정상적인 성적 관계로 돌아가고자 하는 바람을 포함한다.

아버지의 출산 참여

아버지가 출산 과정에 참여하는 것에 대하여 찬반 논쟁이 여전하지만, 실제로 출산에 참여하는 것은 처음부터 강한 애착 관계를 형성하게 해 준다. 스토파드(2008)는 특히 제왕절개수술을 통해 출산할 때 아버지의 역할이 절대적이라고 한다.

> 특히 아빠가 제왕절개 분만에 참여하면 자부심을 느낄 수 있다. 부성은 모성과 마찬가지로 강하며, 수술 후 엄마가 곧바로 아기와 접촉할 수 없는 상황에서 아빠의 역할은 중요하다. 이상적으로는 엄마가 갓난 아기를 꼭 안고 젖을 먹는 것이 중요한데, 이것이 불가능하다면 아빠가 아기와 피부 접촉을 해 주는 것이 가장 좋은 방법이라고 보고되고 있다. (Stoppard 2008, p. 163)

오덴트(2001)는 출산 직후 아빠와의 애착 형성이 엄마와의 최초의 애착을 방해할 위험이 있다는 의견에 동의하지 않는다. 그는 출산 이후의 시간은 매우 중요하므로 탯줄 자르기, 목욕시키기, 문지르기, 귀 뚫기 등 '필요한' 것으로 보이는 수선스러운 일로부터 방해받지 않아야 하며, 그런 일은 아기가 엄마와 떨어져 있을 때 하는 게 좋다고 지적한다.

> 산후 출혈이나 태반 잔류는 대부분 산모가 아기를 안고 돌보는 것 외에 다른 어떤 것도 해서는 안 되는 순간에 주의가 산만해져서 발생하는 일이라고 확신한다. (Odent 2001, p. 42)

스토파드나 오덴트의 견해 중 어느 쪽을 따르든, 아버지가 출산 과정에서 중요한 역할을 담당한다고 느끼는 것은 중요하다. 테미아르 부족의 아빠는 실질적이고 지지적인 역할을 하지만, 남자들이 출산과 그 직후의 일에 직접 참여하지는 않았다(Jennings 1994).

신경극놀이

순조롭게 태반까지 나오고 나면 놀이의 시간으로 진입하게 된다. 이 시점에서 대다수 사회가 태반에 어떤 가치와 믿음을 부여하는지, 태반을 아기의 분신이라거나 특별한 힘이 담겨 있다고 여기는 것에 대해 얘기해 보는 것도 나쁘지 않을 것이다. 테미아르 부족은 태반을 옷에 묶은 다음 아빠가 깊은 숲으로 들어가 나무에 매달아 놓는다. 이는 사산된 아기를 '땅위에' 묻는 매장 방식과 유사하다. 또 특별한 축제에서는 영양이 풍부할뿐 아니라 신비한 힘을 준다고 믿어 태반을 먹기도 한다.

모유 수유의 경험은 쓰다듬고 토닥이며 간지럼을 먹이고 흉내 내는 등의 놀이를 공유하게 해 주며, 엉망진창 놀이의 기회를 제공하기도 한다. 엄마와 아기가 주고받는 표정은 모유 수유에서 얻어지는 긍정적인 경험이며, 이제는 '이게 모두 놀이인가'를 질문할 때가 되었다.

많은 사람들이 아기가 태어나자마자 놀이가 필요함을 알고 나서는 놀란다. 지금까지 말해 온 것처럼, 아기는 생후 한 시간 이내에 어른의 표현을 흉내 내려고 하며(Field et al. 1982), 이틀이 지나면 서로 다른 표정을 구분한다. 아기는 상호작용을 원하고 누군가 반응해 줄 사람을 필요로 한다! 아기는 몇 시간 안에 엄마의 얼굴을 알아보고 갈수록 다른 사람보다 엄마를 바라보는 데 더 많은 시간을 쓴다. 아기는 자기가 보는 대상으로부터 관심을 받지 못하면 이내 머리를 돌리며, 대롱거리는 장난감보다 얼굴에 더 흥미를 갖는다.

처음에 엄마는 젖을 먹이고 목욕시키며 보살피는 가운데 아기와 상호작용을 하는데, 이 활동은 4장에서 말한 산전 놀이와 유사하다. 토닥이고 흔들고 노래하며 흥얼거리는 것은 소통의 자연스러운 방식이며, 아기와의 결속을 강화한다. 엄마가 젖을 먹이면서 긍정적인 표현을 하면, 아기는 거기에 집중하며 젖뿐만 아니라 긍정적인 확증까지 흡수한다.

엄마는 아기가 태어나기 전에 해 주었던 이야기와 아기의 눈동자와 머리 색깔 등 생김새에 관해 말해 준다. 사적인 대화를 하면서 철없고 유치해지기도 한다. 엄마와 아기는 서로를 즐기며 지칠 때까지 웃고 키득거린다.

첫 6개월

첫 6개월에 진행되는 신경극놀이의 발달은 이후 발달의 초석이 된다. 출산의 환희와 이후의 어려움을 지나 생활이 안정되면, 엄마는 자신의 필요를 채울 뿐 아니라 아기와의 충분한 애착을 형성하는 규칙적인 일상을 꾸릴 수 있게 된다. 이때 똑같은 계획을 세우는 경우는 없으며, 때로는 '잘못되고 있는 건 아닌지'에 대한 우려로 감정적인 탈진을 겪기도 한다. 많은 엄마들에게 아기는 처음에 상상했던 귀여움 보따리이기보다 저항할 수 없는 압도적 대상으로 느껴진다!

상상 속의 아기가 실제로 겪어야 하는 아기로 바뀌기 때문에, 엄마는 거기에 적응하는 시간이 필요하다. 엄마들은 이 말을 귀담아 들을 필요가 있다.

> 아기가 때로 괴물처럼 느껴진다 하더라도 절대로 희생양이 되어서는 안 된다.

'단단히 붙잡아라'는 포기하고 싶은 마음이 들 때 엄마를 지켜 줄 수 있는 좋은 말이다. 나는 이 말을 직설과 은유로 자주 사용하는데, 엄마가 단단히 붙잡고 있는 아기는 4장에서 '보호의 원-돌봄의 원-애착의 원'에서 설명한 바와 같이 안전하게 수용된 느낌을 가질 것이다. 아기는 9달 동안 자궁이라는 원에 안전하게 담겨 있었고, 태어나서는 바깥세상으로의 전이를 준비하는 동안 또 다른 동그라미에 담길 필요가 있다. 엄마가 임신과 출산 기간에 들었던 음악에서 힘을 얻을 수도 있고, 아기를 자극하거나 편안하게 해 주는 고전음악을 이용할 수도 있다. 특히 모차르트는 두뇌 발달에 매우 좋다!

첫 주

아기는 오랫동안 잠을 자고 먹을 때만 잠시 일어나기를 반복하며, 깼을 때 보채거나 울기도 한다. 아기는 이미 엄마와 눈을 맞추며 엄마의 표정을 흉내 내려고 한다. 아기는 젖을 먹을 때 깨물고 빨며 토닥여 주는 것을 즐긴다. 먹이고 씻기는 감각 놀이, 부드럽게 흔들어 주는 일치 놀이, 흥얼거리기와 노래하기, 흉내 내기로 '가장'에 반응하기와 함께 아기에게 계속해서 이야기를 들려주는 것이 중요하다. 이 과정이 모두 엄마와 아기의 NDP 상호작용을 구성한다.

첫 달

아기는 얼굴 표정과 엄마의 목소리에 점점 더 기민하게 반응하며, 엄마가 따라 할 수 있을 정도의 옹알이와 후두음을 낸다.

NDP: 첫 주보다는 얼굴, 목소리, 움직이는 장난감에 좀 더 집중한다. 일치 놀이는 점차 메아리 놀이로 향해 가며, 감각 놀이는 부드러운 장난감 갖고 놀기, 쓰다듬기, 토닥거리기를 포함한다.

둘째 달

아기는 가까이 있는 특정한 장난감에 주목하고 팔의 움직임이 증가한다. 방 안에서 움직이는 사람을 쫓고 눈으로 대상을 파악한다. 소리를 더 많이 낸다.

NDP: 소리와 표정 흉내 내기, 까꿍 놀이(점진적으로) 등 극적 놀이가 시작되고, 마사지와 감각 놀이 곧 리드미컬한 노래와 라임, 표정을 동반한 짧은 이야기 등 감각 놀이를 지속한다.

셋째 달

아기는 문 열리는 소리, 발소리, 목욕물 소리 등을 기대하며 신체의 일부분이나 특정 대상에 대한 응시가 증가한다. 젖을 먹을 때 눈을 바라보고, 손가락 놀이와 손뼉 치기가 시작된다.

NDP: 노래나 이야기와 함께 손가락 놀이와 손뼉 치기가 발달한다. 나타났다 사라지는 '여기 있다' 놀이가 가능해지고, 목욕할 때 비눗방울 놀이나 물장구치기를 시작한다.

넷째 달

아기는 가끔 일어나 앉거나 몸을 뒤집을 수 있다. 공간을 새롭게 인식하고, 특히 감각적인 보살핌의 과정을 즐기며, 소리에 호기심을 갖는다.

NDP: 손가락과 발가락의 노래, 〈아기 돼지가 시장에 갔어요〉,[1] 팔다리를 움직이며 온몸을 마사지하기, 〈라즈베리〉 노래소리를 앞뒤로 모방한다.

다섯째 달

아기는 발가락을 움켜쥘 수 있으며 장난감을 붙잡는다. 색깔, 음악 등 감각 자극에 반응한다.

NDP: 노래 부르며 팔과 발을 움직이는 신체 놀이가 가능하며, 안전 인형 같은 밝은 색깔의 장난감을 끌어안는다. 엄마의 무릎에 앉아 춤추며 후렴구가 많은 노래를 좋아한다.

---

1. 발가락을 하나씩 당기며 노는 라임이다. 가사는 This little piggy went to market. This little piggy stayed home. This little piggy had roast beef. This little piggy had none. This little piggy went wee wee wee all the way home.

여섯째 달

아기는 웃고 킥킥거리며 놀이를 제대로 즐길 수 있다. 어른과 함께 놀기
도 하고 혼자 놀 수 있게 된다. 빛나는 것이나 그림자의 움직임에 강하게
집중하고 새로운 음식으로 변화를 줄 수도 있다.

　NDP: 뽀뽀와 간지럼 태우기처럼 웃음을 유발하는 놀이, 앞뒤로 구르
기, 장난감과 인형이 내는 다양한 소리, 밝은 색 공 굴리기, 노래하기, 더
욱 많은 이야기로 채워진다.

이상이 처음 6개월 동안 발달시킬 수 있는 NDP 기법이다. 부록에 더 많
은 내용이 있고, 한 번 해 보고 나면 자신만의 방식을 찾아낼 수 있을 것
이다. 아기에게도 저마다의 발달 속도가 있어서 어떤 것은 다른 아이에
비해서 빠르거나 늦게 나타날 수 있으므로, 아기의 반응 정도에 맞춰 실
행하면 된다.

　지금까지 신경극놀이의 토대를 살펴보았고, 6장에서는 회복 탄력성과
관계된 NDP의 중요한 특징을 들여다볼 것이다.

NDP와 회복 탄력성 그리고 공감

나에게 아기가 있다는 건 아시죠 — 나는 사제에게 강간을 당했어요. 그들은 아기를 빼앗아 갔고 나에게 충격 치료를 했어요. 아기에 대해 물으면 그들은 어리석은 짓 하지 말라고 해요. 그래서 착해지는 법을 배우고 있어요. 착한 사람이 되어야 해서 그들이 하라는 대로 해요. (속삭이며) 하지만 난 말하고 싶어요 — 내겐 아기가 있고 언젠가는 찾을 거라고요 — 난 알아요. 나에게 딸이 있다는 걸.

(Jennings 1999b, p. 2)

개관

'회복 탄력성(resilience)'이라는 말을 정의하려는 많은 시도가 있어 왔는데, 그 단어는 다른 언어로 번역하기도 쉽지 않다. 회복 탄력성이 있는 아동은 삶의 굴곡을 다룰 수 있고, 나이에 어울리는 방법으로 역경에 대처할 수 있다. 회복 탄력성을 갖기 위해서는 발달 초기의 충분한 애착뿐 아니라 좀 더 자라서는 트라우마에 압도되지 않고 헤쳐 나갈 만큼 충분히 강한 부모가 필요하다(Cyrulnik 2009; Erikson 1965/1995; Hughes 2006; Rutter 1997).

시뤼니크(2009)는 '회복 탄력성'이라는 말이 물리학에서 처음 사용되었고 충격을 흡수하는 신체 능력을 언급하는 것이라고 말한다. 그러나 그는 그것이 지나치게 신체에 초점을 둔다고 지적한다. 그리고 회복 탄력성에 대한 바니스텐달(Vanistendael 1998)의 사회과학적 정의를 인용한다. 회복 탄력성은 '부정적 결과가 나올 수도 있는 명백한 스트레스와 역경 상황에서도 긍정적이고 사회에서 수용되는 방식으로 살아남아 성공하고 발전할 수 있는 능력'이다(Cyrulnik 2009, p. 5).

회복 탄력성에 대한 사회과학적 정의는 커다란 충격을 처리해 내는 능력을 시사하고 있지만, 나는 회복 탄력성이 있는 사람은 삶의 작은 굴곡 또한 다룰 수 있다고 생각한다. 왜냐하면 많은 사람들에게는 사소한 골칫거리가 큰 장애물이 되기 때문이다.

제니 이야기

어린 시절에 성적 학대로 인한 자해와 섭식 장애를 겪은 심각하게 뚱뚱한 여자가 6살 난 아이처럼 울면서, '그들은 쓰레기를 치운 적이 없어요.' 그리고 '일부러 날 빠뜨린 걸 나도 알아요'라고 말하는 것을 듣는 것보다 더 가슴 아픈 일은 없다.

이 생각은 산처럼 거대해져서 그녀의 머릿속을 완전히 점령하고 있다. 그녀 역시 이 상황에는 모종의 개인적 동기가 있을 것이라 느낀다. 그녀에게 쓰레기라는 상징은 무엇을 뜻할까? 어떻게 20년 동안 '세상이 나를 해치려 한다'는 느낌을 지니고 살아왔을까? 그녀가 소아성애자인 부모에게 심한 성적 학대를 받는 상황에서 탄력적으로 대처하지 못하고, 그래서 결국 감각의 문을 닫고 해리성 장애를 갖게 된 것은 그리 놀라운 일이 아니다. 그녀를 입양해 따뜻하게 보살핀 가족은 그녀가 '그 더러운 사람들'을 모두 잊고 새 식구들과 행복해지기를 기대했다. 그러나 그들은 제니가 갖고 있는 그동안의 학대에 대한 격렬한 분노, 자신의 몸에 대한 혐오, 그리고 다른 한편으로 그럼에도 불구하고 그녀의 부모가 남겼을 선한 흔적을 알아주지 못했다.

그 결과, 그녀는 자신을 낳았기 때문에 부모에게 (혐오스럽고, 사아하며, 저주스러운, 괴물 같은) 부정적 이미지를 투사하게 되었다. 그녀가 어떤 일을 겪었는지 제대로 알지 못한 채 어떻게 그녀에게 자신에 대해 긍정적인 생각을 갖도록 도울 수 있다는 말인가? 비록 부모를 저주하며 복수를 꿈꾸고 있지만, 실상 그녀는 여전히 이 끔찍한 혼란과 고통을 없애 주는 사람이 없는, 모든 게 자신의 잘못이라고 느끼는 수치심과 원망과 무력감으로 가득한 어린아이에 불과하다.

성인으로서 제니는 신경극놀이 수준의 개입으로 보호와 수용을 경험하는 것이 중요하다. 감각 놀이를 통해 자신의 몸을 좀 더 편안하게 느끼게 되고, 극적 놀이를 하면서 자신과 바깥 세상에 대해 자신감을 가질 수 있을 것이다. 그녀는 유아기에 애착의 보호의 원을 경험하지 못한 채, 여러 학대자로부터 혼란스럽고 불안정한 애착의 반복에 갇혀 있었다. 어린 시절에 경험한 학대는 여전히 되풀이되며 그녀를 괴롭히고 있었고, 절망 속에서 그녀의 학대받은 신체는 (자해를 통해) 감정을 느끼고 동시에 (비만을 통해) 그를 부인하는 전쟁터가 되었다. 내가 보기에, 그녀는 부모 중 누구 하나로부터도 보호받거나 '충분히 좋은 애착'을 경험하지 못했고, 그래서 실낱같은 희망의 징조도 발견할 수 없는 이 혼란스럽고 적대적인 세상을 이해하려고 몸부림치는 5살 어린아이에 불과했다. 그래서 그녀는 아직도 어둠 속에서 누군가에게 이 쓰레기를 치워 달라고 울부짖고 있는 것이다.

회복 탄력성의 무지개

무지개 비단 이야기부터 '날씨 지도'(8장)에 나오는 무지개 마사지까지 나의 글에는 무지개가 자주 등장한다. 나는 신체 감각을 깨우기 위해 아이의 등에 무지개를 그리거나 색칠을 하고, 색깔 천으로 이야기 속 무지개를 재현하기도 한다. 그렇게 해서 자연스럽게 무지개를 주제로 춤을 추거나 장면을 만들기도 한다. 한 번은 중증 학습 장애를 가진 성인 집단 작업에서 무지개의 반대편에서 무엇을 찾고 싶은지를 그렸다. 스태프에 따르면, 참여자들이 매우 어려워하며 서로의 것을 베끼려고 했다지만, 사실은 달랐다. '저는 아버지를 찾고 싶어요'처럼 개인적인 관심사를 찾거나 '붉은 꽃 한 송이를 만났어요'처럼 자연과 관련된 것까지 25명의 참여자들은 저마다 다른 그림을 그렸다. 같은 그림은 친구인 두 사람이 상의해서 물을 그린 한 경우뿐이었다.

나는 안착과 자극을 촉진하는 모티프로서 무지개라는 아이디어에 대해 독점성을 주장할 생각은 없다. 가족 안에서 여러 번의 상실로 고통을 겪은 한 여성이 '무지개 치료(rainbow remedy)'라는 것을 발전시켰는데(Siebert 2005), 이 중 몇 가지는 트라우마와 회복 탄력성에 접근하는 데 아주 중요한 지침이 되었다. 한 가지는 선택의 힘으로, 우리가 항상 선택하고 있음을 기억하는 것이 중요하다. 다른 하나는 상실이 얼마나 크고 깊든 간에 긍정적인 면을 보도록 지지하는 것이다. 그리고 세 번째는, 우리는 다른 사람을 도우면서 비로소 자신의 트라우마를 균형 잡힌 시각으로 조망할 수 있게 된다는 사실이다.

회복 탄력성과 트라우마

어린 시절의 트라우마는 아동의 정서에 영구적인 영향을 줄 수 있다. 어느 누구도 어린 아기가 자신을 지켜 주는 어른의 관심과 보살핌 없이 트라우마를 다룰 수 있을 거라 기대할 수 없다. 3세 이하의 유아는 트라우마를 다룰 수 있는 정신적 장치를 갖고 있지 않다. 그래서 많은 고아와 소년병과 학대로 희생된 아이들은 악몽과 함께 혼자 남겨져 왔다.

외상적 상황과 위기에도 불구하고 아이들 속에서 회복 탄력성이 어떻게 발달하는지에 관한 많은 연구가 있다. 아이들은 다양한 스트레스에 서로 다른 방식으로 반응한다. 그러나 어릴수록 스트레스에 대한 반응이 취약하다.

회복 탄력성이 있는 아이들은 살면서 만나는 스트레스를 어떻게든 잘 이겨 나갈 수 있다. 그것은 신뢰와 낙관적 태도와 보살핌이 있는 안정적이고 지지적인 가족이 있을 때 더욱 그렇다. 안정적이고 지지적인 가족이라 함은 식구들이 아이의 두려움과 염려를 귀 기울여 들어주고, 아이가 자신의 마음을 표현하도록 돕고, 그것을 이해해 준다는 뜻이다. 그러나 매카시(2007)가 말한 것처럼, 모든 부모가 그렇지는 않다.

> 괴물은 그러니까 인간인 우리의 첫 번째 창조적 활동이다. 일찍부터 우리는 괴물을 꿈꾸고 상상한다. 괴물은 침대 아래와 침실 문 뒤에 살면서 창문 틈으로 우리를 몰래 엿본다. 괴물은 우리의 성장하는 의식의 가장자리에 있으며, 일부는 본능적이고 일부는 신(神)적이다. 우리가 괴물들 때문에 한밤중에 부모를 깨우면, 부모는 '괴물 같은 건 없어' 혹은 '그건 그냥 꿈이야'와 같은 말로 괴물을 떨쳐 내려 하지만, 그래 봤자 별 효과는 없다. (McCarthy 2007, p. 19)

어른들은, 특히 남자아이의 경우, '지나치게 감상적으로' 껴안는 것이 아니라 '강인하게' 자라도록 돕는다면 장차 세상을 잘 헤쳐 나갈 수 있으리라 믿는다. 루마니아의 고아원에서는 일종의 극단적인 학대가 행해졌는데, 그 배경에는 아이들을 자꾸 껴안아 주면 거친 세상에서 살아남기 어려울 거라는 훈련받지 않은 스태프의 잘못된 신념이 있었다. 한 번은 한 보육사가 내게 '애들을 약하게 만들지 마세요'라고 말한 적도 있다. (그때 나는 '보육사'라는 단어의 아이러니에 한 대 맞은 것 같았다.) 많은 아이들이 어릴 때 이런 시설에서 도망친다. 거리에서 사는 편이 그곳에서 겪어야 하는 잔혹함과 굶주림보다 낫기 때문이다. 그중 다수는 한편으로는 의미 있는 개인과의 사랑과 애착을 갈망하고, 다른 한편으로는 한곳에 정착하는 것에 대한 두려움 사이에서 갈등한다. 루마니아에서는 거리와 기차역에 사는 아이들을 '정착'시키기 위해 여러 시도를 했다. 그 결과, 실제로 많은 아이들이 몇 주 동안은 정착하려고 애썼지만 또다시 사라졌다. 그 뒤에도 종종 다시 돌아와 몇 주 동안 머물렀지만, 그 아이들에게는 '여기저기 돌아다니고' 아무 데서나 자고 슈퍼마켓에서 유효기간이 지난 음식을 구걸하는 것이 필요했다. 그들은 쉼터, 수업, 소풍, 깨끗한 옷, 음식을 주는 어른에게 순수한 애착을 가지고 있지만, 특정 장소에 애착을 갖는 것은 너무나 두려운 듯 보였다. 자화상에 비친 그들은 아기나 어린아이의 모습이었고, 예외 없이 이상적인 집을 함께 그려 넣었다.

매스튼이 지적하듯, '회복 탄력성은 "상처에도 끄떡없는" 혹은 "아무 탈이 없는" 것을 의미하지 않는다'(Masten 2000). 과거의 방임이나 학대에도 아무 탈이 없어 보인다면, 그것은 아이들이 고통을 견디기가 힘들어 감정을 차단했기 때문이다. 라하드(Lahad 2000)는 '세상을 만나는' 방식을 통해 아이들이 스트레스를 다루는 지배적인 방식 ― 신념, 정서, 사회, 상상, 인지, 신체 ― 을 발견했다. 공습 대피소와 지역 센터에서 아이들을 관찰하면서 그들이 고유한 방식으로 사건과 충격을 처리한다는 사

실을 알아냈다. 몇몇 아이들은 운동을 하거나 춤을 추었고(신체), 어떤 아이들은 논리적이거나 이성적으로 이야기를 했고(인지), 또 다른 아이들은 감정을 표현하며 나누었고(정서), 기도나 그 밖의 방식으로 더 큰 힘에 의지(신념)하기도 했다. 많은 아이들이 친구들과 경험을 나누면서 놀았고(사회), 이야기를 만들고 창조적 활동을 하는(상상) 아이들도 있었다. 아이들은 저마다의 방식으로 '세상을 만나며,' 그런 맥락에서 치료사는 각 아이에게 맞는 언어를 사용함으로써 회복을 돕는 융통성을 기할 필요가 있다.

이야기 혹은 사건?

라하드(2000)의 여섯 조각 이야기(BASICPh; 신념, 정서, 사회, 상상, 인지, 신체)는 아동의 스트레스 대응 기제를 판별하는 진단 평가 도구로 개발되었지만, 아동뿐 아니라 전 연령대에 모두 유용하다. 그러나 나는 일부 아동에게는 여섯 조각 이야기를 적용할 수 없음을 알게 되었다. 뭄바이에서 한 집단을 워크숍에 참여하도록 설득할 수 있었다. 그들은 기차에서 훔쳐 먹고 남은 음식을 잃어버리지 않은 덕에 먹을 게 풍족했기 때문이다. 그 아이들은 여섯 조각 이야기를 만들지 못했다. 사건을 순서에 따라 배열하려 애썼지만, 하나의 사건에서 더 나아가지 못했다. '나는 고아원에서 도망쳤다'는 이야기가 아니다. 하나의 사건일 뿐이다. 많은 거리의 아이들이 '이야기를 갖지' 못했다. 이야기란 어떤 사건에서 또 다른 사건으로 이어지고 모종의 해결이나 과정을 지나 결말에 이른다. '기차가 도착했다 — 남은 음식'처럼 사건을 이어 붙인다고 해서 삶이 되지는 않는 것이다.

가메지와 루터(Garmezy and Rutter 1983)에 따르면, 가난과 폭력을 다룰 수 있는 튼튼한 부모를 둔 아이들이 스트레스에 더 강하다. 그들(1992)은 아이들에게는 회복 탄력성이 좋거나 '쉽게 무너지지 않는' 부모가 필요하다고 말한다. 부모가 자녀를 돕기 위해서는 먼저 자신의 스트레스를 다룰 수 있어야 한다.

매스튼(2000)은 아동이나 청소년에게 회복 탄력성이란 '살면서 만나는 사건에 감정적 틀을 부여함으로써 효율적으로 대처하게 해 주는 "의미를 꼭 붙들 수" 있는 힘'이라 정의했다. 그녀는 '일상의 마법'이 무엇인지 묻는다. 그것은 아이들이 날카롭고 험한 인생사를 통과하면서도 살아남아 건강한 어른이 되도록 돕는 데 필요한 최소한의 것을 말한다.

심한 스트레스에 노출된 아동의 80퍼센트가 발달상으로는 큰 문제가 없다고 평가된다(Rutter 1979; Werner 1990). 아동의 회복 탄력성을 강화하는 요인에는 신체적·사회적 환경, 부모 중 적어도 한 사람이나 다른 중요한 어른과의 안정적이고 정서적인 관계, 지지적이고 교육적인 환경이 있다. 부모는 자녀가 대응력과 회복 탄력성을 발달시키는 과정에서 정서적인 '충격 완화 장치' 역할을 할 수 있다. 가르바리노 등(Garbarino et al. 1992)에 따르면, '아이들은 대체로 그들의 부모가 그 대응력보다 더 많은 스트레스를 받지 않는 한, 위험한 환경에 대처하고 회복 탄력성을 유지할 수 있다'고 말한다.

지역사회와 학교는 부모와 자녀가 회복 탄력성을 증진하는 데 필요한 지원 체계를 제공할 수 있다. 관계 당국은 폭력과 가난이 부모의 대응력과 그것이 연쇄적으로 그 자녀의 회복 탄력성에 미치는 영향을 정확히 파악해야 한다.

폭력적인 환경에서 성장하는 아동은 정신 질환이나 행동 장애의 발생 위험이 크다. 에릭슨(1965/1995)은 신뢰를 학습하는 것이 유아에게 가장 중요한 일이라고 말한다(1장 참조). '기본적 신뢰 대(對) 불신'의 학습은 에릭슨의 사회적·정서적 발달 8단계 중 첫 번째로, 생후 2년 동안에 진행된다. 신뢰/불신은 '안정적 애착'의 형성 여부에 달려 있다. 신뢰와 안전은 회복 탄력성과 낙관적 태도의 발달을 도와준다. 신뢰가 형성되지 않으면, 아이는 불안해하고, 경계를 늦추지 못하며, 두려워하게 된다.

아이들이 초기 애착 관계를 통해 신뢰를 배우지 않으면, 의심 때문에 장차 사회관계뿐 아니라 고난을 다루는 데서도 어려움을 겪을 것이다. 안전과 안정이 확고할수록 회복 탄력성이 강해지고, 성장 과정에서 만나는 변화와 난국을 잘 다룰 수 있다.

아이들이 자기 자신과 다른 사람들 그리고 사회적 관계를 이해하는 것은 친밀한 애착 관계 안에서 가능하다. 그를 통해 자기 자신과 타자에 대한 정신적 표상이 시작된다. 아동의 내면에 자신과 다른 사람에 대한 기대와 신념이 자리 잡는 것이다. 그런데 아이가 어린 경우에는 정신적 표상을 유지할 수 없고 자극 반응에 의존할 뿐이다.

제니의 경우에는 부적절한 성적 흥분, 만성적 고통, 다른 사람에게 뭔가 얘기하면 벌을 받게 될 거라는 위협이 자극으로 작용했다. 심지어 식구들이 미성년자와 관련된 범죄로 붙잡혀 있는 틈을 이용해 용기를 내려 했을 때조차 그녀 곁에는 그녀에게 벌어진 일을 이야기할 수 있는 중요한 어른이 없었다. 제니는 자신을 보호소에 데려다준 사회복지사를 좋아했지만, 그녀는 오래지 않아 다른 지역의 직장으로 옮겨 갔다. 제니는 현재 요요 감정으로 매우 혼란스러워한다. 학대를 혐오하면서도 갑자기 가족을 잃은 데서 오는 상실감에 부딪히고, 입양되어 따뜻한 사랑을 받으면서도 멈출 수 없는 자기혐오와 싸우는 것이다. 결국에는 양부모도 제니를 감당할 수 없었다. 입양이 부부 관계에 심각한 영향을 미쳤고, 무엇보다도 그들은 제니에게 감사를 기대했다.

제니와 사회복지사가 다른 가정을 찾아 떠나자 양아버지는 '넌 감사라곤 전혀 모르는 못된 아이야'라고 소리쳤다. 결국 제니는 어린 시절과 남은 십대를 어떤 애착 대상도 없이 아동 보호시설에서 보내야 했다. 우정은 그녀가 친구들에게 너무 많은 것을 기대했기 때문에 오래가지 못했고, 그렇지 않으면 학대받을 것을 두려워하며 갑자기 관계를 끊어 버렸다. 그렇게 그녀의 절망은 지속되었다.

감정의 차이

회복 탄력성이 부족한 아이는 자기 자신이나 다른 사람의 감정을 잘 분별하지 못한다. 그것은 혼란과 무능감을 느끼게 하고, 그로 인해 공격이나 철수 또는 두 성향이 동시에 나타난다. '짜증'에서 '격렬한 분노'까지 감정의 연속적 단계를 탐험해 보았지만, 그들은 매우 곤란해 하면서 '그냥 화난 거예요. 엄청 화가 나요'라고 반응하는 것이 고작이었다. 이 같은 상황에서 유용한 한 가지 방법이 감정 카드다(Hickson 2005). 카드마다 다른 감정을 보여 주는 캐릭터가 그려져 있고, 그것을 가지고 가볍게 카드 게임, 제스처 게임(한 사람이 하는 몸짓을 보고 그것이 나타내는 말을 알아맞히는 놀이), 마임 등을 할 수 있다. 자신의 감정을 '미세하게 조정'하지 못하는 아이들이 많은데, 그것은 엄마와 잘 조절된 애착을 경험하지 못했기 때문으로 짐작된다.

어떤 아이들은 고난을 이겨 내고 자신에게서 희망을 봄으로써 스트레스를 다루는 힘을 얻을 수 있다. 감시가 가장 엄중한 병원에서 만난 한 범죄자 집단이 생각난다. 한 회기에 각각 서너 명으로 구성된 네 모둠이 가면 작업을 했는데, 그들이 만든 전혀 다른 네 개의 가면은 마치 애착장애의 양상을 고루 보여 주는 듯했다. 나는 '현실보다 큰' 규모로 작업하면서 감정을 안전하게 표현할 수 있도록 커다란 가면을 사용한다. 다음은 그 작업을 돌아보면서 내가 정리한 '애착 가면'의 특징이다.

- **혼란스러운**: 피하주사기 눈썹, 맥주 캔 귀걸이, 콘돔 코, 지폐 이빨
- **양가적인**: 물음표, 눈물, 느낌표, 세로로 양분하여 한쪽에는 뿔, 다른 쪽에는 후광을 그림
- **불안정한**: '악의 종기'와 '인생의 상처'를 회색으로 칠함. 새로운 한 참여자가 한 줄기 희망의 빛이라 주장하며 눈 속에 노란색 동그라미

를 그림

- **불안한**: 어둠에서 빛으로, 혼돈에서 질서로 여러 국면을 통과하는 인생 여정 가면. 항상 난국을 지남

콘돔을 단 가면은 만드는 동안 왁자지껄 웃음을 자아냈지만, 구세군에서 한 여자가 방문하자 집단은 재빨리 그것을 숨기고 그녀가 갈 때까지 팔로 가렸다. 뿔과 후광 가면은 자아의 양면성을 보여 준 것이 흥미로웠지만 대립에 머물렀다. 하나에서 다른 하나로 이동하거나 움직이는 것에 대한 질문이 없었고, 물음표와 느낌표에서 더 나아가지 못했다. 음침한 회색 가면에 희망의 빛을 주장했던 사람은 살아남을 수 있을 것 같았다. '인생 여정 가면'을 만든 모둠은 변화를 위해 무엇이 필요한지를 알고 있었고, 그 여정을 마칠 수 있는 가능성을 보여 주었다. 앞선 회기에서 한 참여자는 나에게 '문제는 착해진다는 게 너무 지루하다는 겁니다'라고 말했다.

　지금까지 우리는 회복 탄력성의 개념과 그것이 초기 애착과 어떻게 관련되는지를 검토했다. 회복 탄력성이 있는 부모나 자신의 대응력을 통해 끔찍한 학대에서도 살아남은 아이들이 있는가 하면 그렇지 못한 경우가 있음을 보았다.

회복 탄력성과 공감

나는 회복 탄력성이 부족하고, 공감하지 못하며, 도전하고자 하는 마음도 거의 없는 사람들이 점차 증가하는 현상이 우리 사회에 끼치는 영향을 우려하지 않을 수 없다. 1장과 2장에서는 놀이적 애착의 중요성, 곧 감각 놀이, 리듬 놀이, 극적 놀이가 어떻게 유아에게 최초의 '극적 경험' – '가장'

의 반응을 주는지 설명했다. 엄마와 유아는 친밀하게, 마치 상대가 된 듯, 서로의 몸짓, 목소리, 표정을 따라 한다. 나는 그렇게 '타자'가 될 수 있는 힘이 공감을 가능하게 한다는 입장을 유지한다. 상대가 느끼는 것처럼 느낄 수 있으면 상대에 대한 우리의 행동이 어떤 결과를 가져올지도 알 수 있다. 그러므로 충분히 좋은 애착은 개인의 건강한 성장과 만족스러운 관계 형성뿐 아니라 더 일반적인 의미에서 공감으로 다른 사람과 관계 맺을 수 있는 능력에도 영향을 준다. 회복 탄력성이 부족한 아이는 공감하는 데도 큰 어려움이 있을 수 있다.

사람들이 어떻게 이웃과 가족과 잘 지내는지를 보여 주는 '리얼리티' TV 쇼가 크게 유행하고 있다. 거기서 시청자를 즐겁게 하는 것은 갈등과 폭력과 조롱이다. 누군가의 불편, 고통, 수치가 다른 사람의 오락거리가 되는 것이다. 사람들은 조롱당하는 사람이 재미있다고 여긴다. 내가 이 책을 쓸 때 나온 새로운 텔레비전 광고가 이를 잘 보여 준다. 그 광고에선 아이가 해변에서 수건으로 덮여 있는 구멍에 빠지자 그 부모가 이를 재미있어 한다.

역사적으로, 극장은 우리에게 오락과 학습을 모두 제공해 주었다. 우리는 거기서 귀족과 소작농, 잔혹성의 의미와 짝사랑의 결과를 탐구할 수 있었다. 극장(theatre)이라는 단어는 이론(theory)과 같은 어근을 가지고 있고, 그것은 '우리가 거기서 무언가를 배울 수 있음'을 의미한다. 고대 그리스인들은 사람들이 직접 행하지 않고도 극단적인 범죄와 폭력의 결과를 목격할 수 있기 때문에 (비록 무대 밖에서 벌어진 참극을 메신저에게 전해 듣는 방식이기는 하지만) 극장이 사회를 안정시킨다고 믿었다. 우리는 거리에서 서로 물고 뜯기보다 에우리피데스의 〈바쿠스의 시녀들(The Bachae)〉을 보면서 팔다리가 갈가리 찢긴 펜테우스의 목격자가 될 수 있다. 극장이 사회의 중심이 될 때, 극장은 관객과 연극 사이에 소위 말하는 '극적 거리'를 만든다. 이 거리 덕분에 우리는 (극을 통해) 표현되는 크고 종종 불편한 주제에 더 다가갈 수 있었다. 연극에는 대개 구조와 해결책이 있었다. 그러나 이즈음에 와서는 극장이 현저히 줄어들고 보조금도 해마다 감소하기 때문에, 남아 있는 극장도 상업화될 수밖에 없다. 극장이 국민의 정신 건강을 지키는 파수꾼이 아니라 소수의 사치품으로 전락하는 것이다.

시간과 장소의 붕괴와 훈련

전통적으로 관객에게 중요한 진실을 전하는 책임을 지는 것은 숙련된 전문 배우의 몫이었다. 그런데 요즘에는 '길거리'에서 경험 없는 사람을 뽑고, TV는 그들이 오디션 과정에서 겪는 고통을 오락적으로 소비한다. 이 모든 것이 리얼리티라는 미명 아래 진행되지만, 그것을 곧이곧대로 믿는 사람은 없다. 오락 잡지가 우리의 삶을 진실하게 담아내지 못하는 것과 마찬가지다.

　다음 예들은 생각과 행동 사이에 '만약 ~라면'이라는 가정이 결핍된 세태를 보여 준다. 대중매체에도, 거리에도 공감으로 이 같은 행동을 규제하는 장치가 없다.

- 조롱의 문화. 리얼리티 쇼, 고정 출연자들이 게임을 하는 프로그램, 광고 등은 서로를 바보로 만드는 어른을 일종의 역할 모델로 보여 준다. 동일한 경향을 요리 프로그램, 퀴즈 쇼, 유명인과의 대담에서도 볼 수 있다.
- 이기적 문화. 음식이나 초콜릿을 숨겨 두고 혼자 먹고 싶어 하는 어른들. 아이들은 좋아하는 치즈를 서로 나누어 먹지 않는다.
- 폭력적 언어문화. 슈퍼마켓 음식 판매대에서는 아무렇지도 않게 '집

어 가라'고 말하고, 어떤 튀김은 '잡동사니'라고 불린다. '고함'이라는 얼룩 제거제가 있는가 하면, 공항에서는 세일 품목에 '집고 날아 가시오'라고 적혀 있기도 하다.

- 자신에 대한 폭력 문화. 섭식 장애, 자해를 비롯해 또 다른 중독 행위가 증가하고 있다.
- 접촉 기피 문화. 아이나 어른 가릴 것 없이 건드리는 것을 참지 못하고, 쳐다만 보아도 그것을 위협으로 여긴다. 거리나 놀이터에서 실수로 부딪치면 '가만 두지 않겠어!' 하며 위협적으로 반응한다.
- 많은 학교가 학생에 대한 교사의 접촉을 금한다. 심지어 어깨를 토닥여 격려하거나 상처에 반창고를 붙여 주는 것도 그 같은 관점에서 보는 것이다.
- 모든 것이 지금 되어야 한다. 음식이나 물건 또는 상을 받는 것도 지금 당장이어야 한다.

이들 현상의 공통점이 무엇인가? 시간의 붕괴이다. 음식이든 생각하는 일이든 아무도 기다리지 못한다. 그리고 어떤 일이든 아무 데서나 일어날 수 있다는 식의 공간의 붕괴, 상호 존중과 관대함이 있었던 사회적 관계의 붕괴, 물건을 거머쥐고 지켜야 하는 데서 생긴 신뢰와 나눔의 붕괴. 얘기를 하다 보니 회복보다는 생존이 우리들 삶의 주제가 된 듯하다. 흥미로운 것은 우리 사회는 상당히 풍족하고 매우 훌륭한 건강 복지 제도와 교육 체제를 갖고 있음에도, 그것이 오히려 사람들로 하여금 생존에 목을 매도록 한다는 사실이다. 이는 아마도 사람들이 정서적으로 위협받고 있기 때문이 아닐까?

빵집 밖의 음식 재료는 기근이나 박탈에 대한 반응처럼 보이지만, 서구에서는 대체로 그처럼 극단적인 상황은 예견되지 않는다. 그렇다면 진짜 굶주림은 무엇인가? 거리의 아이들과 어른들에게 대체 어떤 일이 벌어지는 것인가?

확실히 우리는 감정적 굶주림의 문제를 다시 볼 필요가 있다. 보살핌과 지지를 받지 못했거나 학대와 방임을 당한 아이들은 결코 사라지지 않는 굶주림으로 고통 받는다. 그래서 그 허기를 음식, 마약, 술이나 약물로 채우려 한다. 신체적인 것으로 정서적인 것을 대신하려 하는 것이다. 애착의 원이 망가지거나 튼튼하게 안착되지 않으면 음식, 마약, 술로 고통을 회피하기 마련이다.

개인숭배가 사회적 관계를 대체하고 감정을 느끼기 위해 자해하는 것은 십대에게 가장 심하게 나타난다. 그렇지 않으면 우리는 물리적 폭력이나 심한 말과 조롱으로 다른 사람에게 고통을 가하는 갱처럼 굴기도 한다. 갱은 소속감과 애착을 제공함으로써 여러 측면에서 가족을 대신한다.

> 우리는 역설적이게도 서로 신뢰하는 관계가 담을 수 있는 **친밀감**과 극단적 행동과 폭력에 대하여 연극이 창출할 수 있는 거리를 모두 잃어버린 것 같다.

우리는 제한을 둠으로써 우리가 사회 집단으로 기능하게 해 주는 사회적 제의와 더 이상 접촉하지 않고 있다. 그리고 통제를 벗어날까 봐 상상 자체를 두려워하고 있다! 이런 맥락에서 나는 프로이트가 숨겨져 있던 문제를 다시 전면에 끌어냈다고 생각한다. 그가 주장하듯, 사람들이 성(性)을 두려워해서 연극과 회화로 승화시킨다는 것은 사실이 아니다. 오히려 사람들은 연극을 두려워하여 성으로 그것을 승화시킨다. 육체의 퍼포먼스는 무대에서 행해지는 퍼포먼스보다 다루기 쉽기 때문이다.

유아에 대한 친밀감과 신뢰는 양육자와의 관계에서 신체적으로 표현된다. 그리고 거리는 상징적 제의와 해당 집단의 문화와 신념과 가치가 반영된 연극 공연을 통해 표현된다.

사회의 기본 구조를 탐험할수록, 우리는 그것이 연극과 제의 그리고 놀이와 공연 등의 극적 행위를 둘러싸고 구축된다는 것을 알 수 있다. 우리는 갓난아기에게 극적으로 반응하고, 흉내 내기와 모방의 발달은 가장 놀이로 이어진다. 가장 놀이는 '마음의 연극'(Whitehead 2003)을 위해 꼭 필요하다. 하지만 '마음의 연극'을 하기 전에 먼저 몸의 연극(Jennings 2005a)이 있어야 한다. 그것은 1장과 5장에서 상세히 살펴본 바와 같이 대개 임신과 함께 시작되는 감정과 경험의 신체화라 할 수 있다.

그것은 몸의 연극 또는 임신과 출산의 연극이라고 불러야 마땅할 것이며, 지극히 본능적이고 극적인 요소는 삶의 필수 요건이다. 매카시(2007)는 '놀이 치료에 있어 신체 중심의 접근'을 이야기한다. 하지만 대부분의 놀이 치료는 접촉과 신체 활동을 포함하지 않거나 오히려 말린다. 그렇게 신체적 소통을 피하는 까닭은 무엇일까? 잘못된 이유로 몸을 멀리하는 것은 이 시대에 고민해야 할 주제다. 감각 놀이와 체현 놀이는 리듬 놀이 및 극적 놀이와 함께 NDP의 일부이다.

엄마와 아기의 극적 상호작용은 무조건적인 긍정적 관심(Maslow 2007)과 희망과 신뢰의 전달(Erikson 1965/1995) 그리고 초기 애착(Jennings 2007a)을 형성하는 감각 놀이, 리듬 놀이, 극적 놀이로 이뤄진다.

이것은 일단 시작되면 빠르게 상징적 놀이로 발달한다. 왜냐하면 유아는 이미 최초의 사회적 관계에서 극적 상상력을 사용하고 있기 때문이다. NDP는 태중에서의 놀이부터 일치 놀이, 메아리 놀이, 흉내 내기와 상징 놀이가 포함된 사회적 놀이까지 체현되는 연속체이다(1장 참조). 발달 과정에서 NDP를 충분히 경험한 아이는 가족과 사회 집단의 제의의 일부가 된다. 그리고 가족과 집단을 통해 그 문화에 체현된 관념과 가치가 전달되고 내재화된다. 우리는 사회 집단으로서 어울려 살아가며, 서로를 통해 삶을 경험한다(Whitehead 2003). 농담과 기억, 소문, 모험, 이야기, 질병을 공유하는 것이다.

그러나 요즘에는 취약한 젊은이들이 아기를 낳고 직장으로 돌아가는 경우가 많아져서, 이런 것들이 위협받고 있다. 치료를 '안이한 선택'으로 몰아붙이며 신병 훈련소로 돌아가야 한다고 목소리를 높이는 사람들도 있다. 예술 전반과 그중에서도 특히 연극은 주변부에 위치한다. 그럼에도 그들이 금세 예술 치료로 돌아오는 것은 아이러니가 아닐 수 없다! 우리는 지금까지 균열을 방지하기보다 부서진 것을 땜질하는 데 더 관심을 두었고, 그러므로 이제 치료적 개입보다 예방적 접근에 눈을 돌려야 할 때가 되었다.

우리 시대의 사회적 상황이 아이들의 회복 탄력성에 영향을 주어 왔다. 초기 애착을 통해 형성되는 신뢰가 개인, 가족, 집단에 주어지는 새로운 기대로 인해 약화되고 훼방을 받고 있다. 그러나 사랑하고 사랑 받는 능력은 확실히 회복 탄력성과 공감의 발달을 기반으로 한다.

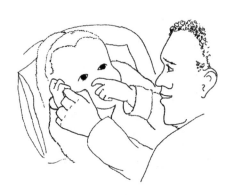

신경극놀이는 유아의 회복 탄력성과 공감력의 성장에 핵심적이다. 더구나 우리는 처벌받지 않는 심한 폭력이 증가하는 사회에 살고 있기 때문에, 이것이 훨씬 더 긴급하다. 또한 '인스턴트' 사회는 더 많은 욕구와 탐욕을 유발하기에 충분한 만족에 도달하기가 어렵다는 것을 다시 배울 필요가 있다.

신경극놀이는 다음 문제를 다루는 데 적용할 수 있다.

- 사회의 언어가 전보다 폭력적이고 이기적으로 바뀌고 있다.
- 여러 학교에서 학교 폭력 예방과 치료 프로그램을 실행하고 교사들에게 필수 교육을 제공함에도 불구하고 학교 폭력이 줄지 않고 있다 (Hickson 2009).
- 광고를 비롯한 대중매체가 나눔 대신 이기심을 전한다.
- 공감과 그것이 엄마와의 애착 관계에서 발달하는 과정에 대한 이해가 부족하다.
- '만약 ~라면' 개념을 구축함으로써 청소년의 공감 결핍 현상을 변화시킬 수 있다.
- 평화를 위한 이야기와 권한 부여의 연극으로써 현재에 도전할 수 있다.

이 장에서는 신경극놀이의 이론과 실제를 살펴보았다. 우리는 이제 신경극놀이가 애착 욕구, 학습 장애, 그리고 접근이 힘든 십대의 지속적인 스트레스를 포함한 광범한 상황에서 어떻게 적용되는지 볼 것이다.

NDP와 애착 욕구가 있는 아동

나는 그를 본다, 그가 나를 보기를 바라면서,
그가 나만 바라본다면 어떨까 궁금해 하며,
또 그렇게 되기를 꿈꾸며.
그의 눈을 깊게 응시하니 그 속으로 떨어질 것 같다,
그러나 이 끝없는 구렁의 바닥까지 떨어진다면,
더 이상 고통은 없을 것이다. (Rabisa 2008)

개관

앞서 NDP의 개념과 전반적 이론 그리고 아동의 발달 과정에서 그것이 얼마나 필수적인지를 살펴보았다. 이 장에서는 NDP 개념의 근거를 보다 상세하게 발전시키고, 그것이 신경과학, 생물학, 부인과학, 심리학과 아동 발달 이론의 관점에서 어떻게 이해될 수 있는지를 논할 것이다.

NDP와 EPR 발달

NDP는 임신부터 출생 직후 6개월에 초점을 둔다. 일부 학자들(예로 Odent 2001)은 첫 1년이 아동 발달의 결정적 시기라고 주장한다. 나는 생후 6개월까지가 감각 놀이, 리듬 놀이, 극적 놀이의 NDP를 위한 시기임을 명확히 하고자 한다. 물론 나도 첫 두 해가 매우 중요하지만 질적으로는 다르다고 생각한다. 예를 들어, 1장에서 자세히 설명한 바와 같이, 생후 6개월 즈음에 NDP에서 EPR로의 진입이 일어난다. 6개월에서 7개월로 넘어가면서 유아에게는 그들의 우주 속에서 보다 넓은 세계와 타자를 인식하게 되는 특정한 변화가 나타난다.

이 책의 뒷부분에서는 아동과 청소년에게 NDP를 적용할 수 있는 다양한 맥락과 교사, 치료사, 위탁모를 포함한 보육사들에게 어떤 새로운 훈련이 필요한지를 살펴볼 것이다. 그것은 치료의 형식으로 애착을 중요하게 다뤄야 한다고 주장하는 것보다 근본적인 것이다. 곧 애착의 토대가되는 기본 개념에 대한 이해로서, 관계와 두뇌를 모두 조형하는 구체적인 놀이 형식과 관련된다.

아동의 진짜 욕구

많은 치료사들이 감각 놀이, 리듬 놀이, 극적 놀이를 '하지' 않는다. 그들은 아동의 심장박동에서 시작해 리듬과 북을 치는 활동으로 넘어간다는 아이디어에 놀랄 것이다. 치료사들은 대개 '아동의 관점을 따르는' 방식으로 작업하며, 그 밖의 다른 방식의 개입은 '지시적'으로 간주한다. 그러나 정말 아동을 중심으로 한 접근을 위해서는 아동의 진짜 욕구에 접근해야하며, 그러자면 다중 모델의 접근 방식을 취할 필요가 있다. 예술 치료는 아동과 놀이치료사가 함께 작업할 수 있을 뿐 아니라 적절한 '애착 역할'을 모델링하는 행동적 개입 형식을 제공한다. 나는 스스로 비지시적이라 말하는 치료사들이 시간과 공간의 측면에서 극히 통제적이라는 점 그리고 '폐쇄 순환' 트레이닝 공식을 기반으로 한 해석을 가하는 것 역시 매우 위압적이라는 점을 지적하지 않을 수 없다. 앨리스 밀러(Alice Miller 1992)는 거기서 벗어나 자녀 교육이 아동에게 미치는 영향에 주목했다.

> 나쁜 의도를 가지고 세상에 태어나는 사람은 없다. 오히려 삶을 살아내고, 사랑하고 사랑받고자 하는 뚜렷하고, 강력하며, 확고한 욕구와 함께 세상에 나온다. 그러나 아이가 사랑과 진실 대신 미움과 거짓을 만난다면, 보호와 돌봄 대신 학대를 당한다면, 그 무지와 사악함에 맞서 자신을 지키기 위해 고함치고 분노할 수 있어야 한다. (1992, p. 155)

존 볼비는 아동의 환상보다는 실제적인 애착 경험을 강조했고, 특히 시설에서 자란 아동에게 관심을 두었다. 그는 일반 가정에서 자란 아이와 시설에서 자란 아이가 발달 초기에 내는 소리를 비교한 연구를 검토했다.

> 유아의 옹알이와 울음소리에 대한 매우 주의 깊은 한 연구에 따르면, 태어나서 6개월까지 고아원에서 자란 아기들이 가정에서 자란 아기들에 비해 목소리의 강도가 떨어지며, 그 차이는 2개월이 되기 전부터 뚜렷하게 식별할 수 있다. 이 '말하기'에서의 뒤떨어짐은 전 연령대의 시설 아동에게서 특징적으로 관찰된다. (Bowlby 1965, p. 23)

나는 신생아의 놀이 경험 박탈과 관련하여 진정한 애착 욕구와 그것이 '메아리 놀이'를 포함한 놀이 개입을 통해 회복되는 과정에 관심이 있다. 메아리 놀이는 아기가 무엇을 하고 있는지 감지하고 그것을 움직임과 소리를 통해 반영하려고 애쓰는 임신 기간에 시작된다.

임신은 애착의 진정한 드라마가 펼쳐질 출산이라는 연극을 향해 다가가는 리허설과도 같다. 거기에는 엄마와 아기라는 두 인물이 있다.

치료사들은 애착 욕구가 있는 아동을 대상으로 할 때는 특정한 심리학적 신념 체계의 도그마를 고집하기보다 좀 더 유연하게 접근할 필요가 있다. 가령 섭식 장애를 포함한 자해의 사이클에 갇힌 아동은, 치료적 개입이 없다면, 악순환에서 벗어나기 힘들 것이다. 많은 치료사가 예후가 좋지 않다는 이유로 섭식 장애 참여자와의 작업을 꺼린다. 미술치료사인 오세 민데(Åse Minde)는 드물게도 섭식 장애 참여자와 장기 작업을 진행했다(Jennings and Minde 1993). 미술과 놀이 치료는 변형과 변화를 가져올 수 있는 기법과 과정을 통합할 수 있다. 그것은 여전히 아동 중심적 접근법이지만, 초기 애착 관계의 섬세한 조율과 감수성을 요한다. 이 것은 '안내하는 사람-동행하는 사람-따르는 사람'의 관계를 이해할 수 있게 해 준다. 긍정적 변화를 촉진하기 위해서는 교사, 보호자, 치료사의 공감적 접근이 필요하다. 이에 대해서는 12장에서 보다 자세히 논의할 것이다.

우리는 또한 아동의 양육에 최우선의 관심을 기울이는 것에 항상 지지적이지 않은 우리 사회의 문화를 고려해야 한다. 1969년에 존 볼비는 이 렇게 말했다.

수년 동안 정신 질환의 발병에 있어 초기 아동기의 경험이 상당한 영향을 미친다는 믿음이 강화되어 왔다. 그럼에도 불구하고 그 가설은 항상 첨예한 논쟁의 대상이었다. 일부는 그 가설이 잘못되었으며, 정신 질환은 초기 아동기가 아닌 다른 데 원인이 있다고 주장했다. 뿐만 아니라 그 가설을 지지하는 사람들조차 정확한 관련 시기를 6~7세경으로 한

정한다. (Bowlby 1989/2005, p. 97)

볼비는 신경과학자들이 유아의 뇌 발달과 성장을 위한 양육의 중요성에 관심을 가지고 폭발적으로 연구하기 이전에 이미 그에 대해 정확하게 기술했다. 그의 접근법은 생물학과 인류학에 기반을 두며, 그는 인간뿐 아니라 포유동물은 모두 출산과 함께 애착의 기제를 발동시킨다고 주장한다. 볼비는 병원에 와서 부모와 분리될 때 아동이 느끼는 스트레스를 보여 주는 몇 편의 영화를 찍었다(Holmes 1993에서 보다 자세히 논의됨). 그리고 사랑하는 사람과 분리되었을 때 자신이 어떤 스트레스를 느꼈는지 고백한다. 그의 초기 저작은 아동의 환상이 아니라 실제 경험을 논한 데 반감을 느낀 정신분석가들뿐 아니라, 엄마의 보살핌에 대한 강조를 여성 해방에 대한 모욕으로 간주한 초기 여성주의자들의 격분을 불러일으켰다. 그 결과, 많은 여성이 일을 놓을 수 없어 아이를 돌보지 못하는 것에 대해 죄책감을 느꼈다.

애착의 춤

위니콧(1965)의 글 또한 애착의 이해에 중요한 영향을 미쳤다(2장 참조). 그는 '충분히 좋은 엄마'라는 표현을 사용함으로써 완벽하지 않아서 무력감을 느끼는 많은 엄마들의 마음을 어루만져 주었다. 위니콧은 또한 '일차 모성 집착(primary maternal preoccupation)'과 아동의 건강한 발달을 위해 그것이 중요함을 설명했다. 나는 그 초기의 상호작용을 엄마와 아기의 춤에 비유한다.

> 엄마는 갓 태어난 아기와 함께 춤을 춘다. 엄마와 아기는 번갈아 가며 춤을 이끌고, 그렇게 하면서 서로에게 놀이적으로 반응한다.

엄마와 아기의 관계는 누가 누구에게 일방적으로 의존하지 않고 상호적이어서 금세 순서 바꾸기가 일어난다. 엄마와 아기는 서로에게 의지하며, 감각 놀이, 리듬 놀이, 극적 놀이를 함께 반복하는 것을 즐긴다. 두 사람은 점차 새로운 상호작용을 이끌어 내면서 놀이를 정교하게 만들어 간다. 좋아하는 이야기를 몇 번이고 반복할 수도 있다. 이 모든 것이 한편으로는 아동에게 예측 가능성을 제공하고, 또 다른 측면에서는 흥미로운 새로운 자극이 되기도 한다.

나는 일부 이론가들이 주장하듯(Raphael-Leff 2001) 이 놀이성을 엄마의 퇴행이라 보지 않는다. 엄마는 아동의 놀이성과 욕구에 맞춰 조율하는 것이며, 그때 엄마 자신의 놀이성이 엄마를 이끌고, 또 그것이 아기의 놀이성의 발달을 촉진하여 엄마를 이끌도록 한다. 이 같은 엄마와 아기의 춤은 아동의 뇌와 신체 발달뿐 아니라 장래의 사회적 관계에 지대한 영향을 미친다.

신경과학은 엄마와 아기의 관계가 뇌 발달에 근본적인 영향을 줄 뿐 아니라, 애착의 생물학과 화학물질의 분비가 모두 애착의 통합 모델에 기여함을 이해할 수 있게 해 주었다. 「유대감의 신경화학」이라는 장에서, 코졸리노는 이 복합적인 과정을 매우 시적으로 표현한다.

> 엄마와 아이의 유대감의 기저에 있는 신경화학은 매우 복합적이다. 따뜻하고 행복한 느낌. 안고 어루만지고 보살피고자 하는 욕망. 분리의 고통과 재결합의 기쁨과 흥분이 모두 신경화학적 상관물을 가지며, 그

것이 우리로 하여금 그 같은 경이로운 감정을 경험하게 해 준다. 엄마-아동의 상호작용은 생화학적 연속을 통해 옥시토신, 프로락틴, 엔돌핀, 도파민의 분비를 자극하며, 그것이 긍정적이고 보상적인 감정을 느끼게 한다. (Cozolino 2002, p. 176)

스트레스와 불안의 유해한 영향

이 같은 '기분 좋은' 화학물질이 분비되지 않고, 엄마-아기 관계에 불안과 스트레스가 있을 때는 코르티솔과 같은 '기분 나쁜' 화학물질이 분비되고, 그것이 반복되어 상당한 양이 되면 유해한 영향을 미치게 된다(4장 참고). 그것은 엄마와 아기가 함께 놀이성을 확장하는 대신 부정적인 상호작용의 사이클을 시작할 경우에 나타날 수 있다. 아기는 엄마가 원하는 대로 반응하지 않고, 그래서 엄마는 거부당한 기분을 느끼며 노력을 포기한다. 아기는 눈 맞춤이 일어나지 않으면 혼란과 스트레스를 경험한다. 그리고 침대에서 일으켜 안아 달라고 울기 시작할 것이다. 엄마는 아기가 괴물처럼 느껴진다. 긍정적인 감정과 기술을 강화하기 위해서는 엄마에게 정말로 도움이 필요하다. 첫 6개월은 매우 결정적인 시기이며, 힘든 엄마는 숙련된 어른을 통해 역량을 강화할 필요가 있다.

> 첫 6개월이 고통스러운 과정이 되면, 그 손상을 회복하는 데는 상당히 오랜 시간이 소요될 것이다.

그러므로 4세 이전 곧 결정적 시기가 지나기 전에 입양된 아기가 새로운 애착 관계에 적응하기 위해서는 당연히 양부모가 일관되고 지지적인 환경을 제공할 수 있어야 한다. 입양된 아기의 코르티솔 수준은 새로운 애착 관계 속에서 의미 있게 감소한다. 이 연구는 루마니아 고아를 대상으로(Chisholm et al. 1995), 고아원에서부터 아동의 발달 경로를 관찰했다. 한 집단은 아주 어린 아기일 때 입양되었고, 다른 집단은 좀 더 자란 뒤에 입양되었다.

부모와 보육사를 위한 책에서, 선더랜드(2006)는 출생 시에 아동의 뇌 발달이 완결되지 않으며, 따라서 긍정적이거나 부정적인 방식으로 '조형'될 수 있음을 밝혔다. 그녀는 우리가 '뇌를 돌보는' 방식을 논하면서 아동 발달에 부모가 미치는 거대한 영향력에 주목하게 했다.

> 아기가 부모와 함께한 모든 경험이 후에 아기의 발달한 뇌에서 세포들 사이의 연결을 구축할 것이다. 인간의 두뇌는 특별히 이런 방식으로 디자인된다. 그럼으로써 특정한 환경에 적응하게 된다. 적응성은 아동의 안녕에 도움이 되게 작용할 수도 있고 그렇지 않을 수도 있다. 예를 들어, 학대 부모를 둔 아동은 위협적인 세상에서 사는 데 적응하기 시작할 것이며, 그에 따라 뇌 구조와 화학 체계에 변화가 나타나게 되고, 그것은 곧 파충류 뇌의 층위에서 과도한 경계, 높은 공격성, 공포 반응 혹은 공격/방어 자극의 과도한 활성화로 이어질 것이다. (Sunderland 2006, p. 22)

현재 아동 발달에 대한 이론은 그 기반을 신경과학이나 생물학, 놀이나 심리학 어디에 두든지 상관없이 모두 출생 이후에 전개되는 결정적 시기에 주목한다. 본성이냐 환경이냐를 더 이상 나눌 필요가 없다. 하나가 다른 하나를 자극하고 영향을 미친다. 드디어 우리는 애착 욕구로 위기에 처한 아동을 대상으로 하는 우리의 작업을 섬세하게 조율하기 위해 접근법을 통합하기 시작한다.

재애착은 가능한가?

그렇다면 애착 욕구란 무엇인가? 또 재애착은 가능한가? 변화의 주체는 치료사나 교사 혹은 새로운 입양모인가? 입양에 대해서는 8장에서 논할 것이다. 여기서는 아동의 정신 건강에 차이를 만들어 내는 일상적 욕구를 살펴보고자 한다. 분노에 차 있거나 두려움이 많거나 우울한 가족과 사는 혹은 아예 가족이 없는 상태에서 신경극놀이를 어떻게 적용할 수 있는가?

　부모와 대화할 기회가 있다면 부모 역시 어린 시절에 학교 공부나 친구 관계 혹은 사랑과 돌봄을 주고받는 것에서 어려움을 경험했음을 알게 될 것이다. 그들은 스스로 비교하면서, '음, 난 늘 내성적인 편이었어'라거나 '걔네 아빠는 약간 사내아이 같았어. 그래서 별로 무섭지 않아'라고 말할 것이다. 삶이 다를 수 있음을 받아들이는 것은 누구에게나 쉽지 않다. 가족의 경우, 일반적으로 교사이거나 사회복지사이거나 경찰인 외부자가 비판적이고 방해하는 존재로 간주된다.

　놀이치료사나 놀이 전문가는 의사가 수술을 통해 그렇게 하듯 차이를 만들어 낼 수 있으며, 그 편이 정신병원에 가는 것보다 낙인을 덜 남길 수 있을 것이다. 대안적으로는 학교나 유치원 혹은 보호시설에서 그런 기회를 가질 수도 있다. 나는 보통 엄마와 준비 회기를 갖고, 엄마와 아동이 함께하는 단계를 거친 다음 다시 엄마와, 그런 후에 아동과, 그리고 마지막으로 아동과 엄마와 함께하는 회기를 진행한다. 상황에 따라서는 — 첫 회기와 마지막 회기 혹은 더 바란다면 가능할 때마다 — 아버지도 참여할 수 있다. 그때는 먼저 엄마의 욕구에 초점을 두면서 관점을 전환할 필요가 있다. 그렇게 함으로써 관심이 일제히 아기에게 쏟아지는 상황에서 엄마가 질투를 느끼는 대신 모두의 욕구가 충족될 수 있다.

이에 대해서는 다음 장에서 좀 더 자세하게 설명할 것이다. 동등한 어른 혹은 동등한 부모로서 엄마나 보육사에게 관심을 갖는 것은 정말로 중요하다. 실패감을 느끼는 엄마에게는 든든한 격려가 필요하다. 엄마가 아기를 돌보지 않는다면 그것은 제대로 된 것을 한 번도 가져본 적 없는 데서 오는 감정을 감추고 있는 것일 수 있다. 여기서 말하려는 것은 치료적 개입이 아니라 멘토링이나 친구가 되어 주는 것에 가깝다. 사는 얘기를 나누다가 대화가 아기에 관한 것으로 진전될 수 있고 더 나아가면 엄마나 보육사의 어린 시절을 적절하게 접촉하게 해 줄 수도 있다. 자녀에 대한 애착에 어려움을 겪는 부모는 일반적으로 어린 시절에 유사한 경험을 한 경우가 많다. 애착의 문제는 그래서 몇 대를 거슬러 올라갈 수도 있다. 또한 배우자를 선택하는 데도 일정 정도 충족되지 못한 애착 욕구가 작용한다고 가정할 수 있으며, 때로는 현재의 애착 욕구를 만족시키기 위해 아이를 선택하기도 한다. 극단적이지 않은 한 그런 선택이 반드시 부정적인 결과로 이어지는 것은 아니다.

페니 이야기

페니는 오랫동안 아기를 갖고 싶어 했다. 그녀의 엄마는 전업 작가였고, 아버지는 늘 멀리 있어서 어린 시절 내내 부모와 '소원한' 채로 지냈다. 게다가 그녀는 외동이었고 몹시 외로움을 탔다. 11살 때 상류층이 다니는 사립 기숙학교에 입학했지만, 거의 입을 떼지 않고 지냈다. 도서관에서 책을 읽거나 학교 부속 유치원에서 자원봉사를 했고, 운동은 가능한 피했으며, 웬만한 것들은 그냥 지나쳤다. 부모는 그녀가 의사인 키스를 만나 결혼했을 때 매우 흡족해했다. 부부는 둘 다 아이를 원했지만 생기지 않았고, 낙심한 페니는 불임 치료를 받겠다고 고집했다. 임신을 위해 1년 넘도록 시술을 받는 동안 페니는 날짜와 주기를 셈하고 체온을 재는 것 외에 어떤 것도 생각할 수 없었으며, 키스는 천천히 홍미를 잃게 되었다. 남편은 임신에 만족했지만, 그것은 아내를 사로잡았던 것으로부터 놓여난 안도감에 가까웠다. 임신 기간 내내 그리고 출산 후에도 페니의 관심사는 오직 아기의 안전뿐이었다. 딸이 태어난 후에는 뭔가 잘못될지 모른다는 그녀의 불안이 남편의 마음을 가정에서 떠나게 했다. 그러나 그녀는 그것을 잘 알아차리지 못했다. 폴리라 이름 지은 딸만이 그녀의 삶에 유일한 중심이 되었다. 운 좋게도 예민한 의사 덕분에 페니의 아기는 발달 진단을 받을 수 있었고, 그 결과 기능 수준이 일반적인 기준에 훨씬 못 미치는 상태임을 발견하게 되었다. 페니는 돌이 가까워 오는 아이를 여전히 몇 개월 안 된 아기처럼 다루었다. 숨 막히는 애착이 말 그대로 아기의 성장을 저해하고 있었다. 페니와 아기는 매우 섬세한 연극치료사와 애착 작업을 진행했고, 그 덕분에 페니는 자신의 애착 욕구를 살피면서 폴리에게 사회적 발달을 허용하는 것의 중요성과 자신의 시야를 확장해야 할 필요를 알아차렸다. 페니는 기숙사에서 그랬던 것처럼, 가장 놀이에 능숙하게 되었다. 후에 키스와 페니는 화해를 했고, 그는 그녀의 자유로운 성장에 중요한 인물이 되었다.

이 사례는 매우 홍미롭다. 우리는 페니가 딸에게 자신과 비슷한 이름을 지어 준 데서 그녀의 동일시 정도를 엿볼 수 있다. 아기에게 모든 관심이 집중되는 초기 단계에 마치 폴리가 페니가 된 것처럼 말이다. 그러나 그녀는 그것을 반대로 뒤집지 못했다. 메아리 놀이가 없었던 것이다. 페니가 아기에게 '기분 좋은 유아기'를 넘어 성장할 수 있는 기회를 주지 않았을 때 어려움이 시작되었다. 페니는 출산 과정에서도 죽을까 봐 너무나 두려워했고, 아기가 자라자 종국에는 자신을 떠나 또다시 혼자 남겨질까 봐 두려워하는 것이다.

유기와 상실에 대한 이 두려움은 몇 사람의 오페어,[1] 방과 후 아이 돌보미, 기숙사를 거치며 성장한 페니의 어린 시절과 관련된다. 임신을 하자 그녀는 어린 시절의 감정을 아기에게 투사했고, 그들은 다른 어른이 끼어들 틈이 없는 일대일 관계로서 모녀가 한 쌍을 이루었다. 페니와 키스 사이에는 상호적인 성인의 관계가 들어설 여지가 사라진 것이다. 그녀는 번갈아 가며 엄마와 아기가 되었고, 때로는 페니와 폴리 중 누가 어른인지를 구별하기가 힘들기도 했다.

페니의 두려움은 실제였고, 어린 시절에 경험한 버림받음의 감정이 재연될 것이 분명했다. 엄마로서도 거절당할 것이고, 아이로서도 거부당할 것이다. 그녀 내면의 엄마와 아이는 그만큼 너무나 취약했다. 그녀에게는 충분히 좋은 엄마의 '역할 모델'이 전혀 없었고, 발달 과정에 대한 감도 없었다. 더구나 한 번도 충분한 사랑과 돌봄을 받아 보지 못한 그녀의 내면 아이는 지속적인 공포와 미해결 과제가 산적한 상태에 놓여 있었다.

1. 외국 가정에 입주해 아이 돌보기 등의 집안일을 하고 약간의 보수를 받으면서 언어를 배우는 사람으로, 보통 젊은 여성이 많다.

출산 직후

신경극놀이에서 나는 임신 기간과 생후 6개월에 관심을 갖되 출산 직후를 더 눈여겨본다. 이때는 간호사가 아기를 데려가면서 엄마가 쉬어야 한다고 말할 수도 있다! 최근에는 점점 더 많은 병원에서 엄마가 아기를 낳자마자 즉시 안고 친밀한 근접성을 유지하도록 한다. 애착 이론가와 신경과학자는 모두 초기 애착의 중요성을 소리 높여 말하지만, 출산 직후 몇 시간 동안 무슨 일이 일어나는지에 관해서는 서로 일치하지 않는 다양한 이론과 전통적 관습이 있다.

오덴트(2001)는 동서양을 막론한 여러 문화권에서 초기 애착의 시기를 어떻게 방해하는지 꼬집는다. 그리고 그렇게 하는 까닭이 의젓한 어린이와 종국에는 좀 더 공격적인 어른을 만들려는 것이라고 주장한다.

> 현재까지, 대다수의 사회에서는 자연의 사랑을 포함하여 사랑의 능력의 여러 양상을 조정하고 통제하는 것과 공격성의 인간적 잠재력을 계발하는 것을 권할 만한 일로 여겨 왔다. 공격성을 키우고 삶을 파괴하고자 하는 욕구가 커질수록, 출산을 둘러싼 의식과 문화적 신념은 더욱 거세게 자연스러움을 방해한다. (Odent 2001, p. 28)

오덴트는 실제로는 아기가 생후 한 시간 내에 본능적으로 엄마의 젖가슴을 찾지만, 많은 사람들이 초유가 아기에게 해롭다고 믿는 것을 예로 든다. 생물학적으로 우리는 초유가 귀하고 위생적임을 알고 있음에도, 역사적으로는 분만 후 혈액과 뒤섞여 오염될 수 있는 가능성 때문에 위험하다고 간주된다. 유동물의 분비가 멈추어 엄마가 '정화'되기 전까지는 수유를 금하기도 하며, 그 밖에 아기를 엄마에게 데려다주기 전에 완벽하게 씻기고 체중을 재고 필요한 검사를 해야 한다고 고집하는 경우도 있다.

병원 분만은 그 자체로 침해적이고 잠정적으로 감염 가능성이 있는 환경에서 이루어진다. 그러나 엄마들은 일반적으로 집에서 분만하는 것을 꿈도 꾸지 않는다. '그러다가 잘못되면 어떻게 해?' '병원에 있는 게 더 안전해,' '무슨 일이 생기면 절대 날 용서할 수 없을 거야.' 나는 다른 책에서 특히 출산과 임신 치료와 관련하여 의사-환자의 의존에 대해 쓴 적이 있다(Jennings 2004). 여기서는 그에 관한 이야기는 생략하고, 애착 과정이 진행되도록 애쓰는 엄마에게 장애가 될 수 있는 것에 초점을 맞추려고 한다. 취약한 상태에 있는 사람들에게 미치는 전문가의 영향력을 기억한다면, 엄마가 수유를 포기하고 아기를 다른 사람에게 넘겨주고는 '충분히 좋은 엄마'로서 자신의 역할을 회의하게 되는 것이 정말 문제없는지 다시 물을 일이다.

애착 행동의 패턴과 신경극놀이 개입

우리는 앞서 주목할 필요가 있는 애착 행동의 몇 가지 패턴을 살펴보았다. 회피적이거나, 양면적이거나, 혼란스러운 애착. 우리는 이 모두를 '불안정 애착'의 우산 아래 묶을 수 있다. 우리가 '충분히 좋은 애착'을 말할 때, 그것은 엄마나 주 양육자와의 애착이 안정적인 것을 말한다. 안정적 애착이 와해되거나 형성되지 않았을 때, 우리는 그것을 어느 정도까지 복구할 수 있는지 살필 필요가 있다. 여러 학파가 애착의 회복에 대한 다양한 가설을 펼친다. 정신분석적 접근에서는 전이 관계를 촉진하여 내담자가 부모에게 느꼈던 환상과 감정을 치료사에게 투사하도록 한다.

그러나 나는 이 과정이 무계획적이고 심하면 위험할 수 있다고 한 밀러(1990)의 주장에 동의한다. 그녀는 다음과 같이 명료하게 말한다.

환자와 자기 안에 갇혀 있는 정신분석 전문가들은, 몇 년 동안 내가 그랬듯이, 지식의 진보로부터 단절되어 있어서, 어린 시절에 접근하는 위험하지 않고, 혼란스럽지 않으며, 무책임하거나, 파편적이거나, 우연적이지도 않은(불행하게도 그와 같은 일이 심심치 않게 벌어지듯이), 오히려 그와 반대로 포괄적이고, 체계적이며, 명료하고, 유용하며, 매우 진실한 방법이 이미 있음을 알지 못한다. (Miller 1990, p. viii)

나는 장기 의존 관계가 아동을 반드시 성장시키지는 않는다고 생각한다. 가만히 앉아 성찰하기보다 아이들과 상호작용하는 사람으로서, 나는 상호적인 놀이가 역동의 핵심에 근접할 뿐 아니라 놀이 활동 자체를 통해 회복의 기회를 마련한다고 느낀다. 신경극놀이의 원리는 유아기에 실행되지 않은 과정을 직접적인 방식으로 다룬다.

많은 아이들이 매우 골치 아픈 감정을 느낀다. 그들은 엉망진창인데다, 그런 상태가 영원히 지속될 것처럼 보인다. 그들은 학교와 집에서 엄청난 혼란을 야기한다. 어떤 것도 그들을 담아내지 못하며, 그들은 도처에 혼란을 흩뿌리고 다니는 듯하다.

아동은 혼돈스러운 경험을 신체적으로나 투사적으로 혹은 극적으로 표현할 수 있다. 예를 들어, 물리적 파괴나 신체적 공격이나 자해(체현), 진흙 반죽 주무르기, 그라피티, 불 지르기, 자기 그림 망가뜨리기(투사), 악당이나 피해자나 파괴자 역할을 연기하기(역할)(Jennings 1998). 그들은 EPR 발달의 어느 한 국면에 고착되어 그것을 파괴적으로 사용한다.

이들은 일관적이지 않은 양육, 사랑과 무시를 시계추처럼 오가는 것, '안아 주기'(신체 경계를 제공하는)의 부족, 아기의 뺨이나 손가락을 꼬집으며 지나치게 거칠게 놀아 주는 것, 자장가를 지나치게 크게 부르는 것, 쿡쿡 찌르기 등을 겪었을 수 있다. 그들은 흔히 놀이방에서 매우 혼란스럽게 논다. 놀이에서는 '메아리 놀이' 접근을 통해 부정적인 놀이를 새로운 놀이 활동(Landreth 2002에서 개발된)으로 변형할 수 있다. 우리가 이미 알고 있다시피 메아리 놀이는 엄마와 신생아 사이에서 초기에 일어난다. 예를 들면 이렇다.

체현:
- 비슷한 신체 활동을 주고받는다('나에게 공을 던지면 내가 그걸 다시 던질 거야')
- 한계를 정한다('공을 갖고 놀아도 다른 아이들을 다치게 하면 안 돼')
- 새로운 신체 활동으로 변형한다('내가 골키퍼가 될 테니 넌 공을 차라')

투사:
- 비슷한 투사 활동을 주고받는다(허용되는 장소에서 물감 속을 철벅거리며 걷는다)
- 종이나 공간의 한계를 지정한다('이 벽은 그라피티 벽이고, 나머지는 교회 벽이야')
- 새로운 투사나 미술 활동으로 변형한다('큰 붓으로 스퀴글 게임[2] 해 본

적 있니?')

역할:

- 비슷한 역할 활동을 주고받는다('네가 화난 왕이면, 나는 절대 말을 하지 않는 여왕이 될게')
- 역할 활동에 경계를 부여한다('왕이 되는 것은 좋은데 신하를 정말로 때리면 안 돼')
- 새로운 역할이나 드라마 활동으로 변형한다('왕은 혼자 있을 때 무슨 생각을 할까?')

아동이 놀이에서 감각적 요소를 경험할 수 있도록 가능한 많은 기회를 부여하는 것이 좋다. 체현 작업에는 간단한 마사지가 포함될 수 있다. 손가락 그림은 투사 작업에 유용할 수 있으며, 역할 작업을 위한 의상에는 벨벳과 그 밖의 촉감이 뚜렷한 천을 준비하는 것이 좋다.

우리는 손상을 입은 아동이 혼란스러운 감정을 표현하는 방식을 살펴보았다. 그리고 그것과 침해적이거나 방임적이거나 혼란스러운 애착이 어떻게 관련되는지를 검토했다. 그런데 손상을 입은 아이들 중에는 엉망진창을 만들지 못하고 혼돈이 전혀 없는 듯 보이려고 애쓰는 경우가 있다. 그들은 매우 조심스럽고 순응적으로 행동해서 눈에 잘 띄지 않으며, 집이나 학교에서 뛰어난 조력자 역할을 할 수 있다. 그러나 애착을 회피하면서 감정을 느끼면 위험에 빠질까 봐 두려워하며 '완전히 차단'하곤 한다.

---

2. 도널드 위니콧이 아동을 진단하고 치료하기 위해 만든 게임이다. 아무 형식 없이 한 사람이 먼저 아무렇게나 그리면 거기에 다른 사람이 선이나 면을 그려 넣어 의미 있는 것을 만들어 내는데, 이를 통해 위니콧은 아이들을 자연스럽게 무의식으로 이끌 수 있었다고 한다(『그림놀이를 통한 어린이 심리치료』 참고).

'차단' 아동은 다음과 같은 상황과 관련이 있을 수 있다. 오랫동안 제대로 된 돌봄을 받지 못하고 방치되었거나, 어른들의 예측할 수 없는 행동을 목격했거나, 가족 내에서 성인의 역할을 맡고 있을 수 있다. 성적 학대를 당한 아동은 흔한 방어기제로 감정을 차단하는데, 그것은 피해 경험을 비밀로 하도록 지시받았기 때문이다. 아이들은 또한 부모의 죽음이나 이혼 또는 질환을 자기 탓으로 돌릴 때 감정을 차단한다.

차단함으로써 혼돈을 막으려 하는 아동은 가장 구조를 갖춘 놀이 경험에 반응하는 데도 시간이 많이 걸려서 아스퍼거 신드롬이나 자폐 증상을 갖고 있다고 의심받을 수도 있다. 구조적인 놀이와 예술 활동, 퍼즐과 규칙을 기반으로 한 게임은 신뢰하는 애착이 싹트게 해 줄 것이다. 아동은 지시를 받고 싶어 하고 참을성 있게 기다릴 수 있으며, 접근 금지 구역이 있는 활동 유형을 좋아할 것이다.

체현:
- 처음에는 접촉이 잘 받아들여지지 않을 것이다. 그렇지만 접촉의 기회를 만들 수 있다. 리본, 긴 스카프, 후프, 공을 이용하여 접촉하도록 한다.
- 물과 손 마사지 크림을 이용해 좀 더 감각적인 놀이로 발전될 가능성을 열어 둔다.
- 좀 더 감각적인 놀이와 리드미컬한 움직임으로의 변형을 촉진한다.

투사:
- 그리기나 색칠하기는 모두 구조적이지만 치료사가 부드럽게 다른 가능성의 역할 모델이 될 수 있다.
- 놀이방에 콜라주처럼 좀 더 엉망진창에 가까운 재료를 구비한다.
- 자화상, 괴물, 안전한 공간과 같은 주제의 그림을 촉진한다.

역할:

- 이것이 가장 어려운 영역이 될 것이다. 차단 아동은 대체로 '지금 여기'에 머물려 한다.
- 여러 가지 모자, 반(半) 가면, 숄 등 역할 연기를 돕는 간단한 도구를 갖춘다.
- '역할 카드'나 '몸으로 말해요' 등의 게임을 촉진한다.

감각적이고, 리드미컬하며, 극적인 놀이는 트라우마나 혼란스러운 애착으로 고통 받는 아동을 위한 개입으로서 매우 중요하다. 놀이는 '충분히 좋은 애착'과 이후 성장 단계의 회복 탄력성의 핵심에 있는 창조적 과정을 재건할 수 있도록 도와준다. 우리는 혼돈 속에 있거나 차단 반응을 보이는 아동이 모두 자신의 경험을 '이해'할 수 있게 돕는 것으로서 양육적이고 놀이적인 개입을 필요로 함을 관찰할 수 있다. 모든 활동에 접근할 필요가 있지만, 그럼에도 가능하다면 감각 놀이를 포함시키는 것이 중요하다.

'회복 탄력성이 있는 어른'의 보살핌을 받지 못하고 방임되고 유기되거나 학대 받은 아동은 관계를 형성하지 못하거나 사회가 요구하는 다양한 역할을 다룰 수 있는 능력을 갖추지 못한 채 성장하기가 쉽다 (Jennings 2008). 그러나 사회는 애착 욕구나 그 영향에 대한 이해와 지지를 늘 제공하지는 않는다.

신경극놀이는 애착과 아동 발달 그리고 분만 직후 애착의 중요성에 관한 다양한 이론의 맥락 속에 위치한다. 신경극놀이는 삶이 와해되거나 왜곡된 아동의 애착 욕구를 다룬다. 거부나 방임으로 인한 붕괴로 고통 받는 아동들이 있는가 하면, 성적 학대나 정서적이고 신체적인 학대로 인해 자신의 삶을 왜곡하는 아동들이 있다.

체현-투사-역할은 초기 몇 주, 몇 달, 몇 년의 발달에서 신경극놀이의 결핍이 발생했을 때 적용될 수 있다. 우리는 또한 다음을 촉진할 수 있다.

- 부모가 자신의 어린 시절 패턴을 탐험하도록 하는 데 초점을 맞춘 놀이를 제공할 수 있다.
- 놀이에서 혼돈스러워하거나 차단 반응을 보이는 아동에게 메아리 개입을 촉진할 수 있다.
- 교사나 치료사가 파괴적인 놀이 패턴에 대한 대안으로서 역할 모델이 되어 줄 수 있다.

8장에서는 아동을 돌봄에 있어 신경극놀이를 어떻게 활용할 수 있는지를 논할 것이다.

위탁 양육과 입양에서의 NDP
'돌봄 아동'

저는 리안논입니다. 나도 어딘가에 엄마가 있긴 해요. 그들이 말하길 우리 엄마는 끔찍하대요 — 창녀가 틀림없는 더러운 여자래요 — 그래서 나도 더럽고요 — 나를 학대할 때 그렇게 말해요 — 집에서요 — 그 사람이랑 — 그 사람 아들이요. (Jennings 1999b, p. 8)

개관

앞서 다양한 이유로 만족스러운 애착 관계를 형성하지 못해 광범한 애착 욕구를 나타내는 경우를 살펴보았다. 지금까지는 대부분 부모나 확대 가족과 지내는 아이들이었지만, 이 장에서는 위탁 보호자의 돌봄을 받거나 새로운 가정에 입양된 아동의 NDP 욕구를 들여다볼 것이다.

우리는 유아가 적절한 애착(Bowlby 1969)과 돌봄을 제공하는 가족 안에서 감각 놀이, 리듬 놀이, 극적 놀이 단계를 통과한다는 것을 알고 있다. 이세 놀이 과정은 임신 기간에 시작되고, 생후 6개월까지 가장 강한 형태로 지속된다. 엄마와 아기의 상호작용의 역동성을 살피면, 여러 달 후 두 사람의 정서적 애착 관계의 양상을 예측하는 것이 가능하다(Jaffe et al. 2001; Trevarthen 2005). 더욱이 과학자들은 출생 직후의 시기가 장차 아기의 발달을 예측하는 데 중요한 역할을 한다는 것을 밝혔다(Odent 2001). 오덴트는 엄마와 아기 안에 있는 '출산 호르몬'과 '진정제'가 두 사람 사이의 초기 애착에 도움을 줄 거라고 강조한다. 때로는 마약이나 알코올 등이 출산 과정에 영향을 미칠 수 있고, 그로 인해 아기가 엄마에게서 분리되어 보육 시설에 맡겨질 수도 있다. 일찍이 1992년에 앨리스 밀러는 유아기에 부모가 미치는 영향의 파급효과를 이해하는 것이 중요함을 설명했다.

> 독재자들은 하나같이 어린 시절에 받은 학대와 모욕 그리고 그로 인한 분노와 무력감을 부모에게 직접 표현하거나 해명을 요구하지 않고, 수천수만의 엉뚱한 사람들을 죽이고 고문하기를 즐긴다. 이는 절대 과장된 표현이 아니다. (Miller 1992 p. viii)

NDP가 강조하는 바는 엄마와 아이의 애착 관계의 핵심을 형성하는 그 놀이적이고, 리드미컬하며, 극적인 본질이다(Jennings 2003a, 2003b). 내 생각처럼, 임신 사실을 안 순간부터 생후 6개월까지가 아동의 발달에 결정적이라면, 보육 시설에 맡겨지거나 친부모가 아닌 사람들에게 돌봄을 받는 아이들에게 치료적 개입이 중요하다는 것은 더 말할 필요가 없을 것이다.

어릴 때 충분히 돌봄을 받은 부모인가?

나는 '돌봄을 받는 아이들'(짧게 '돌봄 아동'이라고 말함)이라는 표현은 위탁 보호자나 입양 부모와 더 관련이 있다고 생각한다. 많은 위탁 보호자들이 외상 경험이 있는 아이를 만났을 때 예상되는 것에 대해 아무 준비가 없다. 관계 당국이 위탁 보호자와 입양 부모를 준비시킬 수 있는 충분한 시간과 자원을 가지고 있지는 않으며, 아동마다 사회복지사가 배정되기는 하지만 업무 회전 속도가 매우 빨라서 아이도, 가족도 누구에게 고충을 이야기해야 할지 모르는 경우가 종종 있다. 위탁 보호자가 애착 문제를 이해하는 데 도움이 될 만한 자료가 거의 없는 실정에서 『양육적 애착(Nurturing Attachment)』(Golding 2008)은 주목할 만한 예외라 할 수 있다. 이 책은 돌봄 아동의 총체적 개요를 매우 잘 보여 준다.

위탁 양육에서 내가 직면한 가장 큰 딜레마 중 하나는 아이에게 가족을 만들어 줘야 하는지, 아니면 실제 어린아이의 가정을 존중하고 유지시켜야 하는지의 문제다. 그것은 시설에 보내기보다 아이를 위한 가족을 찾아 주는 관계 당국이나 사회 방침의 문제만은 아니다. 그것은 또한 '이 가족'이 어떤 사람들이고, 무엇을 믿으며, 위탁 아동이 기존의 틀에 어떻게 통합될 수 있을까에 대한 태도다. 2주간의 일시 위탁 기간 동안 위탁 가족이 '가족 휴일'을 정해 함께할 것인가? 위탁 양육은 의미 있는 중요한 일일까, 아니면 하나의 직업일까, 혹은 단지 생계 수단일까?

내가 방문한 많은 '가정'에서는 모두 똑같은 침대 커버를 쓰고 벽에는 아무 그림도 걸려 있지 않았다. 다음은 가능한 변화의 걸출한 사례를 보여 준다.

작은 보육원식 가정에서 대가족으로의 놀라운 변화가 잉글랜드 노스웨스트에서 일어났다. 그 가정은 시설과 유사하게 책임자, 부책임자, 야간 직원, 당직을 두었다. 거실에는 장기 보호 중인 아동 8명의 소지품을 보관하는 사물함과 아동의 배경과 역사가 들어 있는 서랍장이 있었다. 그곳을 식구들이 함께하는 따뜻한 곳이라는 의미의 가정이라 부르기는 마땅치 않았다. 아이들이 먹는 음식은 평범하고 단조로웠고, 모험을 즐길 수 있는 취미나 놀이거리도 거의 없었으며, 아이들은 이름보다 '너희 남자애들' 혹은 '너희 여자애들'이라고 불릴 때가 더 많았다.

새로운 책임자가 왔을 때, 그녀의 임무는 그곳을 시설이 아니라 따뜻한 가정으로 만드는 것이었다. 아이들의 행동과 태도 중 많은 것이 이미 굳어져 있었지만, 그럼에도 가족이 천천히 형성되면서 변화와 새로운 기대가 생겨나는 과정은 참으로 놀라웠다. 여러 지역과 문화의 음식을 만들어 먹었다. 그도 그럴 것이 그들은 5개의 서로 다른 민족 집단에서 왔다. 침실도 각자의 관심거리와 취미에 따라 꾸몄다. 수건을 정확히 20cm 간격으로 걸어야 했던 날들은 이제 지나갔다! 이 가족에게 삶이 즐겁고 재미있는 것이 된 것이다.

아이들은 대체로 시설 아동들이 흔히 갖지 못하는 직장을 얻고 인간관계를 성공적으로 운영하며 야망을 키워 나갔다. 그것을 가능케 한 것은 위탁 보육사의 인격과 사랑 그리고 아이들 모두가 성공할 수 있다는 믿음이다.

모든 입양 부모가 이 예외적인 사례와 같기를 바랄 수는 없을 것이다. 그럼에도 불구하고 고려해야 할 중요한 문제가 있다. 영국입양위탁에이전시(BAAF)에 따르면, 2008년 3월 지방 당국의 보호를 받는 아동이 59,000명이고, 그중 20%가 5살 미만이며 71%가 입양 부모와 함께 지냈다.

위탁양육네트워크(www.fostering.net)의 조사에 의하면, 전체 위탁 보호자의 절반 이상이 아동을 안전하고 적절하게 양육하는 데 필요한 정보를 충분히 제공받지 못한다고 느끼고 있는 것으로 나타났다. 건강 상태, 학대 기록, 행동 전반에 대한 정보가 부족한 것이다. 위탁 보호자는 정확한 정보가 주어지지 않으면 아동의 욕구를 적절하게 다룰 수 없다고 느꼈다.

'치료적 위탁 보호'라는 특별한 범주가 필요하다는 주장이 있어 왔다. 그것은 아동의 애착과 치료적 필요를 충족시키기 위해 위탁 보호자가 다른 전문가들과 협력할 수 있는 매우 도전적인 해법이 될 것이다. 이 접근은 미국의 대니얼 휴스(Daniel Hughes)가 성공적으로 개발하였고, '심하게 불안해하는 아이들 속에서 잠자는 사랑을 깨우기'라는 부제를 가진 그의 책(2006)에 잘 나타나 있다.

아처와 고든(2006)은 많은 돌봄 아동이 위탁 보호자나 입양 부모에게 보이는 폭력적 반응을 이해할 수 있도록 실제로 지원하는 것이 중요하다고 지적한다. 그들은 소위 '재양육 접근에 기초한 애착'을 설명하고, 그를 위해서는 양육과 구조가 둘 다 필요하다고 주장한다. 아이의 행동을 그 아이의 언어이자 아이가 겪어 온 학대의 역사를 이해하는 수단으로 받아들임으로써 변화를 이끌어 낼 수 있다고 말한다.

> 구조와 양육의 혼합은 난폭하게 구는 아이들이 그 '통제적인' 행동에도 불구하고 실은 자신과 자신의 감정을 통제하지 못함을 이해하는 데서 시작한다. 이는 일견 모순으로 보이기에 설명이 더 필요할 것이다. 폭력적인 행동은 아이에게 순간적으로 지배감과 통제감을 줄 수 있지만, 반면에 가장 깊은 곳에 있는 두려움을 영속시킨다. 그래서 아이는 자신을 통제하지 못하고, 양육의 책임이 있는 어른은 아이를 수용하지 못하게 된다. 받아들여지지 않음과 무력감은 모두 아동에게 압도적인 고통을 가한다. (Archer and Gordon 2006, p, 33-34).

이것은 아동 보호와 관련된 사람들 모두에게 친숙한 이야기일 수 있고, 나는 적절한 지원 체계와 함께 애착 욕구에 대한 기본적 이해가 위탁 보호자의 권리가 되어야 하는지 궁금하다. 위탁이 실패할 경우, 이중의 트라우마는 아이의 트라우마를 악화시킬 뿐이다.

우리에게는 항상 이 질문이 남는다. 즉, 역기능적 가족에게서 받는 학대와 무시로 인한 영향이, 무슨 일이 벌어지고 있는지 잘 모른 채 갑자기 겪는 분리의 트라우마보다 더 해로운가? 보육 시설에 맡겨진 많은 아이들이 무슨 일이 일어나고 있는지를 아무도 설명해 주지 않아서 어리둥절하고, 혼란스러웠으며, 갈피를 잡을 수 없었다고 한다. 우리는 아이의 안전 여부를 결정할 때(우리는 단체로 이런 결정을 할 때 얼마나 자주 실패하는가?), 아무리 만족스럽지 못한 환경일지라도 아이는 뭔가와 애착을 맺고, 일상을 꾸리며, 거기서의 삶을 받아들이고 있음을 자주 간과한다. 적절한 설명과 치료적 개입 없이 이 같은 삶을 방해하는 것은 아이의 트라우마를 악화시킬 뿐이다. 그럴 때 아이들은 학대하는 가족보다 오히려 도움을 주려는 사람들을 가해자로 기억하게 될 것이다.

함께 있어 주지 않아서 생긴 폐해와 파괴적인 환경의 유해성을 구별하는 것은 어렵다. 부모의 실패에 대해서는 어떤 평가든 하기가 어렵다. 부모가 자녀를 지속적으로 학대할 때, 어른이 아이를 속여 성적으로 착취할 때, 방임당한 아이가 벽장에 혼자 있을 때는 해당 환경에서 아동을 분리함으로써 보호해야 한다. 이 같은 고통스러운 결정은 아동복지사로 하여금 확실한 처방을 요구하게 한다. 나는 두 가지만을 말할 수 있다.

1. 분리시키는 것으로 아이를 보호할 수는 있지만, 그것이 트라우마를 치료하지는 못한다. 보호와 치료는 다르다.
2. 보호를 위한 분리라 해도, 그것은 또 다른 트라우마가 된다. 이미 부모에게 엄청난 충격을 받은 아이는 자신을 보호해 주기를 원하는 사람에게 오히려 공격당한 기억을 갖게 되는 것이다. 그래서 아이는 그 모든 것에도 불구하고 학대 부모에게 친절한 이미지를 덧씌우고 보호자로서의 기억을 과장한다. 이 방어기제는 끔찍하도록 말이 안 되지만 그럼에도 불구하고 아주 흔히 나타난다. (Cyrulnik 2005, p. 18).

돌봄 아동의 애착 유형

행복하고 따뜻하며 사랑이 넘치는 가정을 안겨 주었음에도 아이에게 거절당하는 것보다 새로운 입양 부모를 더 주눅 들게 하는 것은 없다. 일부 위탁 보호자들이 규칙, 일관성, 체계가 있는 가족을 제공하기보다 규칙, 일관성, 체계가 있는 일종의 보육원을 만들려 하는 것도 이해할 만하다. 둘의 차이는 위탁 보호자가 가족의 일부로 포함되어 있는가, 그렇지 않은가로 갈라진다.

어떤 가족이든 가족 전체를 위한 가치 체계를 받아들인다. 그리고 가족 구성원들이 안전하고 위험한 바다를 항해할 때 그 썰물과 밀물의 일부인 가족의 역동을 인식할 수 있다. 삶의 방식을 이미 구축한 가족에게 새로운 구성원, 특히 가족을 분열시킬 수 있는 인물의 등장으로 발생하는 변화는 이미 이루어 놓은 것 전부를 위태롭게 할 수 있다.

부모와 감정적으로 마음을 열고 대화할 수 없는 가정에서 자란 아이들은 흔히 회피적 애착이 발달한다. 그에 따라 자연스럽게 감정을 차단하고 새로운 관계를 구축하는 데 매우 조심스럽다. 이들은 자신들의 욕구가 결코 충족되지 않을 것이므로 감정을 내보이지 않는 방식으로 대처하기를 익혀 왔기 때문에 감정적 고통을 거의 나타내지 않는다. 부모는 아이가 고통을 드러내지 않기 때문에 모든 게 잘 되어 가고 있다고 해석할 수 있다. 그런데 애정이나 감사를 표현해야 할 경우에도 아무런 표현을 하지 않으면 돌보는 사람의 입장에서는 일방적으로 주기만 하고 돌아오는 것이 없기 때문에 화가 날 수 있다. 그러나 회피적 애착 유형의 아이는 지난날의 경험으로 어른에 대한 모델이 이미 세워져 있어서 친밀한 관계를 맺기가 쉽지 않다. 또한 스스로 사랑스럽지 않다고 여기며, 그렇지 않다면 처음부터 사랑받았을 것이라 믿는다.

양면적 애착 행동을 하는 아이들은 대개 애착과 관련하여 부모의 일관되지 않은 행동에 반응한다. 교사와 위탁 보호자는 흔히 '저 애는 단지 관심을 받고 싶은 거야, 무시해!'라고 말한다. 물론 그 아이는 관심을 구하고 있는 것이다. 왜냐하면 언제 관심을 충분히 받을 수 있는지 모르기 때문에 시도 때도 없이 그 욕구를 표출하는 것이다. 그래서 사람 곁에 붙어 떨어지지 않으려고 하고 애정을 구걸하며 진정시키기가 쉽지 않다. 스스로 사랑스럽지 않은 아이라는 생각을 갖고 있지만, 회피적인 아이와 달리 어른이 보이지 않는 경우에도 어떻게든 애착을 유지하려 애쓴다. 애초의 환경에서 격리되어 다른 곳으로 옮겨진 데서 오는 고통은 그같은 반응을 고조시킨다. 부모가 결국 함께 있어 주지 않을 것이라는 예측이 현실이 되었기 때문이다.

골딩(2008)은 애착 체계가 억제된 아이들이 있다고 주장한다. 그녀는 혼란형 애착 유형의 경우에 부모가 아이들에게 겁을 줄 수도 있지만 거꾸로 부모가 아이로 인해 겁을 먹기도 한다고 설명한다.

> 그러므로 혼란형 애착 유형은 부모가 겁을 먹거나 아이들에게 겁을 줄 때 만들어진다. 이렇게 겁을 먹고/겁을 주는 부모의 행동은 아이의 애착 체계를 활성화시킨다. 아이는 보호와 위안을 구하게 되지만, 정작 보호와 위안을 주어야 할 대상은 바로 아이를 겁먹게 한 부모다. 아이는 부모가 두려움의 근원이면서 또한 잠재적으로 안정감을 얻을 수 있는 대상이기 때문에, 고통스러울 때 부모에게 감정적 지원을 받기 위해 적절한 행동을 할 수가 없다. 대신 두렵거나 스트레스를 받으면 무질서한 행동을 하게 된다. 괴이하고 엉뚱한 행동으로 '지금 뭘 어떻게 해야 할지 모르겠어'라고 말한다. (Golding 2008, p. 27)

이 중 많은 아이들이 극단적으로 화를 내거나 지배적이고 반항적인 행동을 한다. 그들 또한 스스로 사랑을 받을 만하지 않으며 나쁘다고 생각한다. 그 결과, 어찌 됐든 모든 게 자신의 잘못이라는 죄책감과 수치감에 시달릴 수 있다.

회피적 애착, 양면적 애착, 혼란형 애착은 모두 초기 애착 과정에서 발생한다. 엄마와 아기의 상호 관계에 초점을 맞춘 충분히 좋은 애착은 아이의 마음에서 희망, 신뢰, 회복이 자라게 해 주고, 사회적 관계를 잘 맺도록 도와 주며, 살면서 겪게 될 오르막과 내리막을 잘 통과하게 해 준다. 어른들 중에도 무력하고, 사람과 세상을 믿지 못하고, 다른 사람과 안정적인 관계를 유지하지 못하며, 경미한 사고에도 지나치게 영향을 받는 사람이 많다. 회의론자들은 엄마가 당신에게 친절하게 대하는 것을 보면 벌떼처럼 일어나 다음과 같이 비난을 쏟아 부을 것이다. 당신에게 필요한 처방은 비행 청소년 교정 시설이다 — 군대에나 보내 버려라 — 우리는 너무 물렁하게 대처한다, 거기서부터 모든 게 꼬인 것이다 — 귀싸대기를 한 대 때린다고 아무도 다치지 않는다 — 나도 학생이었을 때 매를 맞았지만 그게 독이 되지는 않았다 등등.

물론 어떤 의미에서는 그것이 독이 되지 않을 수 있다. 수 게르하르트 (2004)는 『왜 사랑이 중요한가(Why Love Matters)』라는 책에서 사랑의 중요성을 유창하고 설득력 있게 설명했다.

> 기쁨의 첫 번째 근원은 후각과 촉각과 청각이다. 아기는 처음부터 부모
> 의 목소리를 알아들을 수 있고, 어떤 다른 소리보다 부모의 목소리를
> 더 좋아한다. 젖을 먹는 것보다 사랑스럽게 안겨 있는 것이 발달의 가장
> 큰 원동력이다. (Gerhardt 2004, p. 40, 나의 강조)

그녀는 계속해서 말한다.

> 엄마나 아빠의 팔에 안겨 있으면 편안하고 따뜻하며, 근육이 쉴 수 있
> 고 호흡이 깊어질 수 있다. 부드럽게 쓰다듬고 잠잠히 흔들어 주면 긴
> 장도 풀어진다. 아기의 심장박동이 부모의 심장박동과 같아지고, 엄마
> 가 그렇게 일관되게 휴식을 취하면, 아기도 엄마와 같이 긴장을 놓고
> 쉰다. (Gerhardt 2004, p. 40)

게르하르트는 1장과 2장에서 말한 '애착의 원'을 효과적으로 설명하고
있다. 그녀는 또한 엄마의 상태가 편안할 뿐만 아니라 일관된 것이 중요
하다고 말한다. 불안하고, 두렵고, 우울하고, 산만하거나 무심한 엄마는
아이에게 엉뚱한 메시지를 전할 것이다. 예를 들어 핸드폰을 하면서 아
기를 흔들어 준다면, 그것은 아기가 아닌 다른 데 관심을 쏟고 있음을
뜻한다. 자신을 돌보거나 쉬는 것도 아니다. 엄마의 일관성은 재정 상황,
엄마가 받고 있는 지원 그리고 엄마라는 역할에 대한 태도에 영향을 받
는다. 만약 그녀가 아기를 흔들어 주면서 아기의 기분에 감정적으로 잘
반응할 수 있다면, 가끔씩 엄마가 걱정에 사로잡히더라도 그것 자체가
일관성 있는 소통이 될 것이다.
　그렇게 위탁 보육사는 그들의 품에 들어온, 집착하거나 마음의 문을

닫거나 공격적인 아이들을 마주볼 수 있을 것이다. 맡겨진 아이가 그들이 사랑으로 기르기를 꿈꾸던 아이와 닮지 않았을 수 있다. 그것은 마치 아직 태어나지 않은 아이에 관해 환상을 가지고 있다가 출산 후에 실제 아기에 적응하지 못하는 부모가 경험하는 환멸에 비할 수 있다. 입양부모는 종종 원가족(原家族)을 잃고 새로운 가족의 사랑을 원치 않는다는 것을 시위하는 아이와 만나게 된다. 때로 그들은 수양 가족을 뜻대로 조종하고 통제하면서 지배하려 하기도 한다.

이런 상황에서 NDP를 어떻게 적용할 수 있을까? 우리는 접촉, 포옹, 감촉, 냄새, 시각적 움직임, 색깔, 빨기, 맛보기, 목소리와 음악을 포함한 초기 감각 놀이와 경험의 중요성을 강조해 왔다. 또한 아이를 진정시키고 접촉을 구축하는 접근법으로서 그리고 집중적인 '조율과 놀이' 시간이 아이의 두뇌 발달과 감정과 관계를 다루는 데 미치는 영향과 관련하여 마사지를 추천해 왔다. 그리고 적어도 부모 중 한 사람이 애착의 붕괴를 담아 주고 안전을 유지하도록 돕지 않는다면 트라우마가 따를 수 있음을 안다(Rutter 1997). 부모가 트라우마로 고통 받을 경우에, 유아는 무질서하게 혼란스러운 감정과 예측 불가능한 상황 속에서 부유하게 될 것이다.

신생아를 위한 안전한 안식처

새롭고 낯선 환경에 도착한 아이에게 가장 중요한 것은 안전과 환대의 느낌이다. 그들의 도착은 갑작스럽고 예상하지 못한 일일 뿐 아니라 외상적 사건이 될 수도 있다. 그러므로 초기에 포격하듯 질문을 쏟아 붓는 것은 적절하지 않다. 위탁 보육사는 '보호의 원-돌봄의 원-애착의 원'을 시행하도록 한다.

아이들이 설사 신체적 접촉이나 애정 어린 몸짓에 준비되지 않았더라도 그들을 '붙들어 줄' 안전한 안식처가 있다. 그 안에서 사람들은 아이들의 존재를 알아차리고 주목하며, 따라서 아이들은 당연히 환영받고 있음을 느낄 수 있다.

아동은 새로운 가정의 기본적인 것을 빨리 파악해야 한다. 그 내용은 가령 화장실과 침실은 어디에 있는지, 식사 시간은 언제인지, 반려동물은 있는지, 그곳에 얼마나 오래 머물 예정인지, 다른 곳으로 입양될 때까지 임시로 머무는 위탁 보호소인지, 기한 없이 머물 곳인지 등이 될 것이다.

진심으로 아이를 환영하고 안아 줄 수 있을까? 앞에 있는 아이의 필요도 보지 못할 만큼 이런저런 기대로 가득 차 있지는 않나? 그 아이는 우리의 관심과 보호 안에 놓이기를 청하지 않았다. 만약 아이에 관한 정보를 미리 알 수 있다면 큰 도움이 될 것이다. 혹여 아이가 검은 쓰레기봉투에 이상한 물건을 넣어 오더라도 그에 맞춰 잘 준비할 수 있다.

루마니아의 상황이 약간 나아졌을 때 방임으로 입원한 아이가 있었는데, 어느 날 병원 측에서 복지사에게 전화를 걸어 아이를 데려가도 좋다고 말했다. 그런데 아이가 사실은 죽었다는 것을 말하지 않았고, 복지사는 결국 아이의 유품을 담아 올 수밖에 없었다.

대체로 아이는 매우 혼란스러워하며 경험을 차단할 가능성이 크다. 즉, 감각이 없는 사람처럼 멍해져 잘 반응하지 못할 것이다. 그래서 아주 부드럽게 보살핌을 시작하는 것이 좋다. 위탁 보육사는 방심하지 않고 '아이가 어떤 상태인지'를 잘 살펴 단서를 얻어야 한다. 새벽에 급습을 당한 적이 있는지, 여러 해 동안 학대를 당했는지, 너무 방임되어 사회적 기술이 전혀 없는지를 살펴야 한다. 하지만 이때는 관찰을 통해 추론할 뿐 아이에게 질문을 하는 것은 적절하지 않다. 아이들은 '조사'의 일부로 사람들에게 여러 가지 질문을 받았을 것이며, 한 번도 말로 해 본 적이 없는 것을 말하라고 요구받았을 수 있다. 가능한 한 많은 NDP와 함께 수용과 경계가 절실히 필요한 시기인 것이다.

또한 아이가 EPR 중 어느 발달 단계에 있는지를 파악하는 것도 중요하다(Jennings 1990, 1998, 1999a, 2003a, 2004, 2005a, 2005b, 2006, 2008). EPR은 출생부터 7살까지 거치는 세 단계의 극적 발달 과정이자 관찰을 통한 진단 평가 도구이기도 하다. 위탁 보육사와 입양 부모도 이를 쉽게 익힐 수 있다.

1. 체현: 출생부터 13개월까지, 감각 놀이, 리듬 놀이, 극적 놀이가 몸을 통해 경험된다. 이 단계는 에릭슨의 1단계, 즉 신뢰 대 불신(1장 참고)을 성취하는 데 중요하다,

2. 투사: 13개월부터 3년까지(편차가 있을 수 있다), 아이는 몸 밖에 있는 사물에 더 관심을 보이며 장난감을 가지고 논다. 초기에는 모래와 물, 손가락 그림물감 등 여러 종류의 엉망진창 놀이의 감각적인 재료를 즐기지만, 투사 단계의 끝으로 갈수록 인형을 가지고 놀면서 점차 역할을 연기하기 시작한다.

3. 역할: 4세에서 7세까지, 아이는 이제 드라마와 특정 장면의 역할이나 한 이야기의 여러 역할 또는 한 작품에서 한 인물을 맡아 연기할 수 있다. 반향과 모방을 주로 하는 초기 애착 단계의 극적 놀이와 달리, 역할은 드라마 자체와 관련되며 공감의 발달에 매우 중요하다.

위탁 보육사는 아동의 행동과 감정을 표현하는 방식, 곧 EPR 발달 단계상의 위치와 실제 연령이 다를 수 있음을 알게 된다. 그러나 아이가 성장하여 어른으로 기능하기 위해서는 반드시 EPR을 온전히 경험할 필요가 있다. 나는 이를 관찰하여 도표로 만들었다(Jennings 1998, 1999a).

체현을 숙달하지 않고서는 투사 활동을 다룰 수 없고, 투사를 다양한 형태로 다루기 전에는 역할 연기를 하지 못한다. 물론 거리에서 본 어떤 사람이나 선생님을 흉내 낼 수는 있을 것이다. 하지만 흉내 내기는 발달 단계에서 훨씬 초기에 속하는 것이다. 역할 단계는 역할을 입고 다른 인물과 지속적으로 상호작용할 수 있음을 의미한다.

그림 8-1은 세 단계에서 일어나는 전형적 활동을 보여 준다. 더 자세한 내용은 Jennings 2009a를 참조하라.

위탁 보육사는 이 표를 활용하여 아이들이 하고 있는 활동을 기록하고 부족해 보이는 영역을 격려할 수 있다. 다양한 활동을 재미있는 게임

체현	쓰다듬기, 감각 놀이, 부드럽게 흔들기, 마사지, 움직임-노래, 비눗방울, 구르기, 앉기, 서기, 기어 다니기, 손 흔들기, 소리내기, 엉망진창 놀이, 심장박동, 리듬, 반복, 가장 좋아하는 이야기	
투사	모래와 물, 손가락 그림물감, 작은 장난감(자동차 등), 블록 놀이, 퍼즐, 그리기, 색칠하기, 리듬, 인형의 집, 손 인형, 이야기 듣고 따라 하기	
역할	이야기 극화하기, 가장 좋아하는 TV 캐릭터, 차려입기, 가면, 대본을 써서 연기하기, 7세경에 나타나는 드라마가 자발적으로 공연으로 확장됨	

그림 8-1. EPR의 세 단계에서 일어나는 전형적 활동

으로 만들어 식구들과 함께하면서 애착 형성을 촉진할 수 있다. 다만 그 경우에는 어떤 놀이가 좋을지 섬세하게 선택할 필요가 있다. 우리의 관심사는 큰 아이들에게 적합한 NDP를 찾는 것이지만, 아이들이 선택할 경우에는 '아기 놀이'를 할 수 있게 해 주는 것이 좋다(9장 참고).

혼란스러워하고 화가 난 아이에게는 목욕할 때와 잠들기 전 침대에서의 양육 놀이뿐 아니라 어른의 도움을 받으며 헤엄치거나 게임을 하는 체현 활동이 많이 필요하고, 모래와 물, 밀가루와 물, 바닷가 놀이 등 엉망진창 놀이의 기회를 주는 것이 좋다.

마사지를 활용한 '날씨 지도'라는 활동이 있다(다음 박스를 보세요). 아이들은 그냥 마사지보다 날씨 지도를 더 안전하게 느끼는 것 같다. 아이가 불안해한다면 순서를 바꿔 아이가 먼저 위탁 보육사나 보호자에게 마사지를 해 준 다음에 받도록 할 수 있다. '날씨 지도'로 들어가기 전에 '레인맨'이라는 웜 업을 해도 좋다. 우선 몇 초 동안 두 손을 문지른 다음 손가락 두 개로 다른 손바닥을 세게 치고, 양손으로 큰 소리가 날 만큼 허벅지를 번갈아 가며 두드린다. 그렇게 하면 실제로 비가 오는 소리가 들릴 것이다!

날씨 지도(어깨부터 허리까지 안전한 부위를 이용함)
한 사람이 다른 사람 뒤에 앉아서 날씨에 대한 이야기를 하기 시작한다. 예를 들어 '비가 살짝 내립니다. 많이 오지는 않습니다'(손가락으로 등을 가볍게 톡톡 두드린다), '빗줄기가 점점 굵어집니다'(손가락으로 조금 더 세게 등을 만져 준다), '빗줄기가 더 굵어집니다!'(손가락으로 훨씬 더 강하게 만져 준다), '그리고 천둥이 치기 시작합니다'(손바닥으로 등을 마사지한다), '지금은 번개가 칩니다'(양쪽 손날로 등을 대각선으로 마사지한다), 약간의 비를 몇 번 배치하고 비와 천둥이 번갈아 있게 한다. 그런 다음 천둥이 사라지게 하고, 천천히 비

날씨 지도 체현 활동에는 가볍고 강한 접촉 그리고 반복할 수 있는 일련의 패턴과 구조가 있다. 그것은 무지개를 그리거나 색칠하는 투사 활동으로 확장할 수 있고, 접촉해도 좋은 안전한 신체 부위에 대한 인식을 촉진할 수도 있다.

'차단한' 아이는 어떤 놀이도 스스로 시작하지 않고 어른들이 무엇을 할지 말해 주길 기다린다. 엉망진창 놀이는 마지못해 하는 경향이 있고, 색칠하기나 점 잇기처럼 형식을 갖춘 투사 놀이를 더 좋아한다. 경계를 지켜 넘지 않으며, 안전한 활동을 필요로 한다. 규칙이 뚜렷한 단순한 게임을 할 때 더 즐거워하며, 자발적으로 놀 수 있기까지는 시간이 걸린다. 그러므로 먼저 신체적 게임과 춤을 통해 체현에 접근하고, 그런 뒤에야 감각 놀이가 가능해질 것이다.

또 엉망진창을 만들지 못하고 혼란이나 엉망진창이 없음을 확실히 하는 데 많은 시간을 쓰는 상처 입은 아이들이 있다. 그 아이들은 조심스럽고, 말썽을 피우기보다 고분고분하기 때문에 눈에 잘 띄지 않는 경향이 있다. 집에서나 교실에서도 선생님을 잘 돕지만, 감정이 고조되면 위협을 느껴 '차단'하며, 그래서 애착을 회피하곤 한다.

어른에게 들러붙어 떨어지지 않고 두려워하는 아이들은 특히 접촉이 있는 체현 놀이를 선호한다. 감각 놀이는 마음껏 즐기고, 대부분의 NDP 활동을 재미있어 하며 반복할 것이다. 체현 놀이는 수용과 안전을 구축할 수 있도록 구조를 부여할 필요가 있다. 풍선 불기(다음 쪽 상자 참고)와 같이 호흡과 목소리가 포함된 활동이 도움이 된다.

이런 활동은 신체뿐만 아니라 상상력을 작동시키기며 안전한 접촉(당신은 아이를 어깨 위로 휙 불어 올린다)과 약간의 놀라움이 있다. 아이는 자신의 몸을 재미있게 통제하는 방법을 배우기 시작한다.

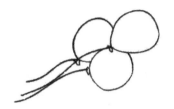

풍선 불기

상상으로 풍선을 불고 상상의 끈으로 묶는다. 셋을 센 다음 크게 '펑' 소리를 내면서 풍선을 터뜨린다. 그런 뒤에는 아이를 풍선처럼 분다. 그러니까 아이는 바닥에 몸을 구부리고 앉아 있다가 당신이 숨을 불어넣는 속도에 맞추어 천천히 일어선다. 아이의 몸이 최대한 확장되면 꼭대기를 묶는다. 상상의 핀으로 찔러 '펑!' 하고 공기가 빠져나가면서 바닥에 납작하게 눕는다. 이때 공기가 매우 천천히 빠져 나오도록 하는 것이 중요하다. 아동은 이 활동을 통해 이완하는 방법을 배운다. 거꾸로 아이가 어른을 불 수도 있다. 이것은 전 세계의 다양한 연령대의 참여자들에게 가장 인기 있는 체현 활동 중 하나이다.

변형으로는 상상의 풍선을 분 다음 상상의 끈으로 묶고는 풍선을 들고 산책을 나간다. 이것은 줄이 꼬이지 않고 풍선이 날카로운 데 닿지 않도록 신경을 써야 하는 매우 복잡한 활동이다. 상상의 개로 걷기도 이와 비슷한 활동이다.

엉망진창의 삶과 엉망진창 놀이

사는 게 혼란스럽고 엉망진창이라 느끼는 아이들에게는 엉망진창 놀이가 필요하다(7장 참고). 흙, 모래, 물, 밀가루, 점토, 손가락 그림물감을 갖고 노는 엉망진창 놀이는 신체와 감각을 자극하는 필수적인 경험이다. 거기에는 재료를 만지고 느끼는 것이 포함되고, 꽉 누르거나 줄줄 흐를 때 나는 소리도 있고, 특정한 형태를 고수하지 않고 계속해서 모양이 변해 가는 것을 보는 재미, 그리고 모든 게 짙은 갈색으로 변하기 전에 갖가지 색깔을 섞어 대리석 효과를 만드는 재미도 있다! 엉망진창 놀이의 재료는 독특한 냄새를 갖고 있고 여러 감각을 자극한다. 옥수수 가루와 물, 커스터드용 가루와 물, 녹말가루와 물을 사용할 수도 있다. 스파게티와 파스타로도 흥미로운 엉망진창을 만들 수 있다.

그러나 뭐니 뭐니 해도 가장 좋은 것은 물웅덩이에 뛰어들어 서로 물을 튀기는 것이고 비가 온 후 진짜 진흙 속에서 노는 것이다. 자연과 접촉하는 것은 중요하고, 상처 입은 아이들에게는 그것이 치유적인 경험이될 수 있다. 예산이 적을 때는 젖은 모래 상자, 체와 수조, 아이스크림 국자와 깔때기만 있어도 많은 것을 할 수 있다. 엉망진창 놀이에는 다 헤아릴 수 없을 만큼 많은 기회가 있다. 일단 아이가 움직일 준비가 되면 엉망진창 놀이는 그 안에서 저절로 질서를 만들어 낸다.

더할 수 없이 절망적인 배경에서 일하던 중에 나는 랄프 맥텔(Ralph McTell)의 노래에서 든든한 확신을 주는 가사를 찾았다.

… 나는 활을 만들었습니다
나는 내가 필요한 것만 가집니다
나는 불을 만든 사람이며
씨앗을 심은 자이기도 합니다

나는 세상 만물의 질서를 찾았습니다
그리고 나의 아이들에게 가르칩니다
씨앗마다 별이 하나씩 있다는 것을
그리고 아이들이 자라 한 세대가 된다는 것을

— 〈처음이자 마지막 사람〉에서 발췌, 랄프 맥텔

통합적인 치료를 위한 이야기

이 장에서 마지막으로 애착 욕구가 있는 위탁 아동이 특히 좋아하는 이야기 한 편을 소개하려 한다.

보이지 않는 아이

심한 폭풍우가 치는 밤이었다. 비가 휘몰아치며 내리고 천둥과 번개가 숲을 가로질러 메아리로 돌아왔다. 숲속에 사는 가족은 덧문이 있는 집 안에서 따뜻했다. 부엌 화로가 공기를 따스하게 데웠고, 식구들은 식탁에 둘러앉아 그날 딴 버섯 껍질을 벗기고 있었다. '이런 밤에는 아무도 밖으로 나가고 싶지 않겠지.' 엄마가 말했다. 그때 문 두드리는 소리가 났다. '어머나' 하고 엄마가 말했다. '이런 날 누가 밖에 있는 거지?'

문을 열자 빗속에 그녀의 사촌이 노란색 비옷과 모자를 쓰고 서 있었다. '어서 들어와,' 하고 엄마가 말했다. '이런 날 어쩐 일이야?' 사촌은 흠뻑 젖은 채 부엌으로 들어서며 말했다. '보이지 않는 아이를 데려왔어요, 이 아이는 숙모와 살고 있는데, 아이 숙모가 빈정대기를 너무나 좋아해서 아이가 자기 모습을 지웠어요. 그래서 아이가 어디 있는지 알기 위해 목에 종을 달았죠.' 그때 '딸랑 딸랑' 소리가 나면서 비에 젖은 발자국이 불가로 다가가는 광경이 보였다. '이제 아시겠지요,' 하고 사촌이 말했다. '언니라면 아이가 다시 모습을 나타내게 할 수 있을 것 같아 이리로 데려왔어요. 전 할 일이 있어 이만 돌아갈게요.' 그리고 폭풍우 치는 밤 속으로 사라졌다.

두 아이는 입을 다물지 못한 채 서 있었고, 아빠는 눈살을 찌푸리며 엄마를 보았다. '좋아,' 하고 엄마가 말했다. '이제 잠자리에 들 시간이에요. 여보, 당신은 아이들을 봐 주세요. 나는 새로 온 손님을 방으로 안내할 게요.' 식구들은 위층으로 달려갔고, 엄마는 부엌 화로 쪽을 보며 말했다. '나랑 위층으로 올라가지 않겠니? 네가 쓸 방을 보여 줄게.' 엄마는 뒤따르는 방울 소리를 들으며 안심했다. 그리고 아늑한 침대와 깃털을 넣은 누비이불이 있는 침실을 보여 준 다음 따뜻한 우유를 가져오겠다고 했다.

엄마는 화로에 우유를 얹고 약간의 꿀과 진정 효과가 있는 약초를 넣고 데워 위층으로 가지고 갔다. 그녀는 이불 아래가 툭 튀어나온 것을 보고 미소를 지으며 우유가 든 머그잔을 침대 옆에 두었다.

아래층으로 내려간 엄마는 선반에 있던 할머니의 비법서를 꺼냈다. 그녀는 숄을 두르고 난로 옆에 앉아 아이를 눈에 보이게 할 방법이 없나 목차를 살펴 내려갔다. '아하, 이렇게 하면 되겠구나.' 그녀는 붉은 모직 속치마를 벗어서 빨간 드레스와 리본 모양으로 자른 다음 밤새 바느질을 했다. 그리고 완성된 옷과 리본을 보이지 않는 아이의 침대 끝에 두었다.

다음 날 아침 두 아이는 계단을 급하게 내려왔다. '그 여자애, 어디 있어요? 이제 보이나?' 아이들은 흥분해서 말했다. 아침을 기다리며 식탁에 앉아 있던 한 아이가 말했다. '보세요, 그 애의 발이 보여요.' 정말 작은 빨간 드레스와 리본이 조그마한 두 발과 함께 계단을 내려오고 있었다. 엄마는 겨우내 저장할 사과를 따러 모두 과수원에 가자고 했다. 식구들은 상자와 양동이를 들고 우르르 몰려 나갔다. 아이들은 나무에 기어 올라갔고, 아빠는 사다리를 가져왔고, 엄마는 과수원 가운데 앉아 조그맣게 불을 피워 냄비를 얹고 잼을 만들 준비를 했다. 보이지 않는 아이는 너무나 즐거워서 이 나무에서 저 나무로 뛰어다니며 구경했다. 그렇게 엄마에게 달려가다 요리 냄비를 엎질렀고, 사과 잼이 전부 쏟아져 버린 순간 아이의 발도 다시 사라져 버렸다. 엄마는 '흙에서 얻은 건 다시 흙에 선물해야지'라고 말하면서 곁눈질로 아이가 있던 곳을 살폈다. 천천히 아이의 발이 나타나더니 다리까지 보였다. '그래야지,' 엄마는 가만히 혼잣말을 했다. 그리고 하던 일을 멈추고 짐을 챙겨 집으로 돌아갔다.

다음 날이 밝았다. 다리에 이어 팔까지 나타났지만 얼굴은 아직 볼 수 없었다. 아침식사를 한 후 엄마는 조금 이따 바닷가로 소풍을 갈 텐데 아빠와 준비하는 동안 밖에 나가 놀아도 된다고 말했다. 아이들이 정원을 뛰어다니며 잡기 놀이를 했고, 보이지 않는 아이는 그 모습을 지켜보고만 있었다. 남자아이가 '넌 어떻게 노는지 모르는 게 탈이야' 라고 말했다. 그때 아빠가 갈 시간이 되었다고 아이들을 불렀다.

식구들은 낡고 널찍한 차에 차곡차곡 탔고 양동이, 삽, 먹을 것과 마실 것을 뒤에 실었다. 차는 숲길을 따라 해변까지 덜컹대며 달려갔다. 아이들은 바닷가에 도착하자 뛰쳐나가 모래에서 게임을 하기 시작했다. 엄마는 물가에 발을 담그고 앉았다. 보이지 않는 아이는 그리 멀지 않은 곳에 앉아 엄마를 쳐다보고 있었다. 아빠가 엄마를 바다에 밀어 넣으려는 듯 살금살금 엄마 등 뒤로 기어갔다. 엄마가 바다에 빠질까 봐 겁이 난 보이지 않는 아이는 쏜살 같이 아빠에게 달려들어 깨물었고, 아빠는 너무 놀라 뒤로 자빠지는 바람에 파도에 모자가 쓸려가 버렸다.

그 순간 식구들은 모두 보이지 않는 아이의 화난 작은 얼굴을 볼 수 있었다. 엄마는 '아빠는 그냥 장난으로 미는 척 한 거야. 놀이일 뿐이야'라고 말해 주었다. 식구들은 전부 웃음을 터뜨렸고, 온전히 모습을 드러낸 아이도 처음으로 미소를 지었다.

(얀손에게 영감을 받아서 1962)

이 이야기는 양육 애착과 NDP의 요소를 모두 담고 있다. 이야기의 배경은 돌봄 아동에게 친숙한, 심한 폭풍우가 치는 날이고, 친절하고 유능한 사촌이 아이를 새 가족에게 데려온다. 식구들은 아이를 환영하지만 아무런 질문을 하지 않고, 그래서 아이는 둥지 같은 이불과 따끈한 우유가 있는 새로운 침실에서 따뜻하고 아늑한 마음이 된다.

엄마는 맨 살에 닿는 옷인 속치마로 빨갛고 따뜻한 옷을 만들어 준다. 잼을 쏟은 보이지 않는 아이는 모습을 감춘 채 야단맞기를 기다리고 있었다. 그러나 엄마는 매우 철학적인 말로 아이를 안심시킨다. 노는 방법을 모르는 것이 문제의 뿌리라고 한 아이들의 지적이 옳았다. 그리고 다시 한 번 엄마는 아빠가 자신을 물에 빠뜨리는 척 한 것뿐이라고 보이지 않는 아이를 안심시킨다.

마침내 보이지 않는 아이는 사람들 앞에 분노를 표현하면서 제 모습을 안전하게 드러낸다. 이 이야기는 식구들이 함께 버섯 껍질을 벗기는 안전한 집, 수확과 풍성함이 있는 과수원, 모래와 물이 있는 해변 등 여러 양육 환경에서 일어나며, 각 장소는 매우 감각적이다.

아이들은 이 이야기를 그림으로 그리고 극화하기를 즐기며, 질문도 많이 한다. EPR(체현-투사-역할) 단계에 따라 이야기를 활용할 수도 있다.

NDP는 '돌봄 아동,' 특히 아이들이 누군가에게 붙어서 떨어지지 않으려 하거나 마음을 닫고 있거나 관계에서 혼란스러운 양상을 보일 때 그 애착 욕구를 다루는 데 유용하다. NDP는 위탁 보육사와 입양 부모가 분노의 춤을 추는 듯한 아이들의 소통 방식을 이해하는 데 도움을 줄 수 있다.

NDP 기법은 돌봄 아동에게 다음을 촉진하고 지지할 수 있다.

- 감각 놀이와 리듬 놀이
- EPR의 발달
- 통제를 벗어난 아이들을 품어 주고 안심시킴
- 아이의 상황을 비추는 치료적 스토리텔링
- 감각적 방법을 통한 애정과 긍정적 확언

십대와 청년을 위한 신경극놀이

난 엉망진창의 소년이었고, 그는 사고뭉치였다. 우리 둘은 모두 쫓겨 난 사람들이었다. 그러나 케니는 날 사람으로 대해 주었고 내 생각에 관심을 가져 주었다. 그리고 싸움과 돈이 아닌 다른 것들을 이야기했 다. 그는 잠시 동안이었지만 내가 중요한 사람인 듯한 느낌을 주었 고, 그래서 나는 그를 사랑했다. (Walsh 2010, p. 162)

개관

이 장은 십대를 대상으로 신경극놀이를 어떻게 활용할 것인가를 다룬다. 그중에서도 특히 심리 치료를 제대로 받아 본 적이 없고 무능한 치료사 에게 거부당한 경험이 있는 십대에게 관심을 갖는다. 나는 청소년 대상의 심리 치료가 대부분 청소년들이 알고 있는 것 중에 도움이 되는 것보다 그들이 마땅히 가져야 한다고 우리가 믿는 것을 주려 한다고 생각한다. 어른들은 십대의 최대 관심사가 무엇인지를 잘 모른다. 개입은 오래 걸릴 가능성이 많다. 왜냐하면 몇 년 동안은 불안, 분노, '액팅 아웃'이 지속될 것이기 때문이다. 신경극놀이는 특히 비언어적인 것에 초점을 둘 수 있고 참여자가 과정을 주도한다는 점에서 적합한 모델로 제시될 것이다.

앞서 회복 탄력성과 '보살핌이 필요한' 아동을 다룬 장에서 십대를 대상으로 한 작업에 대해 언급했다. 공감 능력 없이 사춘기로 접어든 아이들은 분노, 우울, 권태밖에 표현하지 못한다. 그 기저의 감정은 대개 두려움이며, 두려움은 발달 초기 결정적인 몇 개월 동안의 불안정 애착에서 비롯되는 경우가 많다. 에릭슨의 사회심리적 발달에서 첫 단계의 과제는 '신뢰 대 불신'이다. 다른 사람들을 믿지 못하면 우리는 모두에게 무신경한 태도를 취할 수 있고 '나를 보살필 사람은 나뿐이야'라는 신념을 가지게 된다.

십대의 애착 손상

아동과 십대는 생후 초기의 유아에게 부여되는 경계와 한계 없이도 긍정과 지속성을 가지고 나름의 존재 방식을 발달시키는 방법을 찾아간다. 반면에 안전한 애착이 결여된 경우에는 파괴적인 방식으로 다른 아이들과 어른을 통제하고 힘을 행사하려 들며, 그렇게 악당이나 악당의 피해자가 되곤 한다.

시뢸니크(2005)는 '초기 발달 과정에서 별 역할을 하지 못했기 때문에' 십대의 자녀가 자신을 통제하도록 놓아두는 부모들에 대해 이야기한다(p. 128). 그는 '13세부터 18세의 과잉 행동적이고 불안한 청소년'(p. 128)의 폭력성은 보편적인 십대의 반항이 아니라는 사실을 강조한다. 그는 그것이 '환경에 의해 구조화되지 않은 폭력성의 배출'이라 말한다(p. 128). 그는 또 이렇게 주장한다.

이 '근접성의 폭력'은 생후 첫 해에, 사내아이들이 다른 사람에게 가하는 심리적 폐해를 미처 이해하지 못하는 시기에 주변 사람들을 모욕하면서 학습된다. 3살이 되면 엄마를 때리고는 '아무도 어떻게 해야 하는

지를 일러 주지 않기 때문에' 울기 시작한다. (Cyrulnik 2005, p. 128)

시륄니크는 아이가 어릴 때는 제한 없이 폭력을 행사하는 것이 허용되기 때문에, 나중에 성장하여 다른 아이들과 교사를 포함한 어른에게도 오직 '고통을 야기하는 말과 주먹'을 통해서만 상호작용하게 된다고 말한다 (p. 128).

내게 슈퍼비전을 받으러 온 한 치료사가 매우 괴로워하며 말했다. 12살 남자아이를 만나는데, 아이가 엄마에게 침을 뱉을 때마다 아빠가 아이에게 돈을 준다는 것이다. 치료사는 개입이 불가능한 상황을 다루고 있는 게 아닌지 모르겠다고 했다. 그녀는 비지시적인 놀이 접근법을 주로 사용했는데, 소년의 상태를 악화시키는 것은 갈등을 지속하고 있는 부모였고, 따라서 그 경우에는 치료적 개입이 아동 개인보다 가족 차원에서 이루어져야 한다.

이는 부모가 자녀의 최선의 관심사보다 자신들의 갈등을 위해 자식을 어떻게 조종하는지를 보여 주는 한 예일 뿐이다. 특히 침 뱉기가 매우 유아적인 행동임을 감안하면, 부모가 먼저 치료적 도움을 통해 애착 경험을 다룰 필요가 있는지 여부를 고려해야 할 것이다.

십대의 소통과 사회화

아동과 십대가 맞닥뜨린 가장 큰 어려움 중 하나는 초기 애착의 결핍뿐 아니라 교사와 다른 전문가들이 손볼 수 없는 소통과 관계상의 결함이다. 가족과 함께 보내는 시간이 점점 더 줄면서, 소통하고 협상하고 주고받기와 존중하는 법을 배우기가 어려운 것이 현실이다. 2010년 『가디언(Guardian)』이 교강사협회 사무총장인 메리 부스테드(Mary Bousted)와 진행한 인터뷰에 나타나듯이, 애착은 유아뿐 아니라 십대에게도 중요하다.

> 중산층 부모들은 자녀에게 기본적인 사회 기술을 가르치기보다 텔레비전이나 컴퓨터로 '매수'함으로써 교실에서 나쁜 행동을 부채질하고 있어요. … 아이들은 자기 방에서 텔레비전과 컴퓨터 게임에 빠져 '고립'된 채 생활하고, 그렇게 혼자 지내는 것을 격려하는 것은 대개 상대적으로 부유한 부모들입니다. '그래서 가족 내에서 상호작용하는 법을 배우지 못하는 거죠'라고 말했다.

아동과 십대는 일반적으로 가족의 상호작용을 통해 어른이 되는 것에 대한 사회적 기대와 규범을 갖게 된다. 그러나 텔레비전을 보거나 인터넷을 하는 데 점점 더 많은 시간을 씀에 따라 아이들은 점점 더 외로워진다. 스크린을 처다보는 것은 매우 고립적이며, 가상현실은 실제의 상호작용과 현실의 삶을 대체할 수 없다. 우리가 상대하는 것은 더 이상 소통하기를 거부하는 청소년 집단이 아니다. 작금의 문제는 배운 적이 없어 소통하는 법을 전혀 모르는 아이들이다.

방임의 이미지

'버림받은 아이'라고 하면 아기 침대에 있는 고아나 쓰레기 더미를 뒤지는 아이들을 쉽게 떠올린다. 이것이 우리가 방임에 관해 갖고 있는 이미지이며, 그래서 우리는 주변 사람들 대다수가 먹고 마실 것이 충분하고, 머리 가릴 지붕이 있으며, 적절한 교육을 받고 무상 의료와 복지 혜택을 받을 수 있음에 감사한다.

그에 비해 현대의 서구 가정에서 일어나는 정서적이고 사회적인 방임은 정확하게 기술하기가 훨씬 어렵다. 나는 그것을 '기술을 통한 도시적 방임'이라 말한다. 많은 아이들이 자기 방에 있는 텔레비전과 컴퓨터 앞에서 긴 시간을 보낸다.

사회 지능이 정서 지능보다 앞서 학습될 수 없음은 분명한 사실이다. 정서 지능과 사회 지능을 집중적으로 연구한 대니얼 골먼은 이렇게 말한다.

> 실제로 작동하는 위험한 역설이 있다. 아동의 IQ가 높아질수록, 정서 지능은 오히려 쇠퇴한다. 부모와 교사를 대상으로 한 대규모 설문 조사에서 나온 데이터 중 가장 충격적인 한 가지는 지금 세대의 아이들이 이전 세대보다 정서적으로 더 어려움을 겪고 있다는 사실이다. 아이들은 평균적으로 더 외롭고 우울하고, 더 화가 나 있고 제멋대로이며, 더 예민하고 불안하고, 더 충동적이고 공격적이다. (Goleman 1998, p. 11)

골먼은 1998년에 자기 자신을 다루는(예를 들어, 자기의식, 자기 조절, 동기화) '정서적 유능성'과 다른 사람과의 관계를 다루는(공감과 사회적 기술을 포함한) '사회적 유능성'의 중요성을 길게 논한 바 있다. 이를 애착의 관점에서 본다면, 개인은 타자에 의존한다고 말할 수 있다. 일차적 정서와 사회관계가 충분히 안정적이라면, 사회 지능은 자연스럽게 뒤따를 것이다.

또 다른 책(2006)에서 골먼은 정서 지능과 영적 지능이 분리되어야 한다고 말한다. '내가 지금까지 본 바로는, 단순히 사회 지능을 정서적인 것과 묶어 버리면 상호작용에서 일어나는 것을 무시함으로써 인간의 관계 형성적 소질에 관한 새로운 사고를 저해하게 된다' (Goleman 2006, p. 83).

그에 따르면, 사회 지능은 두 측면 — 사회적 자각(1. 일차적 공감, 2. 조율, 3. 공감적 정확성, 4. 사회적 인식)과 사회적 기능(5. 동시성, 6. 자기표현, 7. 영향력, 8. 관심사) — 으로 구성된다. 그러나 나는 사회적 자각의 첫 번째, 두 번째, 세 번째 측면과 사회적 기능의 여섯 번째 측면은 초기의 애착 발달에 근거한다고 생각한다. 그리고 십대와 관련해 우리의 관심을 가장 끄는 것은 공감적 자각의 측면이다.

드 발(2009)은 서유럽의 문화가 개인의 자유와 해방에 초점을 둠에도 불구하고, 공감과 감정이입은 경험의 공유를 통해 발달한다고 강조한다.

웃음의 공유는 타자에 대한 우리의 영장류적 감수성의 한 예에 불과하다. 고립된 섬에 앉아 있는 로빈슨 크루소가 되는 대신, 우리는 모두 신체적으로 그리고 정서적으로 서로 연결되어 있다….

이것이 바로 공감과 감정이입이 시작되는 지점이다. 그것은 상상의 보다 고급한 범위나 '다른 사람의 입장이라면 어떨까'를 의식적으로 재구성하는 능력이 아니라, 훨씬 단순하게, 다른 사람들이 달릴 때 함께 달리고, 다른 사람들이 웃을 때 같이 웃고, 다른 사람들이 울 때 더불어 울고, 다른 사람들이 하품할 때 따라서 하품을 하는 신체의 동시화를 통해 시작되었다. (De Waal 2009, p. 46)

드 발은 1장과 2장의 이야기를 다른 말로 표현한다. 엄마와 신생아가 함께 몸을 흔드는 것처럼, 동시에 뭔가를 하는 '일치 놀이'가 있다. 일치 놀이는 엄마와 유아가 서로를 따라 하는 '메아리 놀이'에 선행한다. 이전 책 (Jennings 1990)에서 썼듯이, 정신병원에서 한 청년과 작업했을 때 나는 그가 충분히 안전감을 느낄 때까지 그의 움직임을 따라 했고, 그 과정을 거친 다음에야 서로 움직임을 주고받는 메아리 놀이를 할 수 있었다. 병원 기록에 따르면, 그는 '판별 가능하지 않은 IQ'를 갖고 있었지만, 일치 놀이에서 시작해 메아리 놀이를 거쳐 나중에는 소집단 안에서 음악과 움직임 작업을 할 수 있었다.

너무 늦었을까?

정서와 발달상 결핍이 있는 아이가 십대가 되면, '너무 늦었나?'라는 의문이 항상 따른다. 일반적으로 초기에 개입이 없었다면, 그 뒤에 행해지는 것은 청소년의 표면적인 행동과 역할을 수정할 뿐이라고 믿는다. 십대에 들어선 다음에는 근본적인 변화가 어렵다는 비관주의를 엿볼 수 있다. 그러나 나는 적절한 개입이 주어졌을 때 의미 있는 변화를 보인 십대 이후의 사례를 많이 알고 있다. 게르하르트는 변화의 잠재력에 대해 낙관적이다.

> 유아기의 중요성을 강조하다 보면 평생에 걸친 인간 발달의 중요한 세부를 놓치기가 쉽다. 유아기는 우리의 삶에 좋지 않은 영향을 미칠 수 있는 매우 중요하고 결정적인 시기임이 분명하다. 그러나 그렇다 해도 그것이 이야기 전체를 지배할 수는 없다. 중요한 경로는 7세 무렵의 아동기까지 지속적으로 구축된다. 그리고 사춘기 초기도 15세에 발달을

완결하기까지 뇌가 재조직화 되는 또 다른 결정적 시기다. 그러나 그 이후에도 변화와 발달은 지속된다. 왜냐하면 삶은 지속적인 적응의 과정이기 때문이다. (Gerhardt 2004, p. 195, 나의 강조)

하지만 우리의 개입은 단편적일 수 있고, 가장 주목을 끄는 것은 '신문 일면을 장식하는' 십대들이다. 또래에게 폭력을 행사하는 아동과 청소년에 대해 매체는 늘 과잉 반응한다. 폭력 범죄를 저지른 청소년을 유사한 경우의 성인보다 엄하게 처벌하려는 듯 보이기도 한다. 우리는 십대의 격동기에 집단 정체성을 추구하고 모종의 무리 애착을 형성하려는 아이들에게 위협을 느낀다.

사춘기에는 몸뿐 아니라 뇌에서도 엄청난 활동이 진행된다는 사실을 기억하자. 신경과학은 사춘기의 시작과 동시에 뇌세포가 엄청나게 증가하고 사춘기가 지나면서 급속하게 감소함을 관찰했다. 그것은 마치 필요 없거나 활성화되지 않는 세포를 버리는 것처럼 보이기도 한다. 그래서 청소년은 몸과 마음을 충분히 작동시키는 활동에 힘써야 한다. 증가하는 뇌세포를 사용할 수 있는 접촉과 몰입의 계기를 찾아야 하는 것이다. 십대는 잠을 충분히 자야 하며, 그것은 알다시피 그들이 게을러서가 아니라 정말로 많은 일을 하기 때문이다.

정신증의 경계에 있거나 만성 섭식 장애나 자해를 하면서도 발견되지 않고 고통 받는 청소년들이 상당히 많다. 여기서 연극의 힘이 간과되어선 안 된다. 예를 들어 소머스(2009)는 그의 상호적인 공연 〈경계에서 (On the Edges)〉에 참여한 관객 중 상당수가 공연을 본 후 정신건강 문제로 도움을 받았음을 지적한다. 시민 연극 작품인 그 공연은 십대 정신증에 대한 자각을 촉진하고, '거리 두기'로써 청소년들이 자신의 주제에 접근하도록 자극했다. 그것이 바로 연극의 역설이다(Jennings 1998). 십대는 다른 사람들의 극적 행동 곧 공연이나 텔레비전 연속극을 통해서도 자신의 주제에 접근할 수 있다.

십대의 애착

돌봄의 맥락에서 실행되는 감각 놀이와 극적 놀이는 문제 청소년에게도 도움이 되지만, 그들은 이런 활동을 유치하고 모욕적이라 느낄 수 있다. 그렇지 않아도 수치스러운 것투성이인데, 거기에 수치스러운 것이 하나 더 얹어지는 것이다. 약물에 중독된, 이혼한, 감옥에 있는, 문란한 부모 혹은 다른 형제나 자매를 편애하는 부모에 대한 수치심. 읽거나 쓸 줄 모르는, 운동이나 스포츠에 젬병인, 친구가 없거나 잘 어울리지 못하는 데서 오는 수치심이 그것이다.

무엇보다 십대는 또다시 '실패'할 여유가 없으며, 그들의 취약한 내면을 헤집고 들어오는 치료적 개입에 저항할 것이다. 십대 혹은 '사이에 낀 사람들'은 아동의 의존성과 성인에게 요구되는 기대 사이에서 갈등한다. 그리고 자신이나 타인에 대한 파괴적 행동은 오랫동안 쌓인 묵은 감정의 궁극적인 '출구'로 보인다.

'충분히 좋은' 애착을 경험한 아이가 자라 십대가 되면 애착 유형이 급진적으로 변할 것이다. 특히 학교와 가족을 넘어선 세계의 큰 그림과 관련해서는 부모의 지지를 필요로 하겠지만, 일차적인 애착은 주로 동성의 십대나 비슷한 나이의 이성에게 향할 것이다. 그리고 초등학교 때처럼 강력한 '절친'보다는 취미나 관심사가 비슷한 이들과 또래 집단을 형성하는 것이 보통이다.

초기에 만족스러운 애착 경험이 있으면 이 변화를 비교적 큰 상처 없이 이뤄 낼 것이며, 그것은 대체로 중학교로 옮겨 가는 시기와 일치한다. 반면 여전히 정서적으로 어린 십대는 엄청난 어려움을 겪을 것이다. 또래 관계를 전혀 맺지 못하거나 '도움이 안 되는' 아이들과 어울리면서 학교와 사회의 기대치를 만족시키지 못하는 집단이 되는 것이다. 그들은 흔히 위험성을 정확히 알지 못하거나 그에 대해 전혀 무신경한 상태에서 극히 위험한 행동을 저지르곤 한다.

도구들은 아주 수다스럽다

다음은 문제아 라미의 이야기이다. 치료사는 선견지명을 갖고 그 아이처럼 침묵하면서 필요하다고 판단될 때는 그 아이처럼 행동했다. 작업의 배경은 정상 범위의 지능에 속하되 정서와 행동상의 문제가 있는 십대를 위한 특수학교이다.

라미는 특별했다. 그는 운동장에서 빈둥거리거나 혼자 싱글거리고, 큰 갈색 눈으로 언제나 주위를 경계하며 다른 아이들을 집중해 관찰하곤 했다. 하지만 절대 누구와도 그 어떤 반응이나 인상을 공유하지 않았다. 주례 교사 회의에서 라미에 대해 얘기할 때면 모두들 다른 관찰 소견을 내놓았다. 그는 느긋하게 몸을 앞뒤로 흔들기도 했고, 때로는 혼자서 별 뜻 없는 허밍을 하기도 했고, 어떤 때는 교사와 수업과 교실에 있는 다섯 명의 아이들에게 전혀 신경을 쓰지 않는 듯 보이기도 했다. 그러다가 가끔씩 아주 지적인 단어를 내뱉기도 하고 교사의 질문에 대답을 하거나 묻지 않았는 데도 교사의 말에 자신의 생각을 보태기도 했다. 때로는 일어나 돌아다니다가 주의를 사로잡는 뭔가가 나타나면 멈추었고, 만일 그때 누군가 제지하면 씩 웃으며 그 얼굴에 침을 뱉기도 했다.

라미는 미술실에서 작업하기를 좋아했고, 이따금씩 크레파스 몇 개로 추상적인 형태를 그리고는 사라지기도 했다. 주례 교사 회의에서, 나는 전에는 몰랐지만, 라미가 나와 목공방에서 개별 작업을 할 수 있을 것이라고 말했다. 워크숍 참여자들은 보통 나와 먼저 만나 공간을 둘러보며 설명 듣는 시간을 짧게 가진다. 그런 뒤에 4~5회기 동안 구조화된 여정을 통해 브레인스토밍과 시행착오를 거듭하면서 다양한 도구를 탐색한다. 그 과정에서 도구에 대한 파악이 일단락되면 어떤 프로젝트를 진행할지 결정한다.

나는 라미와 관련해서는 매우 직선적이고 목표 지향적일 필요가 있음을 알았다. 그는 약 2분 동안 둘러보았다. 나는 뭘 만들고 싶으냐고 물었다. 그는 '···앵무새'라고 웅얼거렸고, 그 뒤로 몇 주 동안 그것이 내게 한 유일한 말이었다. 우리는 도서관에 갔고, 거기서 라미는 그림 하나를 골라 나무에 그 사진을 베껴 그렸다.

내가 조각칼을 써도 좋겠다고 하자 라미의 눈이 빛났다. 그는 나의 안내는 일체 무시한 채 자신만의 방식을 따랐고, 그래서 나는 다른 쪽에서 내 조각을 했다. 라미가 갑자기 물었다. '이 조각이 어떻게 만들어

질까요?' 그가 무려 일곱 마디를 말했다!

라미가 그림을 조각하고 싶은 게 아니라 지우고 싶어 한다는 걸 한참 후에 깨달았다. 그는 일어서서 칼 손잡이를 꽉 쥐고 날을 앞뒤로 흔들었다. 내가 재빨리 톱의 사용법과 나무를 잘라내는 데 어느 정도의 압력이 필요한지 설명해 주자 그는 바로 이해했다. 라미는 자기 자리로 돌아가 앵무새를 깎아 냈고 소리를 치거나 침을 뱉지 않고 작업을 마쳤다. 그는 일주일에 두 번 45분씩 목공방 워크숍에 참여했다. 때때로 나는 '길게 쳐' 혹은 '앵무새를 살짝 두드리렴'과 같은 간단한 안내를 했고, 나머지는 도구들이 다 해 주었다.

두 달 뒤에 드디어 나무에서 앵무새가 나왔다. 아름답고 정교하게 다듬어진 나무 공예품이었다. 라미는 말했다. '앵무새에게 옷을 입히고 싶어요.' 내가 물었다. '뭘로?' '깃털이요.' 교사들은 이미 그가 파편적이나마 몇 단어로 된 말을 하고 사람들에게 훨씬 부드러워졌다고 보고한 바 있다.

나는 라미의 아이디어가 마음에 들지 않았지만 여러 가지 깃털을 가져다주었다. 나는 그대로도 아름다운 앵무새라고 생각했지만, 나보다는 라미가 더 잘 안다는 것을 알고 있었다. 그는 깃털을 조심스럽게 붙여 나갔고, 정말로 무척 아름다운 앵무새가 되었다.

라미는 완성된 앵무새를 두 손으로 소중하게 감싸더니 눈을 감고 가슴에 가져다 댔다.

내가 조금 떨어져서 사진을 찍는 동안, 뭐라 말릴 새도 없이 라미는 앵무새의 깃털을 잡아 뽑더니 망가뜨려 버렸다. 그의 아름다운 작품이 파괴되는 것을 보면서 나는 어금니를 꽉 깨물어야 했다.

곧 여름방학이 왔고, 라미는 더 이상 목공방에 오지 않았다. 나중에 길에서 우연히 라미의 아버지를 만나 그가 일반 학교의 일반 학급에 다니고 있고 별 문제 없이 잘 지낸다는 소식을 전해 들었다.

나는 어떤 답이나 해석을 갖고 있지 않다. 라미에게는 조각칼을 가지고 '떨어져서' 작업했던 것이 분명히 중요하게 작용했다. 또 그의 작품을 앙상하게 벗겨 내기 전에 감싼 것이 주요한 변형의 계기였다고 보인다. 혹시 그렇지 않다 해도 짐작으로 말하고 싶지는 않다.

이 이야기는 애착의 주제를 명확하게 담고 있으며, 라미와 그의 앵무새의 관계가 매우 감동적이다. 나는 그와 관련해 상징에 대한 여러 가지 설명과 논쟁이 가능할 것이라는 데 도리와 의견을 같이한다. 그러나 중요한 것은 청소년인 라미가 자신의 삶을 변형할 수 있었고 자신을 위해 무엇이 필요한지를 알았다는 사실이다. 같은 공간에 조용히 지켜봐 주며 지지해 주는 사람이 있다는 사실은 변화의 바탕이 되어 주었다. 나무와 작품에 대한 그의 애착 역시 침해적이지 않은 애착 대상을 필요로 했다. 우리는 그의 작업이 매우 감각적이었고 옷을 입혀야 하는 하나의 '인물'로 발전되었다는 점에 주목할 수 있다. 그 과정은 그대로 문제 청소년을 위한 신경극놀이의 성공적인 변주이다. 그것은 또한 EPR 발달 패러다임의 맥락 — 재료의 물성, 이미지의 창조, 그리고 역할로의 변형 — 으로 볼 수도 있다.

십대와 작업하는 방식

십대를 대상으로 한 작업 방식에 대해서는 여러 의견이 있다. 에무나 (1994)는 자신의 경험에 비추어, 청소년은 일반적으로 상상의 장면과 이야기보다는 '사실적인' 상황에 반응한다고 말한다.

청소년은 생활과 직결된 주제(부모와의 갈등, 또래 압력, 약물 남용, 데이트 등)를 현실적으로 극화하는 작업에 가장 잘 몰입한다. 그리고 또래와 동일시하고 또래에게 수용되려 애쓰면서도 개인적인 자기 노출은 두려워한다. (Emunah 1994, p. 20)

그녀는 그래서 사이코드라마보다는 소시오드라마의 활용을 옹호한다. 하지만 역할 연기와 역할 바꾸기가, 사이코드라마와 소시오드라마와 연극치료를 막론하고, 그 모두의 핵심에 있음을 지적한다. 사이코드라마가 개인의 삶에 직접적으로 관련된 역할을 연기하는 데 반해, 소시오드라마와 연극치료는 개인과 역할 사이에 약간의 '거리'를 만들어 낸다.

에무나(1994)는 자신의 접근법을 다섯 개의 주요 개념으로 제시한다. 그것은 집단이 발전해 가는 다섯 단계로 간주되기도 한다(표 9-1 참고).

단계		개념
1. 극적 놀이		극적 놀이
2. 장면 작업		연극
3. 역할 연기	가장 영향 받은 것은	역할 연기
4. 최종 극화		사이코드라마
5. 극적 제의		극적 제의

표 9-1. 에무나의 주요 개념 다섯 가지의 일련의 단계

에무나(1994)는 십대가 한편으로는 현실적인 기반을 가진 이들 단계에 가장 편안함을 느끼겠지만, 반면에 개인적인 노출은 부끄러워할 것이라고 강조한다. 그것이 십대와 관련된 현실적인 시나리오를 다룸에 있어 걸림돌이 될 것이다.

어린 시절의 '~인 척 하자'가 십대가 되면 '설마 농담이지'로 바뀌는

듯 보인다. 십대는 그들의 위치를 구체적인 용어로 알고 싶어 하며, 상상 작업은 또래들 앞에서 바보 같아 보이는 것을 두려워하기 때문에 불편함을 유발할 수 있다. 특히 어른이 주도하는 활동에서 체면을 잃는 것은 불안정한 십대에게 매우 타격이 크다.

십대에게 편안한 것은 극히 중요하다. 그리고 나는 아마도 십대의 특징을 이상하고 적대적으로 느껴지는 세계에 직면한 '불안한 시기'로 특정할 수 있을 것이라 생각한다. 일대일 작업에서는 위험을 감수하는 것이 좀 더 가능하지만, 또래 압력이 심한 집단 작업에서는 많은 십대가 그에 굴복할 준비가 되어 있어 개별 작업과 다른 양상이 나타난다.

생후 초기에 1장과 2장에서 설명한 극적 반응(만약 ~라면)과 감각과 극적 놀이를 거치지 않은 청소년에게는 어떤 극적 작업도 접근이 어려울 수 있다. 그리고 아동기에 모종의 '회복 작업'의 형태로 드라마와 여타 창조적 활동이 없었다면, 극적 작업은 더욱더 요원해진다.

코사(2005)는 그의 소시오드라마 작업에 참여한 십대를 이렇게 표현한다.

> 사춘기에는 인생의 다른 어떤 시기에도 존재하지 않는 치료적 개입을 위한 고유한 기회가 있다. 사춘기로 접어들 때 아동기의 발달적 도전이 다시 찾아오는데, 그때 또래 집단은 아동기의 가족에 비견할 만한 지지와 영향력 있는 역할을 수행한다. (Cossa 2005, p. 21)

코사(2005)는 '용의 드라마(Drago-Drama)'™라는 원형적인 소시오드라마에 대해 말한다. 그것은 개인이나 집단이 용(장애물)에 맞서 위대한 보석(목표)을 찾기 위해 모험을 떠나는 것이다. 그는 참여자들이 삶의 보편적인 도전과 감정과 경험을 거치도록 안내하는 훌륭한 방법론을 소개한다. 이는 허구적 접근법의 가능성을 보여 준 흥미로운 예이며, 그러므로 우리는 항상 또 다른 가능성을 열어 두어야 한다. 더 이상 어리지 않은 집단에게 적용할 수 있는 다양한 활동과 방식이 있을 수 있으며, 다음 예에서 나타나듯 집단은 가면을 만들고 그것을 통해서 부지불식간에 감각과 극적 놀이에 참여할 수도 있다.

청소년 집단 프로젝트: 감각과 극적 가면

참여자들은 기숙 쉼터에서 왔고 연극 경험이 전혀 없었다. 그들은 어린 시절부터 쉼터에서 살았고, 일부는 휴일에 부모에게 다녀왔다. 워크숍은 스토리텔링에 초점을 두어 참여자들이 쉼터의 더 어린 아이들에게 이야기를 들려주는 걸 목표로 했다. 그러나 참여자들은 다른 집단의 가면 작업을 보자마자 문 곁을 서성이며 가면을 만들고 싶다고 조심스럽게 말했다. 우리는 참여자 한 명과 어른 두 명을 짝지어 가면 작업을 촉진했고, 그 형태가 감각 놀이를 위한 이상적인 조건임이 입증되었다.

어른들은 시간을 두고 천천히 얼굴에 크림을 바르고 석고 붕대를 올려 가면을 만들었다. 이 과정은 얼굴 마사지이기도 했고, 어른 두 명의 온전한 집중을 경험하는 기회이기도 했다. 가면이 어느 정도 마르면 조심스럽게 떼어 낸 다음 바짝 말려 색칠을 한다. 가면에서 '자기 자신을 볼' 때 참여자들의 얼굴에는 예외 없이 기쁨의 표정이 떠올랐다. 이어지는 회기에는 각자 원하는 대로 가면을 장식하여 이야기에 등장하는 인물로 만들었다. 참여자들은 텔레비전에서 본 적이 있는 신드바드 이야기를 하기로 결정했고, 괴물과 살인자를 갖추었다. 그리고 안전하게 무대에서 싸우는 기술을 익힐 수 있었다.

가면 만들기는 감각 놀이와 적절하고 수용 가능한 접촉을 허용해 주었고, 오래된 이야기는 집단의 분노를 담아내면서 동시에 극적 연기를 자극했다.

뿐만 아니라 가면의 감각 경험은 체현(E), 가면을 채색하는 것은 투사(P), 이야기의 극화가 역할(R)로의 발달을 창조함을 볼 수 있다. 체현, 투사, 역할 놀이 과정을 거치는 발달적 진행이 가면을 만들고 채색하고 쓰는 활동으로 통합된 것이다.

괴롭힘을 당한 십대를 위한 지지 집단에서도 가면 작업을 한 적이 있다. 참여자들은 괴롭힘이라는 주제로 열린 큰 규모의 회의에 참여했고, 거기서 상담을 통해 지지를 경험했다. 그러나 십대는 그것을 원치 않았다. 그들은 낯선 사람과 단 둘이 있어야 하는 상황을 매우 불편해했다. 그래서 우리는 긴 식탁에 튼튼한 벽지를 깔고 그라피티 탁자를 만들었다. 치료사 여섯 명이 근처에 있으면서 다양한 펜과 색칠 도구를 제공했다. 탁자는 금세 자석처럼 참여자들을 잡아당겨 의자에 앉혔고, 아이들은 거기서 괴롭힘을 당한 자신의 경험과 자해 그리고 집에서나 학교에서 쓸 수밖에 없었던 '가면 얼굴'에 대한 이야기를 털어놓기 시작했다. 아이들은 바깥쪽은 친구들과 가족이 볼 수 있는 반짝이는 표정을 하고 안쪽에는 숨겨진 눈물과 절망이 표현된 이중 가면을 만들었다. 가면은 그들이 때때로 비밀을 털어놓을 수 있는 유일한 친구가 되어 주었다.

모래와 물을 사용한 작업은 매우 근본적인 감각 경험을 자극하며, 우리는 거기서도 '체현-투사-역할'이 통합됨을 볼 수 있다. 모래와 물은 감각적이고 신체적이다. 그것을 이용해 이미지를 창조하면서 투사 놀이로 옮겨 갈 수 있고, 모래 놀이 이야기를 극화하면서 역할로의 전환이 일어난다. 다음 개인 사례에서 참여자는 모래와 물을 가지고 감각 놀이를 하다가 모래 상자에서 극적 놀이를 한다.

'분수령을 만들다'

커크는 기숙 보호시설에 사는 13살 소년이다. 그는 어릴 때부터 지속적으로 친척 남자에게 학대를 당했고, 두 여동생을 상대로 부적절한 성적 행동을 하도록 강요당했다. 커크는 포르노에 중독되었고, 다른 아이를 상대로 부적절한 성적 행동을 보여 왔다.

넉 달 전에 커크는 지금의 기숙 시설로 옮겨와 15살짜리 형과 방을 함께 쓰고 있고, 3주 뒤에 놀이 치료를 시작했다. 처음에는 수줍어하며 경계했고, 두 명의 보육사에게 함께 있어 달라고 했다. 그는 키가 크고 마른 체격에 목소리가 높고 가늘어서 가끔 말을 알아듣기 어렵기도 했다. 그것은 아마도 그의 목소리가 들려지지 않는 것에 대한 은유가 아닐까?

커크는 다양한 놀이 재료를 천천히 탐색했지만 선뜻 만지지 않고 가지고 놀지도 않았다. 3주차가 되자 그는 모래 상자를 가지고 위층으로 올라가 있는 동안 보육사 한 명에게 대기실에서 기다려 달라고 했다. 그는 빈 물받이 통에 흥미를 보였고 거기에 물을 부어도 되는지 물었다. 그래서 원하는 대로 해도 좋다고 했다. 그는 그 회기 내내 조용히 물을 붓고는 물받이 통의 경사면을 따라 유리구슬과 작은 돌멩이를 굴리면서 모양이 변하는 것을 지켜보았다. 그는 물받이 통 옆에 의자를 놓고 앉아 구슬들이 만들어 내는 유동적인 움직임과 아름다운 모양을 넋을 잃고 바라보았다. 그것은 마치 그의 내면에서 비롯된 아름다운 산호초 같았다.

이 돌파구 회기 이후에 커크는 나와 함께 있는 것에 충분히 안전감을 느꼈다. 4회기와 5회기에는 곧장 모래 상자로 갔다. 그는 특히 모래 바퀴를 좋아해서 여러 가지 바퀴들이 질서정연하고 규칙적인 패턴으로 움직이는 것을 흥미롭게 지켜보았다. 5회기에는 모래 바퀴를 중심에 두고 물받이 통의 경계를 따라 벽과 울타리를 쳤고, 나무와 몇 가지 동물을 포함시켰다. 그리고 가운데 언덕에는 들것에 누운 부상당한 군인을 배치했다.

모래 상자 놀이를 하면서 커크는 자신을 학대하고 여동생들에게 못된 짓을 하게 했던 친척에 대해 말해 주었다. 그리고 최근에 침실에서 포르노 영화를 보았고 15살 룸메이트가 자신을 성추행하도록 놓아두었다는 이야기를 들려주었다. 그는 치료적 관계의 안전함 속에서 자신을 '부상당한 군인'으로 나타냈고, 민감한 정보를 나눌 만큼 충분히 안전하다고 느꼈다. 내가 기숙 시설에서 그의 안전을 절대 보장할 것임을 알고 있었기 때문이다. 커크는 모래 상자를 통해 내면의 혼돈과 안전한 경계에 대한 욕구를 표현할 수 있었다. (이 회기에 파악한 정보에 대한 확인을 거친 후, 커크의 15살 룸메이트는 다른 곳으로 옮겨졌고 아동보호조사위원회가 열렸다.)

출처: Galloway 2010에 근거함

이 작업에서 흥미로운 점은 모래 놀이가 감각적이면서 동시에 극적이라는 사실이다. 커크가 물을 흘려보내고 바퀴를 돌렸을 때는 리드미컬하고 제의적인 특성도 관찰된다. 두 가지 모두 다양한 울림을 가진 원형적 이미지다. 나는 또 무엇이 흐르기 시작했을지, 그리고 바퀴는 무엇을 돌리기 시작했을지 궁금하다. 반복이 기초적인 안전감을 허용했을까? 아름다운 산호초가 자신의 추한 경험을 말할 수 있는 든든한 안전판이 되어 주었을까?

이 작업에 대해서는 어떤 분석도 하지 않았다. 창조적 과정은 커크의 경험이 움직여 나아가도록 촉진했고, 그가 자신이 '부상당한 군인'임을 인정하도록 했다. 그는 치료사가 자신을 지켜보게 할 만큼 그리고 자신의 짐을 나누어지게 할 만큼 신뢰할 수 있었다.

놀이를 통해 말할 수 없는 것을 말하기

아냐는 17살이며 2년 4개월 정도 놀이 치료를 해 왔다. 그녀는 어릴 적에 방임과 함께 삼촌에게 심한 성적 학대를 당했다. 그는 현재 구류 판결을 받아 복역 중이다. 그녀는 애착 이슈가 있었고, 무슨 말을 하는지 알아듣기 힘들 정도로 발음이 불분명했다.

아냐는 모래 상자를 한 번도 본 적이 없었지만 즉시 그것에 이끌렸고, 매주 회기 전체를 한 개 이상의 상자를 가지고 놀았다. 그녀는 이야기를 새로 만들 때마다 상자에서 모래를 전부 꺼내 다시 체로 치는 제의를 반복했다. 이것은 그녀가 매우 필요로 하는 환경에 대한 통제감을 부여했을 것이다.

세 번째 회기에서, 그녀는 상자에서 모래를 모두 꺼낸 다음 "무너진 방"을 만들었다. 인형의 집에서 가구를 가져왔고, 의자에 여자 아기를 앉혔다. 그리고 거기서 좀 떨어진 갑판 의자 뒤에 또 다른 여자 인형을 숨기듯 배치했다. 그리고 방 안 장면에 젖은 모래를 뿌렸다.

그녀가 만든 모래 상자는 가족 장면이 얼마나 쉽게 망가질 수 있는지를 강렬하게 보여 준다.

자신감이 커지면서 그녀는 놀이 재료에 대한 호기심이 생겼고, 작업 속에서 좀 더 과감한 모험을 감수할 준비가 되었다. 85회기에 그녀는 네 개의 나무 프레임, 부드러운 철사, 석고 가루를 찾아냈다. 그녀는 직관적으로 나무 프레임을 철사로 엮어 결합한 다음 그 안에 석고 가루를 부어 다섯 개의 공간을 채웠다. 석고 가루는 빠르게 굳었고 그 위에 가두고 싶은 사람이나 사물의 이니셜을 새기기로 했다. 가운데 상자에는 그녀를 학대한 삼촌의 머리글자가 있고, 'AP'는 '모든 소아성애자들(all paedophiles)'을 뜻한다.

아냐는 석고의 직접성을 좋아한다. 최근에는 어버이날에 엄마에게 선물하겠다며 자신의 손을 석고로 본 떴다. 다음 회기에 석고가 굳자 아냐는 그것을 아주 거칠게 세 동강 냈다. 그리고 어린애 목소리로 그것이 '망가졌다'면서, 엄마에게 줄 수 없게 되었다고 했다. 그녀는 그것을 망가뜨리고 싶었을까? 금속으로 손등에 '도와주세요'라고 쓰고 손바닥에는 '당장 꺼져'라고 적었다.

그것은 내게 도움을 구하는 것이었을까? 아니면 나나 엄마에 대한 또 다른 감정이었을까? 이 모든 것을 아냐는 말없이 이루어 나갔다.

석고 주형은 감각 경험뿐 아니라 모델을 만들 수 있는 감각 놀이 활동이다. 손 모형은 신체 이미지를 강화하고 무질서한 놀이에서 구조화된 놀이로의 이동을 가능케 한다.

또래의 중요성

십대의 여정이 시작될 무렵에는 또래 관계에 투여되는 에너지가 점차 커지면서 부모와 다른 중요한 어른에 대한 의존도는 감소하기 마련이다. 자주 인용되는 바와 같이, 십대는 부모나 다른 어른들보다 또래와 두 배로 많은 시간을 함께 보내며, 그것은 학교에서의 시간을 제한한 것이다 (Gordon and Grant 1997; Luxmoore 2000의 예를 참고).

그러므로 동배를 대상으로 작업하는 또래 상담자나 또래 교육자를 위해 강력한 사례가 제시될 필요가 있다. '존중과 보호'라는 프로그램에서, 또래는 새로운 동아리나 학교에 들어가는 신입생들이 불안을 덜 느끼도록 도움을 줄 수 있었다. 지금은 많은 학교에서 신입생을 지지하거나 상실이나 괴롭힘으로 고통 받는 아이들을 돕는 '친구 체계'를 갖추고 있다. 그러나 발달 지체로 고통 받는 경우에는 또래가 그 미성숙함을 다루기가 어려우며, 그런 점에서 진정으로 또래 상담 훈련이 필요함을 느낀다.

시뤼니크(2005)는 청소년들이 애착의 문제를 극복할 수 있는 가능성에 대해 상세하게 논한다. 그는 괴롭힘을 당한 청소년이 침묵과 우울을 경험할 가능성이 많다고 말한다. 소위 '구조적인 방어'를 가동하는 것이다. 거기에는 백일몽, 행동주의 등이 포함된다. 그는 계속해서 말한다.

> 만일 어른이 청소년의 숨겨진 능력을 일깨우기 위해 회복 탄력성을 기꺼이 지지한다면, 청소년들은 정서적, 지적, 사회적 노력에 힘입어 침묵의 우울을 내려놓고 다시 삶으로 돌아올 것이다. (Cyrulnik 2005, p. 63)

시뤼니크는 강력하게 맞서는 피해자는 오히려 의지할 곳이 적다는 데 무력감을 느끼며 끝나는 경우가 많으며, 애착 관계를 형성할 가능성은 더 적다고 말한다. 그는 피해자가 가해자처럼 행동할 경우 종국에는 같은 상황을 반복하는 악순환을 초래할 수밖에 없다고 지적한다.

어른의 지지의 중요성

과거에 신뢰할 만한 어른을 만나지 못한 십대는 아무런 개입이 없을 경우 교사를 신뢰할 가능성이 거의 없다. 그러나 교사는 특히 목회자의 역할을 작동시켜 확고하고 수용적인 어른으로서 그들을 보살핌으로써 애착의 어려움을 다룰 수 있다.

아마도 우리는 초등학교에서 중학교로 옮겨 가는 데 더 주의를 기울여야 할 것이다. 아는 친구들과 함께 진학한다면 별 문제 없겠지만, 혼자 낯선 학교에 가야 하는 것은 쉽지 않다.

우리는 이미 앞선 임상 사례를 통해 가면, 소시오드라마, 영웅 이야기, 모래 상자, 나무 조각, 드라마 게임 등 여러 방법을 탐색했다. 그것은 모두 신경극놀이와 EPR로 통합될 수 있다. 그리고 어떻게 접근하든 참여자의 작업을 침해하지 않는 지지적인 어른이 있는 가운데 감각 놀이와 극적 놀이를 풍부하게 사용하면서 애착 작업을 진행하는 것이 중요하다.

리듬과 제의의 중요성

이 장을 맺으면서 나는 십대와 작업할 때 리듬과 제의적인 작업이 중요함을 강조하고 싶다. 이를 위해 시와 제의적인 스토리텔링, 랩과 음악의 도움을 받을 수 있다. 라임 사전을 가지고 다니는 것이 좋은데, 그중에는 벤저민 제파니아(Benjamin Zephaniah 2008)가 서문을 쓴 『체임버스 라이밍 사전(Chambers Rhyming Dictionary)』이 훌륭하다. 그는 이렇게 말한다.

> 체임버스는 이미 위대한 전통적인 사전들로 명성이 높다. 그러나 그들은 완전히 새로운 접근을 시도했다. 강조된 음절로 라임을 구분했다. 개별 단어뿐 아니라 구절을 제시했고, 수천 개의 적절한 이름을 포함시켰다. 그러므로 이제 공식적이다. 당신은 **허튼소리**로 **조니 캐시**를 말하거나 **틈**과 함께 **벤 네비스**를 말할 수 있다. 미래는 밝다. 이것은 래퍼의 기쁨이다. (Zephaniah 2008, p. v)

십대의 랩

건드리지 마

말 걸지 마

네 동정 따위 필요 없어

날 그냥 놔둬

화내게 놔둬

내가 어떤 사람인지 넌 몰라

내가 보는 붉은 안개를 넌 몰라

네 머리가 뒤죽박죽일 때 꽉 쥔 주먹을 넌 몰라

아무 말도 남지 않았을 때 뭘 해야 하는지 넌 몰라

내 입은 말을 잃어버렸어

하지만 내 몸은 고함을 치지

그건 거대한 파괴의 무기야

내면의 전쟁이야

(액션워크 프로젝트에서 베키)

나는 공기가 점으로 가득하다는 것을 발견했다. 만약 누군가 공허
를 들여다본다면 거기에는 점이 있을 것이다. 사람들은 공허에 대
한 나의 멋진 관심을 훼방하며 지나칠 것이다. 나 역시 그들을 지나
칠 것이다. 그들은 웅성거릴 것이다. 나는 점에 굳건하게 몰두할 것
이다. 침착한 표정으로 장애물을 직시하되 점에 집중함으로써 마음
을 진정시킬 것이다. 철썩 때린다. 나는 '세상'에 대해 배우고 있었다.
(Williams 1992, p. 11)

개관

20세기 초 이래로 자폐증의 본질과 원인에 대한 연구가 지속되면서 그에
대해 소아정신병(Bleuler 1911), 심각한 정신 장애(Kanner 1943), 무정한 엄
마로 인한 결과(Bettelheim 1967)를 포함한 일련의 가설이 제기되어 왔다.
카너는 그의 연구를 마무리할 즈음에 자폐 아동의 부모가 매우 지적인데
따뜻한 마음을 지닌 경우는 거의 없다는 사실을 관찰했다. 당시에는 정
신분석적 사고가 자폐증에 대한 지배적 해석에 주된 영향을 미쳤다. 사실
어쩌면 그것이 20년 동안 자폐증의 원인에 대한 연구를 지연시켰고, 부
모와 자녀들에게 큰 고통을 안겨 주었다. 심지어 일부 아동은 부모에게서

분리되어 따뜻하고 배려 넘치는 위탁 가정에 보내지기도 했다. 그러나 그런 애정이 주어져도 폐쇄적인 아동의 반응에는 아무런 변화가 나타나지 않았다.

1960년대 초에 들어서면서 비로소 관점의 변화가 나타나기 시작했다. 림랜드는 '냉장고 엄마'(누가 이런 표현을 만들었는지는 분명하지 않다. 그러나 카너(1943)와 베틀하임(1967)은 차갑고 아이를 거부하는 엄마가 자녀의 자폐증에 책임이 있다는 생각을 지지했다)라는 생각에 도전하면서, 자폐증의 생물학적 근거를 파고들었다. 현재 서구에서는 개인 간 역량의 편차와 원인의 다중성 때문에 자폐 스펙트럼 장애라는 표현이 통용되고 있다. 자폐증은 뇌 이상과 같은 생물학적 기반과 난산 등의 부가적 신체 요인과 관련된다.

'치료'와 교육에 대한 접근은 많고 다양하지만, 크게 두 가지 범주로 나누어진다. 즉, 응용 행동 분석 시스템처럼 기계적 반복을 통한 암기를 믿는 사람들과 놀이 맥락에서 상호작용과 관계에 기초한 접근법을 개발하는 사람들이 있다. 무턱대고 외우는 접근법의 취약점은 대다수 아이들이 한 경험에서 다른 경험으로 일반화시키는 것을 힘들어 한다는 데 있다. 관계적 접근은 의미가 다른 상황에도 일반화할 수 있는 상징적 놀이와 언어의 발달을 지지한다.

자폐증 관련 전문가들은 자폐증의 특징을 다음 세 가지로 압축한다.

1. 사회적 관계의 어려움
2. 사회적 의사소통의 어려움
3. 상상력 사용의 어려움

본질은 이와 같지만, 나는 자폐증을 특징짓는 그린스펀의 세 가지 주요 테마(혹은 핵심 문제)를 더 좋아한다.

1. 친밀함을 구축하는 것
2. 감정적 몸짓을 지속적으로 교환하는 것
3. 감정적 의도가 포함된 새로운 단어나 상징을 쓰는 것

아래는 그가 부모와 이를 관찰한 방법이다.

1. 아이가 친밀감과 따뜻함을 구축하는 데 어려움이 있는가? 아이가 부모나 주 양육자 등과 함께 있으면 정말로 편안한 어른을 찾는가? 그렇다면 그 관계에서 가까이 있는 것을 즐거워하는가?
2. 아이가 몸짓과 감정적 표현을 써서 의사소통하는가? 미소 짓거나 찡그리거나 고개를 끄덕이거나 그 밖의 몸짓으로 감정적 신호를 계속 주고받는가?
3. 단어를 의미 있게 쓰는가? '이것은 탁자입니다' 혹은 '이것은 의자입니까?' 보다는 '엄마, 사랑해요' 혹은 '주스 마시고 싶어요'와 같이 감정과 소망이 내포된 단어와 상징인가? (Greenspan and Wieder 2006, p. 5)

그린스펀과 위더(2006)는 이런 특성이 적정 시기에 나타나지 않는다면, 그것이 자폐증의 정도를 나타낸다고 말한다. 그들은 또한 자폐증에는 이차 증상이 있지만, 그것은 학습 장애와 같은 다른 범주에서도 나타나므로, 그것을 자폐증 진단의 근거로 삼아서는 안 된다고 단호하게 주장한다. 이차 증상에는 회전하기, 행동의 반복, 물건 줄 세우기가 포함된다.

그린스펀과 위더(2006)는 스펙트럼 상에 있을 수 있는 유아와 아동을 대상으로 치료적 개입을 시작하는 것을 지지한다. 그렇게 하면 좀 더 자라 공식적인 진단을 받을 때까지 기다리는 대신 발달적으로 중요한 단계를 성취할 수 있는 기회를 얻을 수 있다.

이 장에서 우리는 자폐 스펙트럼 상태(Autistic Spectrum Condition)라고 할 만한 아동의 발달적 필요에 집중한다. 배런-코언(Baron-Cohen 2008)은 상태로서의 자폐증을 언급하는 것은 자폐 스펙트럼 장애(Autistic Spectrum Disorder)라는 용어보다 덜 경멸적이라고 말한다.

여기서는 자폐증과 관련한 이론과 진단 기준을 살피는 것이 주가 아니다. 그것은 이미 퓨지와 베리(Fuge and Berry 2004), 모턴-쿠퍼(Morton-Cooper2004), 울프버그(Wolfberg 1999)가 잘 정리했다. 나는 자폐 스펙트럼에 속한 아이들이 무엇을 할 수 없는가보다는 무엇을 할 수 있는가에 주목하고자 한다. 나는 특히 연극치료와 같은 창조적 과정과 개입의 낙관성을 강조해 왔다(Jennings 1999a). 뿐만 아니라 놀이 활동의 전 범주역시 낙관적이며 낙관성을 촉발한다(서론 참고). 따라서 우리는 자폐증의 세 가지 핵심 증상을 정적인 진단보다 다뤄야 할 과정으로 살펴볼 것이다.

소통은 상호적이다

엄마가 뱃속에 있는 아기에게 이야기하거나 아이가 상상의 친구에게 비밀을 털어놓을 때는, 상대가 실제로 함께 있지 않더라도, 의사소통은 여전히 상호적이다. 엄마는 아기가 뭐라 대답할지 상상을 하고 그것을 소리내어 말하기도 한다. 또 아이는 상상의 친구가 무엇을 느끼고 생각하는지 안다. 소통은 반드시 상호적이다. 어떤 수준에서든 상호적이지 않으면 소통 자체가 불가능하다. 혼잣말을 하면 종종 놀림을 당하는데, 사람들은 그것이 '미친 사람의 첫 번째 증상'이라고 조롱할 것이다! 그러나 또 다른 나에게 하는 것이라도, 우리는 '마치' 누군가가 듣고 있거나 대답하는 '것처럼' 말을 한다.

『콘사이스 옥스퍼드 사전』(Allen 1990)은 의사소통을 여러 가지로 정의하는데, 모두 다른 사람에게 '정보를 전달하고, 이해하도록 하며, 감정을 공유하고, 사회적으로 관계 맺는 데 … 성공함으로써' 이해받는 것이라는 뜻을 담고 있다. 그러니까 의사소통은 다른 사람에게 이해받는 것이고 대개 상호적인 것이다. 우리는 소통을 하고, 아이는 우리가 말한 것 — 말이든 말이 아니든 — 에 반응한다. 아이는 우리가 보여 준 것과 그가 반응한 방식을 연관 짓는다. 예를 들어,

> 한 아이가 그림책을 보면서 누나와 엄마에게 동물 이름을 말해 주었다. 북극곰이 나오기 전까지는 모두 정확했다. 그런데 아이가 북극곰을 가리키며 '수탉'이라고 하자 누나와 엄마가 웃음을 터뜨렸다. 그 뒤로 아이는 그것이 '북극곰'이라는 걸 알면서도 그 그림만 나오면 '수탉'이라고 말했다. 그렇게 하면 다른 사람들이 웃는다고 생각했기 때문이었다. 아이는 세 살 때 이미 유머를 이해한 것이다.

자폐 스펙트럼 상태(ASC)에 있는 아이라면 이 상황에서 유머를 이해하지 못할 것이다. 그것을 위해서는 아이와 듣는 사람 사이에 빠른 상호성이 필요하고, 아이가 대화에 내포된 오락적 가치를 파악해야 한다. '주고받는' 소통으로서 농담의 기본적 원리를 알고 있어야 하는 것이다.

1. 아이가 처음에 실수를 한다.
2. 듣는 사람들이 웃는다.
3. 아이는 자신이 실수한 것을 안다.
4. 아이는 웃음을 즐긴다.
5. 아이는 이제 실수가 웃음을 유발한다는 것을 알고 의도적으로 실수한다.

6. 듣는 사람들이 '농담'에 싫증이 날 때까지 그 실수는 웃음을 유발한다.

자폐 스펙트럼 상태에 있는 아이들에게 흔한 어려움 중 하나는 그들이 그들에게 전해지는 것을 이해하지 못한다는 것이고, 더구나 우리는 그들이 우리와 소통하려 애쓰고 있다는 사실을 이해하지 못한다.

NDP는 감각 놀이, 리듬 놀이, 극적 놀이를 통해 상호작용하기 때문에 소통의 발달이 필요한 성인과 아동의 '상호성'을 촉진할 수 있다.

자폐 스펙트럼 상태에 속한 아동의 발달에 있어 NDP는 다음 영역에 도움을 줄 수 있다.

- 감각 놀이, 일치 놀이(consonant play), 감각 통합
- 리듬 놀이와 소리
- 상호작용을 이끌어 내는 메아리 놀이
- 상호작용 놀이와 상호성
- 극적 놀이, 역할 맡기, 스토리텔링
- 상징적 놀이와 상상력의 발달
- 마음 이론과 공감 능력

다이애나 시치(Diana Seach)는 이렇게 말한다.

상호작용 놀이의 주된 역할은 놀이 기술의 개선보다는 상호 소통과 사회 정서적 관계의 발전에 있다. 그러나 놀이 행동과 상징적 이해의 변화는 상호작용의 장면 속에서 놀이에 대한 아동의 관점이 변할 때 그 결과로서 나타날 가능성이 더 높다. 상호작용의 장면은 아동에게 더 복

잡하고 재미있는 방식으로 환경을 탐험할 수 있는 동기를 제공한다. (Seach 2007, p. 25)

감각 놀이와 감각 통합

우리는 앞서 출산 전 놀이와 애착의 중요성에 관해, 그리고 출생 전후 발달 초기에 놀이가 어떻게 발달하는지에 관해 살펴보았다. 나는 즐거운 임신이 어떻게 태중의 아기에게 영향을 주는지, 그리고 출생 후에 놀이 관계가 어떻게 지속되는지를 강조했다. 이 초기 놀이의 대부분이 감각적이며, 점차 시각, 촉각, 청각, 후각, 미각의 감각 전체로 확장된다.

자폐 스펙트럼 상태에 대한 공식적인 진단은 대체로 학령기가 되어야 가능하기 때문에, 그 이전에는 발달 정도가 기대 수준에 미치지 못하는 것이 단서가 될 수 있다. 가령 아기는 엄마의 목소리가 들리면 거기에 반응하고 엄마가 시야에 들어오면 엄마 쪽으로 고개를 돌리는 것이 보통이다. 그런데 자폐 스펙트럼 상태에 속하는 아이는 다른 사람을 찾지 않으며, 눈을 맞추기보다 그냥 지나치곤 한다. 외견상 회피하는 이 같은 반응은 안타까운 악순환을 초래할 수 있다. 엄마나 주 양육자는 아기의 관심 부족에 상처를 받고 자신의 필요성을 의심하며 놀이성이 위축되기 시작한다. 그리고 거기서 회오리 폭풍처럼 파괴적인 순환이 전개된다. 나선을 따라 하강하는 회오리라면 상호적이지 않은 반응이 관계를 더 멀어지게 할 것이며, 반대로 반응이 상호적일 때는 관계가 소용돌이쳐 올라가면서 가까워질 것이다.

생후 6개월 동안은 엄마와 아기의 관계 형성 정도를 월령에 따라 상당히 정확하게 예측할 수 있다.

- **출생부터 3개월까지:** 엄마의 표현을 모방하려는 초기 시도(극적 반응), 소리와 빛의 움직임을 따름, 품으로 파고들고 손가락을 잡음, 젖을 먹는 동안 발 마사지를 받아들임, 목욕하는 것과 스펀지에서 물방울이 똑똑 떨어지는 것을 재미있어 함, 자장가를 들으면 조용해지고 비둘기 우는 소리 같은 구구 소리를 즐거워함, 일치 놀이와 메아리 놀이(서론 참고), 손과 발을 흔듦.
- **3개월에서 6개월까지:** 엄마와의 상호작용이 증가하고 관계가 밀접해짐, 놀이성, 노래를 포함한 감각 놀이(마주 앉아 상대의 손바닥치기), 쓰다듬기와 간질이기, 사적인 '농담,' '까꿍'과 단순한 '어디 갔나?,' 엄마의 관심, 우울, 불만 신호 읽기, 메아리 놀이, 모방이 상호 놀이로 발전함, '왕복' 의사소통, 움직임과 소리가 많아짐.

이 중 별로 해당되는 것이 없다면, 아이가 자폐 스펙트럼 상태에 속할 가능성이 있다. 명확하게 진단하기에는 이르지만 그 문제의 일부를 집중적으로 다루기에는 이르지 않으며, 평가를 받을 때까지 기다리기보다는 그편이 낫다.

아기는 놀이를 하면서 적극적으로 상호 대화를 시도하고 엄마보다 훨씬 오래 접촉을 유지할 것이다. 그러나 아기가 반응이 거의 없거나 지속적인 관심을 보이지 않고 자기-자극 운동을 반복한다면, 엄마도 흥미가 급격히 떨어지면서 신경을 끌 수 있다.

그렇지만 엄마는 계속 주의를 기울여야 한다. 때로는 그것이 힘들기만 하고 보상은 받지 못하는 일처럼 느껴질 수 있기 때문에 많은 지지가 필요하다. 아기가 미소와 기쁨으로 반응할 때, 엄마는 노력에 대한 충분한 보상을 받으며 놀이와 소통을 계속할 힘이 난다. 하지만 아기가 아무런 반응을 보이지 않으면, 주눅이 들고 거절당하거나 심지어 벌을 받는 기분이 들기도 한다. 반응하지 않는 아기는 엄마에게 자신을 멋대로 지배하며 벌주는 괴물처럼 느껴질 수도 있다. 신경을 끄는 것은 한편으로는 아이에게 터트릴지도 모르는 잠재적 분노를 막으려는 자기 보호 행동이기도 하다.

대개 이 시점에서 엄마는 지치기 마련이고, 임신과 출산으로 인한 강렬한 감정은 모두 특별한 아이에게 투사된다. 그것은 엄마에게 실로 충격이 아닐 수 없다. 마치 함께 형벌을 받은 듯, 엄청나게 실망스런 결말로 느껴질 수 있다. 엄마는 환상이 아니라 실제로 벌을 받기도 한다. 자폐증을 앓는 장애아를 낳았다는 이유로 남편에게 맞는 일이 심심치 않게 발생한다. 한 번은 이런 이야기를 들었다.

마리아나는 사십대인데 나이보다 훨씬 더 늙어 보인다. 머리칼은 회색으로 변했고 눈 밑은 검게 처진 살로 두둑했다. 그녀는 나와 이야기를 할 때 한 손에 스카프를 초조하게 둘러 감고 있었다. 그녀는 감각적인 놀이가 아들에게 유용할 거라고 하자 질겁하며 손사래를 쳤다. '그 아이는 이미 감각 자극을 너무 많이 받았어요. 너무 많이 받았죠.' ASC를 가진 십대 아들의 '부적절한 행동' 때문에 가족 전체가 풍비박산이 났다. 여동생은 '[공공장소에서의 자위행위를] 목격해선 안 되었기' 때문에 할머니에게 보냈고, 남편은 아내와 아들과 관련된 모든 것에서 멀찌감치 물러나 있었다. '남편은 이 상황을 어떻게 해야 할지 몰라서 폭음을 해요. 나는 그를 잃고 싶지 않아요.' 절망에 빠진 그녀는 아들의 행동을 바꾸고 '성적 충동이 일지 않도록 진정시키기 위해' 뇌수술이나 생식기 수술(거세)을 고려하고 있다. 그녀는 흐느껴 울고 또 울었다. '다른 방법이 없어요. 안 해 본 게 없다고요.'

그녀에게 아들이 마치 괴물처럼 여겨지겠다고 하자 그녀는 바로 수긍했다. '그 아이는 괴물이에요. 그 아이가 모든 걸 망쳐 놓았어요. 가족까지 파괴했지요. 이제 무엇을 해야 할지 모르겠어요.'

이 이야기는 자폐 스펙트럼 상태에 있는 아동의 부모를 위한 동유럽 워크숍에서 나왔는데, 그 집단의 리더는 이런 사례가 드물지 않다고 말했다. 자원이 매우 부족했고, 상담사와 전문 교사 활용률은 더 적었다. 우리는 다차원적인 접근을 제의했다.

- 엄마에게는 분노, 고통, 포기와 같은 감정을 다룰 수 있도록 상담 지원이 필요하다. 엄마는 매우 큰 죄책감을 느낄 것이다.
- 아빠도 혼자서 혹은 아내와 함께 실패, 죄책감, 수치심의 주제를 다룰 수 있는 상담 지원이 필요하다. 그는 아마도 매우 외로울 것이다.
- 아들에게는 친구이자 올바른 행동의 역할 모델로서 함께 밖으로 나가 시간을 보낼 수 있는 어른 '친구'나 '단짝'이 필요하다. 그는 아마도 가족의 분열로 인해 매우 혼란스러울 것이며, 그것이 자기-자극적인 행동을 더 부추길 수 있다.
- 여동생은 가족과 재통합하여 많은 애정과 사랑을 보여 줄 필요가 있다.
- 부모가 그들만의 시간을 가질 수 있도록 모종의 일시 위탁이 필요하다.
- 십대는 또한 관심과 취미가 필요하고 텔레비전 프로그램을 보는 데 제한을 둘 필요가 있다.
- 야외 활동이나 취미 혹은 스포츠 등 가족 전체가 몰두할 수 있는 관심사를 찾는 것이 필요하다.

십대가 된 이 아이에게는 치료적 개입과 적절한 행동의 '재학습'에 시간이 더 필요하므로 그것들을 규칙적으로 반복하는 것이 좋다. 물론 가족 중에도 친구 역할을 해 줄 사람이 있을 수 있지만, 이처럼 어려운 상황에서 십대에게는 친구가 큰 도움이 될 수 있다고 확신한다. 친구의 장점은 부모에 비해 감정적으로 덜 연루되기 때문에 깊은 실망과 좌절에 시달리지 않는다. 부모에게는 무거운 짐을 잠시 벗고 쉴 수 있는 위안이 필요하다. ASC 아동과 십대의 친구가 되어 주려면, 그들의 필요에 대한 기본적인 훈련과 함께 상당한 인내심과 회복 탄력성이 요구된다.

우리는 특히 부모에게 갓난아기들이 때로는 마치 아직도 자궁에 있는 듯이 행동한다는 것을 설명해야 한다. 우리의 접촉과 소리에 두드러지게 반응하지 않고 얼굴을 찾지도 않는 것이다. 그럴 경우에는 더 많은 접촉이 필요한 데도 우리는 거꾸로 아기가 반응하지 않기 때문에 접촉을 덜 해도 상관없다고 생각한다. 이렇게 말하는 엄마들을 흔히 볼 수 있다. '그 아이는 나를 필요로 하지 않아요. 그래서 나도 그만 귀찮게 하려고요.' 엄마에 대한 아기의 통상적인 의존이 아기에게 박탈당한 엄마의 감정으로 반전된다. 즉, 아기가 자신을 원치 않고 관심을 보이지도 않는다고 느낀 엄마가 냉담해지거나 아기처럼 변하는 것이다.

우리는 '전혀 문제없고,' '울지 않고,' '별 요구가 없는' 아기가 '순한 아기'라고 생각했다. 순한 아기는 특히 아이가 한 명 이상인 엄마들의 꿈이다. 그러나 순한 아기는 우울하고 감정과 반응을 '차단할 수' 있다. 그와 비슷하게 ASC 징후를 나타낼 수 있으므로 혼자 두기보다 많은 관심이 필요하다. 특히 엄마가 지치고 힘들 때는 순한 아기를 두 팔 벌려 환영하게 되므로 더욱 그렇다.

휴식 시간을 최대한 활용하려는 지친 엄마들에게 특히 알맞은 NDP 활동이 있다. 다음은 반응이 없는 ASC 아동과 접촉을 유지하는 데 이상적이다.

- 엄마는 누워서 아기가 엄마의 심장 소리를 들을 수 있도록 가슴에 얹어 놓는다. 이것은 친밀감과 접촉과 아기가 경험하게 될 최초의 리듬을 강화한다.

- 특히 임신과 출산 기간에 썼던 음악이 있다면, 쉬는 동안 그것을 들을 수 있다. 그렇게 하면 엄마와 아기가 모두 진정된다.
- 아기의 등을 천천히 가볍게 토닥인다. 이것은 접촉, 리듬, 친밀감을 강화하고 엄마가 아기를 위해 무언가 옳은 일을 하고 있다고 느끼게 해 준다. 그것은 또한 엄마가 다시 리듬을 탈 수 있도록 돕는다. 엄마가 심한 스트레스를 느끼는 상황에서는 더욱 그렇다.
- 아기에게 노래를 불러 줄 수도 있다. 자장가나 동요를 부르거나 즉흥적으로 지은 노래도 좋다. 아기는 엄마의 목소리에서 진동을 느낀다. 특히 낮은 목소리로 노래하는 것이 더 좋다.

이것은 모두 NDP 발달의 일부이지만, ASC 아동에게는 특히 중요하며, 휴식과 안심을 구하는 엄마의 욕구를 고려한 활동이다.

엄마가 누워 쉬는 동안을 활용하되 더 많이 상호작용할 수 있는 편안한 활동도 있다. 엄마와 아기가 누울 때 차갑지 않도록 요가 매트나 폭신한 담요를 깔아 두면 좋다.

- 나란히 누워서 꼭 끌어안는다.
- 검지로 아기의 눈썹, 눈, 코, 입 주변을 따라 그린다.
- 아기의 등을 가볍게 토닥이며 노래를 부르거나 허밍을 한다.
- 아기의 손을 잡고 허밍을 하거나 '아름다운 이야기'를 들려준다.
- 아기의 손을 잡고 그 날 있었던 일을 들려주는 '이야기 일기'를 한다.
- 엄마가 등을 기대고 앉고 싶다면 앞의 활동을 자세에 맞게 고칠 수 있다. 몸을 좌우로 천천히 흔드는 동작을 더할 수도 있다.
- 좀 장난스럽게는 엄마와 아기가 서로 '발을 마주 대고' 바닥에 눕는다. 그리고 '발가락으로 말하기'를 할 수 있다(물론 이것을 어린 아기와 하기는 어렵다).

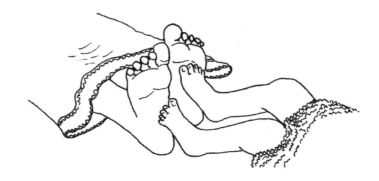

부록을 보면 특히 ASC 아동에게 적용할 수 있는 NDP 감각 활동이 정리되어 있다. 초기 개입의 중요성은 아무리 강조해도 지나치지 않다. 기본적으로 엄마는 아기가 발달 단계를 뒤처지지 않고 따라갈 수 있도록 일반적인 경우보다 더 많은 것을 하고 있다.

그린스펀과 위더(2006)는 이 과정을 시적으로 표현한다.

… 감각을 정서 및 운동 경험과 연결하지 못하는 유아는 그런 문제가 없는 유아만큼 다른 사람들과 풍부하고 깊이 있게 연관될 수 없다. 즐거움을 느끼고 깊은 친밀감을 경험할 수는 있어도, 그 감정을 행복한 미소와 표정 그리고 양육자를 향한 기분 좋은 관심으로 보여 주기는 어렵다. 아기의 미소와 행복한 소리의 마법이 없다면, 양육자가 계속해서 아기에게 몰두하여 함께 놀 수 있는 동기와 끌림도 줄어들 수 있다. 그러나 양육자가 그 밑에 있는 (아기가 그것을 보여 주는 데 어려움이 있음에도 불구하고) 아기의 기쁨을 직관적으로 감지할 수만 있다면, 아기의 사랑을 구하며 친밀감을 유지할 수 있을 것이다. (Greenspan and Wieder 2006, p. 31)

감각 놀이와 일치 놀이(몸을 함께 흔드는 것과 같은)를 반복하다 보면, ASC 아동도 점차 메아리 놀이 단계로 나아갈 것이다. 엄마가 먼저 보여 주는 소리와 움직임과 몸짓을 아이가 따라 하면, 다시 엄마가 아이의 소리와 움직임을 따라 한다. 일단 아이가 따라 할 수 있으면, 상호성과 상호작용적 관계의 기초가 마련된 것이다. 메아리 반응은 일종의 의미를 담은 정교한 복사라 할 수 있는 흉내나 모방으로 진행할 것이다(Whitehead 2003). 장애 아동을 두고 사람들이 '그저 모방할 뿐이다'라고 말할 때, 그들은 메아리 놀이가 '의미를 담은 복사,' 곧 모방으로 나아가는 발달 과정의 한 단계라는 것을 이해하지 못한 것이다. 항상 엄마가 주도하기보다 가능하다면 아기가 이끌도록 허용하는 것이 매우 중요하다.

시치(2007)는 또 이렇게 말한다.

> 아동이 주도하는 상호작용적 접근은 의사소통과 사회적이고 감정적인 성장을 중시하는 아이의 발달적 필요에 초점을 맞춘다. 아동의 행동 레퍼토리는 소통의 내용 측면에서 구체적인 기능을 갖는 것으로 보인다. 그리고 어른의 적절한 반응이 그 행동을 지지하고 상황에 어울리게 다듬어 준다. (Seach 2007, p. 25)

많은 독자들은 〈엘리펀트맨(*The Elephant Man*)〉(1980)이라는 데이비드 린치 감독의 영화에서 검안의 칼 곰이 존 메릭을 만나러 온 매우 감동적인 순간을 기억할 것이다. 닥터 트레브는 그가 인터뷰를 준비하도록 도왔고, 메릭은 배운 것을 반복했다. 메릭은 준비한 것이 아닌 다른 질문을 받았을 때 적절하게 답하지 못했고, 그래서 칼 곰은 그가 '트레브'의 말을 앵무새처럼 외워 떠들었다고 생각한다. 두 의사가 돌아간 뒤에 메릭은 닥터 트레브가 가르쳐 준 적 없는 시편 23편 전체를 암송한다. 그것은 그가 '단지 모방'하는 게 아니라 의미를 알고 배울 만큼 충분히 지적인 존재임을 받아들이게 하는 전환점이었다. 그리고 메릭은 문제를 일으키고 싶지 않아서 들은 대로 했다고 말한다.

이것은 여러 상황에서 우리의 기대와 지시를 따를 때, 아이들이 '두서없이' 말하면 곤란해지거나 '탄로 날 수' 있기 때문에 흔히 보이는 모습이기도 하다.

ASC 아동에게는 의미를 의사소통에 접목하는 것이 엄청난 큰 걸음이다. 이것은 일단 아이가 놀이적 상호작용을 시작하면 분명해진다. 그러나 그것은 엄마와의 초기 놀이 관계에서 시작되어 나중에 다른 친밀한 관계로 나아간다는 것을 거듭 강조한다.

리듬 놀이

자폐 아동의 제의적이고 반복적인 놀이를 관찰하다 보면, 거기에 리듬이 있음을 알 수 있다. 끊임없이 흔들기, 털어내기, 빙빙 돌기에는 모두 그 아이가 만들어 낸 그만의 리듬이 있다. 우리가 주목해야 할 것은 그것이 대개 여러 시간 동안 반복하는 고립된 행동이라는 점이다. 만약 우리가 놀이를 방해하거나 방향을 달리 바꾸려 하거나 다른 놀이로 전환하려 하면, 아이들은 심하게 동요한다. 배런-코언(2008)은 아마도 아이는 털어내기와 빙빙 돌기를 연마하고 있으며, 어느 누구도 그것을 그렇게 정확하게 할 수 없을 거라고 부모들에게 말한 것으로 유명하다!

우리는 아이가 실제로 놀이의 초기 단계에 일어나는 리듬과 반복의 즐거움을 지속하고 있는지 살펴볼 필요가 있다. 그러나 그것은 다른 사람들과 공유하는 활동이 아니다. 이 책에서는 엄마와 아기가 함께 몸을 흔들거나 음악에 맞춰 움직이거나 노래와 소리를 반복하는 일치 놀이의 중요성을 여러 차례 언급했다. 나는 몸을 흔드는 ASC 아동에게서도 동일한 확장을 관찰할 수 있다고 생각한다. 몸을 흔드는 아이에게 다가가 아이의 움직임을 의미 있고 집중적인 방식으로 따라 한 적이 있다(다음 사례 참고). 아이가 조롱당한다고 느끼지 않는 것이 중요하다. 이것은 때론 우리가 바로 아이들 '면전에' 있지 않도록 떨어져 있는 게 좋다는 뜻인데, 그렇지 않으면 아이들에게 압도하는 느낌을 줄 수 있다. 편안한 거리에서 아이가 하는 것을 그저 마주 따라 하는 것만으로도 아이는 우리를 알아차리고 눈을 맞추게 될 것이다. 그런 뒤에는 움직임을 공유하다가 마침내 더 천천히 혹은 더 빨리 움직이는 것과 같은 변형으로 나아가게 될 것이다. 엄마가 먼저 시작하고 아이가 따라 하는지 살피며 반복하다 보면, 아이가 주도하게 되면서 이내 주고받기가 가능해질 것이다.

중증 학습 장애인을 위한 큰 시설에서 일할 때였다. 한 젊은 남자가 구석에 있었는데, 그의 별명은 '로커'였다. 그는 양발을 번갈아 내딛으면서 앞으로 뒤로 뛰어오르곤 했다. 그렇게 할 때마다 몸이 거의 반으로 접혔다. 한 팔은 팔꿈치가 귀에 닿도록 쳐들었고 다른 쪽 두 손가락은 눈에 가져다댔다. 그는 이 동작을 몇 시간이고 반복했고, 직원은 그가 다른 문제를 일으키지 않았기 때문에 그냥 두었다. 그는 19세였고, 직원은 그가 확인할 수 없는 IQ에 자폐증이 있다면서 별 소용없을 테니 그를 방해하지 말라고 했다.

하지만 이 청년이 밥 먹고, 화장실 가고, 이동하고, 침대에 있는 시간을 제외한 인생의 대부분을 정말로 구석에서 몸을 흔들어 왔는지 알고 싶어졌다. 흔들기를 방해하는 어떤 시도도 그를 화나게 할 것이며, 그는 곧 다른 곳으로 옮겨 가 흔들기를 계속할 것이다. 나는 매일 그와 짧은 회기를 갖기로 했다. 처음에는 그가 다른 데로 가지 않고 나의 존재를 참아 줄 만큼 멀찍이 떨어져 있었는데, 그 거리는 대략 18m였다. 방으로 들어가 그에게 인사를 한 다음 그의 동작을 똑같이 따라 하기를 반복했다(일치 놀이). 15분 동안 그렇게 한 다음 작별 인사를 하고 방을 나왔다. 매일 아침 이 일을 반복하면서 천천히 거리를 좁혀 나갔다. 한 주가 지나자 그는 바로 옆에서 동작을 똑같이 따라 하는 나를 받아들여 주었다. 그리고 그 순간 나와 눈을 맞추며 미소를 지었다. 그때 나는 무슨 일이 일어나는지 보기 위해 변화를 시도했다. 같은 움직임을 하되 속도를 조금 늦추었다. 그가 나를 모방했다! 우리가 메아리 놀이를 한 것이다. 그는 짓궂은 미소를 짓더니 동작을 두 배 정도 빨리하기 시작했다! 그렇게 해서 '주고받기 놀이'가 시작되었다. 내가 뭔가를 바꾸면서 휘청거리면 그가 또 뭔가를 바꾸면서 어깨를 번갈아 움직였다. 움직임의 본질은 같았지만 우리는 그것을 함께 다채롭게 변형했다. 그의 긴장이 눈에 띄게 이완되었고, 다른 두 남자와 기타를 연주하는 도우미 한 명이 있는 작은 집단에 참여했다. 집단으로서 몸을 흔드는 단순한 움직임을 함께 할 수 있게 되었다. 만약 불안해진다면, 그는 날쌔게 구석으로 가서 몸을 흔들기 시작했을 것이다.

NDP를 통해 이 청년에게 다가가 그의 리드미컬하게 반복되는 놀이에 주목함으로써 나는 다음의 진전을 경험할 수 있었다.

1. 외로운 반복이 아니라 함께하는 활동이 되었다.
2. 그는 눈을 맞추고 미소를 지을 수 있었다.
3. 그는 일치 놀이(관계의 시작)로 나아갔다.
4. 그는 변화를 받아들였고 그것을 주도했다.
5. 그는 메아리 놀이로 나아갔다.
6. 그는 편안해했고 나의 도착을 인식했다.
7. 그는 작은 집단에 참여할 수 있었다.
8. 그는 좀 더 복잡한 방식으로 움직일 수 있었다.

9. 그는 음악과 움직임을 받아들였다.

그는 이것을 두 주 동안에 성취했고, 그 과정에서 여러 발달 단계를 따라 잡았다. 그는 19살의 청년이었는데, 만약 이것이 훨씬 더 일찍 시작되었다면 어떤 변화가 가능했을까?

> 자폐 스펙트럼에 속한 아동과 그 밖의 특별한 필요를 가진 아동의 움직임은 대부분 우리 모두가 하는 움직임이다. 다만 우리는 그것을 덜 힘들게 그리고 더 짧은 시간에 할 뿐이다.

연극치료뿐만 아니라 음악 치료 그리고 NDP는 특히 리듬의 발달과 그것의 확장이 ASC 아동에게 효과가 있음을 증명해 왔다. 그러나 우리는 인생의 첫 번째 리듬으로 시작할 필요가 있다. 그것은 엄마의 심장박동에서 아이의 심장박동으로 발달한다.

극적 놀이와 연기

우리는 NDP 발달 초기에 아기가 엄마의 표정을 모방하기 시작하는, 두 사람 사이에 일어나는 극적 반응을 살펴보았다. 나는 이 극적 상호작용이 종국에는 아이가 '상대의 역할을 할 수 있게' 하고 다른 사람이 어떻게 느끼는지를 이해하게 해 준다고 생각한다. 그리고 1장에서 ASC 아동을 이해하는 데 중요한 영역으로 '마음의 연극'(Whitehead 2001, 2003)을 언급했다. ASC 아동 대다수는 언어적이든 비언어적이든 사회적인 단서를 읽는 것과 '무슨 일이 일어나고 있는지'를 파악하는 데 취약하다. 다른 아이들이 이런 단서를 상당히 빨리 알아차릴 수 있는 반면에, ASC 아동은 그렇지 못하므로 정서 문해력의 전체 영역을 풀어서 훨씬 더 세분해 줄 필요가 있다. 감정과 표현을 연관 짓는 것이 채 발달하지 않은 상황에서 다른 사람에게 공감하기를 기대하는 것은 바람직하지 않다. 초기 애착 놀이에는 다양한 표정 짓기, 얼굴 우스꽝스럽게 만들기, 반응 과장하기 등이 있다. 손 인형을 사용하여 주요 감정을 표현하고 그것을 사건과 연결시키는 것은 사회적 학습의 매우 중요한 부분이다.

이 연결을 강조함으로써 우리는 부분적으로라도 뇌에서 실제로 연결이 발생하도록 도울 수 있다. 예를 들어 손 인형으로 '새끼 오리가 슬퍼요. 새끼 오리가 슬픔을 느끼고 있어요'라고 할 수 있다. 그 다음 단계는 원인을 감정에 연결시키면서 표현과 감정을 연기하는 것이다. 가령 '새끼 오리가 장난감을 잃어버려서 슬퍼요.' 그 다음에는 장난감을 찾아서 새끼 오리가 기뻐하는 감정의 변화를 장면으로 담아낸다. 그리고 곰이 새끼 오리가 장난감을 찾는 것을 돕도록 해서 사회적 영역을 끌어들일 수 있다. 끝으로 새끼 오리가 장난감 찾는 것을 도와준 곰에게 감사를 전하는 것으로 장면을 마무리한다.

이 장을 마치기 전에 나는 우리의 삶과 사회적 기술 그리고 예술적이고 심미적인 즐거움을 발전시키는 결정적이고 독특한 방식으로서 드라마를 수용하기를 주저하는 경향에 대해 짚고 넘어가고 싶다. 드라마를 '그건 그냥 베끼는 거야'라거나 그것이 실제가 아니라는 의미에서 '단지 연기일 뿐이야'라고 말하는 사람들이 있다. 그러나 다음 과정을 보자.

'연기하다(*act*) - 반응하다(*react*) - 상호작용하다(*interact*)'

우리는 '단지 연기'가 애착과 상상의 발달 단계와 상관될 때 또 다른 관점을 취하는 것을 볼 수 있다. 우리의 희망은 아이들이 반응(ASC 아동에게는 종종 없는 것처럼 여겨지는)할 뿐 아니라 상호작용하게 되는 것이다. 시치(2007)는 사회적 놀이의 시작을 이렇게 설명한다.

> 상호작용 놀이는 창조적 예술 치료처럼 사회 정서적 기능을 지원해 주는 비언어적 의사소통의 역할을 강조한다. 음악, 움직임, 미술이 창조적 표현을 위한 촉매로 기능하듯이, 놀이 또한 언어적 의사소통에 의존하지 않는 아이의 충동과 감정을 자극하고 지지한다. 모델은 상호작용이 의사소통과 사회적 이해의 발달에 핵심이라는 것을 보여 준다. 긍정적이고 의미 있는 방식으로 상호작용하는 경험은 동기화, 사고, 행동에 영향을 줌으로써 아동의 감정적이고 인지적인 성장에 중요한 변화를 가져올 수 있다. (Seach 2007, p. 25)

초기 상호작용의 이 같은 중요성은 ASC 아동을 돕는 방법을 연구한 사람들이 모두 강조하는 것이다(Greenspan and Wieder 2006, Jennings 2008, Seach 2007, Wolfberg 1999 참조). 치료사와 엄마와 교사가 하나같이 반복적 접근에 대한 긍정적 대안이 있다고 생각한다. '그 벽돌을 저 구멍에 넣어라,' 이것은 아동이 이끌어 가기보다 어른이 지시하는 것이다. ASC 아동에 대한 그린스펀과 위더(2006)의 종단 연구는 상호작용적 접근의 효과를 잘 보여 준다. 그들은 초기 상호작용을 장려할 수 있는 접근을 매우 간결하게 설명한다.

> 목적이 있는 감정적 상호작용을 촉진하기 위해서는 말뿐 아니라 표정, 소리와 몸짓을 주고받을 때도 아이와 함께 드라마를 하는 듯이 해 보자. 아이의 눈이 반짝일 것이고, 거기서 아이가 깨어 주고받는 것을 즐거워한다는 것을 알 수 있을 것이다. 그것이 어쩌다 나타난 것이라 해도 아이의 행동을 의도적인 것으로 여기자. 예를 들어 아이가 흥분해서 손을 펄럭이면, 그것을 단서로 '손을 흔들며' 춤을 출 수 있다. (Greenspan and Wieder 2006, p. 60, 원저자 강조)

그들은 게임과 사회적 상황에서 간단한 상호작용을 주고받는 장면을 연기하는 것을 설명하면서 계속해서 상호작용을 강조한다.

NDP는 부모가 ASC 아동과 청소년을 돌보고 가르치는 데 중요한 역할을 한다. 또한 자폐증이 의심되는 유아의 발달에도 중요하다.

NDP는 발달 단계를 관통하는 발달상의 이정표를 강화한다. 중요한 놀이 단계는 다음과 같다.

- 일치 놀이
- 메아리 놀이
- 모방 놀이

• 상호작용 놀이

이 단계의 내용에는 감각 놀이, 리듬 놀이, 극적 놀이와 스토리텔링이 포함된다. 이 모든 것은 출생에서 6개월까지를 다루지만 그 후에도 반복될 수 있으며, 특히 방임당하거나 시설병이 있는 경우에 그렇다.

이 장의 내용은 학습 장애가 있는 아동에 초점을 맞춘 11장에서도 도움이 될 것이다.

NDP와 학습 장애 아동

또 와 주세요 — 오늘 재미있었습니다 — 나는 금색 물고기 이야기가 좋았어요 — 물고기가 되는 게 좋았습니다 — 나는 그물이었습니다.
(NDP 워크숍에 참여한 학습 장애 청년 집단의 피드백 중에서)

개관

학습 장애는 임신 중에 진단되기 때문에 부모가 임신 유지 여부를 두고 어려운 결정에 직면할 때가 종종 있다. 테스트 결과가 양성일 경우, 부모가 임신중절 수술을 하겠다고 결정한 경우가 아니라면, 특정 검사(다운증후군, 척추 이분증과 같은)를 하지 않는 의사들도 있다. 학습 장애를 가진 아이의 출생은 부모에게 커다란 충격이다. 이 장에서는 학습 장애 아동에게 놀이, 특히 NDP가 얼마나 중요한지를 살피고, 초기와 이후 개입의 실례를 제공할 것이다.

장애와 다름: 맥락

어떤 부모는 아이의 존재만으로도 힘들어 하는데, 만약 아이가 남들과 다른 외모와 행동으로 '쉽게 눈에 띈다'면, 아이를 시설에 보내거나 양육하기를 포기할 수도 있을 것이다. 우리 사회는 남들과 다르다는 것을 잘 참지 못하며, 2009년에는 끊임없는 괴롭힘을 견디다 못해 엄마가 장애를 가진 딸을 죽이고 자살한 이중의 비극이 있었다.

즉각적인 거부나 유기 혹은 '정상'이 아닌 아이를 낳았다는 죄책감을 덜려는 듯 보상적인 고압적 태도를 나타낼 수 있다. 부모가 '특별한 아이'에게 적응하는 동안, 출산 후 지원이 필요하다. 드라마 〈이스트엔더스(*EastEnders*)〉의 줄거리를 기억할 것이다. 그 드라마에는 다운증후군 아이가 태어나는 대목이 있다. 아이 엄마를 연기한 배우는 부정(denial)과 거부의 전 과정을 참으로 훌륭하게 표현했다. 그중에는 '정상'인 아기에게 주려 했던 이름을 버리고 다른 이름을 지어 주는 장면이 있었다. 드라마는 또한 장애 아동의 부모를 위로하거나 미처 몰랐다는 듯 행동하다가 등 뒤에서 험담을 늘어놓는 이웃과 친구 들의 전형적인 반응을 담아냈다.

놀이 전문가는 부모가 아이들과 놀 수 있도록 돕고, 놀이가 아이의 발달에 중요한 부분을 차지한다는 것을 이해시키는 실질적인 지원을 제공할 수 있다. 놀이치료사와 연극치료사의 역할은 특별한 필요를 가진 아동의 놀이 가능성을 인식하고 입증하는 영역에서 더 중요해지고 있다. 아이가 어떻게 노는지 볼 필요가 있는 것처럼, 부모와 보육사 역시 그렇다. 특히 다음 사례는 다운증후군 아이들이 얼마나 유쾌하고 흉내도 잘 내며 멋진 연예인 같은지를 보여 준다. 그들의 감정적 필요, 갈망, 욕망 등은 간과되거나 과소평가될 수 있다.

프레디는 애착 욕구가 있는 아동을 위한 특별한 NDP 프로젝트에 참여하러 왔을 때 8살이었다. 그는 다운증후군을 가지고 있었고, 밝고 활발하며 매우 힘이 넘쳤다. 그는 사람들을 즐겁게 해 주려 했고, 걷거나 지휘를 하거나 공을 던지거나 춤을 추거나 무엇을 하든 재미있게 했다. 그런데 프로그램에 참여한 어른들이 웃어 주지 않자 크게 화를 내며 공격적이 되었다. 소리치고, 사람을 때리고, 만든 작품을 부수었다. 프로그램 중에는 마사지를 포함한 다양한 감각 놀이가 있었는데, 프레디는 다른 사람의 손을 마사지할 때만 간신히 참을 수 있었다. 감각 놀이는 그에게 너무나 정적이어서 한시도 가만히 있지 못하고 들썩거렸고, 그것이 그를 심각하게 만들었다. 하지만 다른 사람의 등 위에서 균형을 잡거나 이름을 부르며 다른 사람에게 공을 던지는 신체적 협응이 필요한 활동에는 잘 참여했다. 그는 큰 드럼을 무척 좋아했고, 리듬을 들려주고 싶어 했다. 그러나 프레디는 경계를 정해 주고, 함께 놀아 주며, 한계를 넘어설 수 있도록 지지하고, 그의 행동을 진지하게 받아 주는 애착 파트너와 함께 함으로써, 다양한 방식으로 사람들의 관심을 받을 수 있는 방법을 배우고 있었다. 우리는 그가 균형 잡는 것을 매우 두려워하며, 그의 유머에 깊은 공포가 감추어져 있음을 발견했다. 부모님들이 방문했고, 참여자들에게 부모와 해 보고 싶은 활동을 고르게 하자 모두가 특별한 에센스 오일로 부모님의 손을 마사지하길 원했다. 부모님들은 대부분 감동을 느꼈고, 몇 명은 눈물을 흘리기도 했다. 그런데 프레디의 엄마는 즐거워하면서 마사지를 받는 내내 키득키득 웃었다. 프레디는 그의 가족에게도 연예인이었던 것이다.

학습 장애 아동의 학습 능력을 최대로 이끌어 내기 위해서는 NDP 활동이 필수적이다. 전문가 중에도 장애 아동의 학습 가능성을 과소평가하거나 시설에 보내기를 추천하는 이들이 종종 있다. 의사 역시 장애를 다루는 것이 어려울 수 있고 자신이 비난 받을 여지가 있는지(특히 인공 출산의 경우에) 혹은 미리 '알아서' 부모에게 더 일찍 조언을 했어야 했는지 등을 고민할 수 있다.

학습 장애 아동의 감정적이고 애착적인 욕구는 적절한 감각적, 사회적, 극적 놀이 활동을 통해 다루어져야 하며, 필요하다면 지적 이해 수준에 따라 변형할 수 있다. 10장에서 자폐 스펙트럼에 대해 언급했던 것처럼, NDP의 전 단계와 활동이 요구되며, 그중 일부는 더 작은 단순한 단계로 나누는 것이 좋다. 다음은 회피나 유기 혹은 방임으로 초기 NDP 발달을 놓친 학습 장애 아동을 위한 것이다.

실제적 지침

아동에 따라 활동을 하는 동안 신체적 놀이와 관련하여 간호사나 물리치료사의 신체적 도움과 조언이 필요할 수 있다.

> 놀이는 매우 단순한 방식으로 시작해 아이를 안심시키는 것이 좋다. 아기

아이가 침을 지나치게 흘리거나 놀이를 진행하기 위해 또 다른 것을 조
용히 처리해야 할 수 있다. 비닐 턱받이와 멜빵바지는 감각 과정에 방해
가 되므로 쓰지 않는 게 좋다. 필요하면 쉽게 빨 수 있는 천으로 된 턱받
이를 사용하면 된다. 하지만 엉망진창 놀이를 해야 한다는 것을 잊지 말
아야 한다. 엉망진창 없이는 감각 놀이 역시 불가능하다!

　3살인 토미의 다음 사례는 감각 놀이에 관한 여러 논제를 분명히 보여
준다.

　토미는 특수 유치원에 왔을 때 3살이었고, 몸에 있는 구멍에 집착했
다. 특히 코딱지를 먹기 좋아해서 보육사가 계속해서 '안 돼'라고 말했
고, 손에 장갑을 끼워 두기도 했다(토미는 그 장갑을 씹고 빨았다). 나는 그
것이 아이의 감각적 욕구를 보여 주는 것이라 추측했다. 그래서 우리
는 손가락 그림물감, 찰흙, 끈끈한 종이(사포 같은 특별한 질감의 종이를 포
함하여)를 사용했다. 보육사들은 토미가 재료를 재빨리 먹어 버릴 것이
라 예상했지만 그렇지 않았고, 대신 휴식 시간마다 잊지 않고 씹는 맛
을 즐길 수 있는 간식(샐러리와 귀리 빵)을 주었다. 그리고 이 점을 토미
의 부모에게 전해 주었다. 그들은 그동안 토미에게 으깬 감자, 쌀가루
푸딩, 커스타드, 유아용 시리얼과 같은 단조로운 음식을 주었다고 했
다. 혹시 다른 음식을 주면 목이 막힐까 봐 그러기도 했고, 아기 음식을
주는 데 익숙해져서 음식의 종류를 다양하게 하는 것을 미처 생각하지
못했다고 덧붙였다. 그런 사정을 고려할 때, 토미가 보이는 감각적 욕

구는 당연한 것일 수밖에 없다! 오래지 않아 토미의 구멍에 대한 집착은 멈추었고, 보육사는 좀 더 안심을 할 수 있게 되었다. (보육사 중에 임신한 사람이 한 명 있었는데, 그녀는 토미가 코딱지를 먹을 때마다 밖으로 달려 나가 토했다!)

토미의 경우, 보육사나 부모의 권위가 떨어지거나 모욕감을 느끼지 않도록 하는 것이 매우 중요하다. 우리는 늘 아동의 놀이에 관해 조언을 구하며 이렇게 말한다. '만약 저희가 이러저러한 것을 새롭게 시도하면 어떨까요?' 우리가 무엇을 하고 있고 왜 그렇게 하는지를 이해할 수 있도록 안내하는 것이 중요하다.

NDP의 실제 – 보육사와 부모를 위한 제안

감각과 신체 활동을 위한 다음의 제안은 가능하면 일찍 시작할 필요가 있고, 만일 출생 전후에 NDP를 놓쳤다면 반복을 통해 강화하는 것이 중요하다. 여러분은 이제 NDP 발달 단계에 익숙할 것이며(서론과 그림 I-3 참고), 놀이 활동을 계획할 때 그것을 참고할 수 있다. 그때 무엇을 위해 반드시 따라야 할 고정된 단계는 없다는 것과 하나가 또 다른 하나를 이끌어 낼 수 있음을 명심하자. 가령 다음에 나오는 전신 마사지 같은 활동은 어린 나이에 더 적합한 것일 수 있다. 하지만 어른이 되도록 배우지 못한 것들이 있고, 어느 순간 갑자기 '이게 그거구나 혹은 저렇게 되는 거구나'라고 깨닫게 될 때가 있음을 기억하자. 나는 어떤 지시를 이해하는 데 느렸고, 그래서 과학 실험실에서 머리카락에 불이 붙은 적도 있었다.

감각과 신체 활동

먹이고 씻기는 것뿐 아니라 미세 근육 운동과 대 근육 운동을 통해 몸-자기에 집중할 필요가 있다. 아이들은 공간 속에서 자신의 위치와 방향을 알고, 균형을 찾고, 팔다리를 협응시키는 데 도움이 필요하다. 감각 놀이가 발달할수록 위치와 방향을 알고 균형 잡는 것을 더 잘할 수 있다. 말 그대로 '세상을 감지하게' 되는 것이다. 감각 전체를 가능한 한 많은 방법으로 자극하는 것이 중요하다.

음식

음식은 흔히 감각 활동과 별개로 간주된다. 그러나 식사 시간이 얼마나 다양한 감각으로 채워져 있는지 생각해 보자. 우리는 다양한 색깔과 질감을 좋아한다. 부드러운 수프도 좋다. 그런데 거기에 거친 흑빵을 곁들이면 훨씬 더 낫다! 비록 '디자이너 푸드'[1]에 열광하기는 했지만, 우리에게는 짭짜름한 맛과 단맛의 조화와 음식의 모양도 중요하다! 일하느라 바쁘지만 하루 한 번 식구들이 모여 함께 음식을 먹고 대화를 나누기를 힘써야 한다. 부모들은 학습 장애 아동이 식탁 예절을 모른다고 불평하지만, 아이들은 말로 가르치기보다 보고 배우도록 하는 것이 좋다. 다음의 예가 이를 잘 보여 준다.

이사벨라는 보육사를 위한 훈련 과정에 참여했다. 그녀는 아이들 모두가 다양하고도 긴급한 도움을 필요로 하는 고아원에서 일했다. 그녀는 놀이 작업을 좋아했지만, 일상적인 업무만으로도 하루가 다 가서 놀 시간이 없다고 했다. 식사를 한 번 하려면 아이들을 의자에 줄 지어 앉히고 일일이 한 숟갈씩 음식을 떠먹여야 했다. 그래서 우리는 식사 시간에 다른 활동을 통합해 보자고 제안했다. 그녀와 도우미와 8명의 아이들이 식탁에 함께 앉아, 먼저 아이들이 자기 손으로 음식을 먹게 하고 점차 숟가락 쓰는 법을 가르치는 것이다. 아이들은 이사벨라와 도우미가 먹는 것을 지켜보면서 배울 수 있고, 주의를 집중시키는 데 도움이 되도록 식사 시간에 함께 부를 노래를 하나 정할 수도 있다. 그녀는 우리의 제안을 미심쩍어 했지만, 일단 한 번 해 보기를 권했다. 그런데 후속 과정에서 다시 만났을 때, 그녀의 얼굴은 기쁨으로 환하게 빛났다. 아이들이 전보다 훨씬 독립적이 된 것이다. 8명 중에 혼자 먹지 못하는 아이는 한 명밖에 없었고, 그 아이도 손가락은 빨 수 있었다! 완벽한 상황은 아니었지만, 아이들은 음식으로 감각 경험을 할 수 있었고, 스스로 밥을 먹기 시작한 것이다. 보육사들은 발달적으로 그것이 가능하리라고는 꿈도 꾸지 못했었다.

---

1. 디자이너 푸드란 1990년대 미국에서 식품 섭취로 암을 예방하기 위해 실행한 계획으로서 미국 국립암연구소(NCI)가 암을 억제하는 데 효과가 좋은 음식을 세 등급으로 분류하여 제시했다. 최상위 등급에는 마늘, 양배추, 콩, 생강, 당근, 샐러리, 감초 등이 속한다.

음식은 색깔과 맛과 질감에서 다양하고 균형 잡혀 있어야 한다. 또 음식을 먹을 때는 즐겁고 여유가 있어야 한다. 언어와 사회적 관계의 발달을 촉진하는 데는 음식의 이름과 그에 관한 얘기를 하는 것이 좋다. 또 사회적 토론을 하기에 식탁보다 좋은 장소는 없다. 식사를 할 때는 아이들이 깜빡거리는 화면보다 옆에 있는 사람들에게 주목할 수 있도록 텔레비전을 끄도록 하자. 이것은 학습 장애가 없는 아이들에게도 마찬가지다. 식탁이 전쟁터가 되면, 아이들은 음식을 거부하거나 어지럽히는 것을 통해 힘을 부릴 수 있다는 것을 깨닫게 된다. 엄마와 보육사는 음식을 통해 돌보는 일과 감정적으로 연결되어 있으며, 그래서 음식을 거절하는 것은 그들에게 사람을 거절하는 것으로 여겨진다. 나는 언젠가 지중해 근처 마을의 유치원에서 휴식 시간에 엄마들이 담장 너머에서 아이들을 불러 구멍으로 삶은 달걀을 넣어 먹이는 광경을 넋 놓고 지켜본 적이 있었다. 날마다 달걀을 먹이는 것은 정말 중요하다!

아이들은 간단한 요리를 할 수 있고, 그 역시 기능적인 경험뿐만 아니라 감각 경험이 될 수 있다. 밀가루와 물을 섞으려면 섬세한 협응이 필요하고, 밀가루 반죽은 그보다 훨씬 더 윗길이다. 학습 과정에서는 밀가루 반죽이 놀이와 색칠을 위한 것인지, 요리와 음식 만들기에 쓸 것인지를 구별하는 것이 중요하다. 만약 조직화될 수 있다면, 아이들이 음식을 만드는 데 더 많이 참여할수록 감각과 학습 경험이 촉진될 뿐 아니라 누군가와 함께 무언가를 해내는 사회적 경험이 쌓일 것이다. 그것은 여러 단계로 나눌 수 있다. 일단 손을 씻는다. 그리고 쌀을 만지며 질감을 느끼고, 요리 되기 전의 파스타의 소리를 듣는다. 나는 커스터드 가루에 우유를 섞으면 밝은 노란색으로 바뀌는 것이 참 놀라웠다. 그래서 지금도 그 신기한 변화를 즐기기 위해 깡통이나 상자에 든 커스터드 대신 가루를 사서 쓴다. 사실, 음식은 평생에 걸친 감각 경험으로 후각, 미각, 촉각, 시각을 비롯해 우리의 감각을 모두 포함한다. 경우에 따라 소리가 포함되지만, 그것은 대개 음식을 대접할 때보다 준비할 때 더 그렇다.

음식을 준비할 때 나는 다양한 소리: 부글부글, 지글지글, 휘젓는 소리, 후
두둑, 왱왱, 철썩 철썩, 주물럭주물럭, 뚝뚝, 슬라이싱 소리, 써는 소리, 삐걱
삐걱, 가는 소리 …

음식은 축하를 나타내는 문화적 표지다. 잔치에는 음식이 빠질 수 없다.
생일, 영명 축일, 종교 기념일, 절기 의식, 금식일, 장례식, 기념일까지 그
에 맞는 음식을 즐긴다. 음식은 감각과 사회적 측면에서 매우 다양한 방
식으로 집단적 축하를 수행한다. 한 여성이 양로원에 있는 엄마의 생신을
맞아 집에서 그곳에 있는 사람들 모두가 넉넉히 먹을 수 있을 만큼 커다
란 케이크를 만들었다. 그런데 양로원 관리자는 안전상의 이유로 케이크
반입을 허락하지 않았다. 그런데 알 수 없는 것은 그녀가 근처 슈퍼마켓
에서 랩에 싸인 케이크를 사 가자 문제없이 받아 주었다.

마사지

어릴 때는 침대에서나 목욕할 때 온몸을 마사지하는 것이 좋지만, 아이가
자라면서 방식을 수정하는 것이 필요하다. '머리부터 발끝까지' 마사지
를 하는 데는 보디로션이나 오일이 좋고, 마사지를 하면서 대화를 하거나
이야기를 들려줄 수 있다. 발달 초기에 마사지를 많이 할수록 아이는 '온
몸'의 경험을 더 잘 통합할 수 있다. 학습 장애 아동 중 다수는 사지의 특
정 부위가 아니라 온몸으로 경험하는 데 어려움을 겪는다. 마사지는 몸-
자기를 강화한다. 그것은 우리가 신체 상(body image)을 갖기 이전에 발
달에서 본질적인 부분이다(Jennings 1999a).

'날씨 지도'나 '요리 시간'(Jennings 2005a, 8장 참고)은 재미있다. 그것은 십대 이전의 아동에게 적당한 마사지 활동으로, 친밀한 접촉을 포함하지 않는다. 예를 들어 날씨 지도에서는 어른이 아이의 등에 가벼운 빗방울, 심한 소나기, 천둥, 번개 등 여러 가지 날씨를 만들어 가며 마사지를 할 수 있다. 그것은 소위 어깨부터 허리까지의 '안전지대'에서 이뤄진다. 부모나 지정된 보육사가 하는 것이 아니라면, 마사지는 안전지대나 손에 제한하는 것이 좋다. 초등학교 고학년만 되어도 너무 친밀한 접촉은 부끄러워한다. 나는 초기 발달 과정에서는 가능한 한 많은 접촉이 필요하고, 그것을 천천히 손을 잡는 것과 같이 좀 더 성숙한 접촉으로 바꿔 가야 한다고 생각한다. 아이들에게는 또 접촉해도 좋은 대상과 접촉을 피해야 할 대상을 구분하도록 가르쳐야 한다.

목욕 시간

마사지뿐 아니라 즐거운 경험을 위한 감각적 목욕 놀이 기법이 많이 있다. 스펀지나 타월로 된 목욕 인형으로 상호작용 놀이와 이야기를 만들 수 있다. 스펀지는 짜거나 꽉 쥐기에 매우 좋다. 비누 거품은 시각적 자극과 놀라움을 선사한다. 물 튀기기, 똑똑 떨어뜨리기, 채우기와 붓기는 모두 중요한 학습 단계들이다. 손가락과 발가락 게임도 목욕탕에서 할 수 있다(〈이 아기 돼지는 장보러 갔고요〉,[2] 〈정원을 빙글빙글 돌아요〉[3]). 아이들은 또한 넘어지거나 물속에서 미끄러지지 않도록 목욕탕에서 균형을 잡는 법도 배울 필요가 있다. 어린 아기에게 해 주듯 등 뒤에서 강한 손으로 붙

---

2. 이것은 nursery rhyme이라고 보통 미국에서 유아들의 발가락 하나하나를 가리키며 읊어 주는 일종의 시다.
3. 엄마와 애착 관계 형성에 도움을 줄 수 있게 외국에서 갓난아기 때부터 간질이기 등 스킨십을 많이 하며 불러 주는 전래 동요다.

들어 주면 아이들은 천천히 자신감을 갖게 될 것이다.

욕조에서 더 놀고 싶어 하기도 하는데, 그것으로 실랑이를 하면 창피할 수 있으므로, 숫자를 세며 욕조에서 나가는 것을 게임처럼 만들 수도 있다(예를 들어, 하나 둘 셋 그리고 눈을 감아요. 하나 둘 셋 그리고 손을 흔들어요. 하나 둘 셋 그리고 머리를 쓰다듬어요. 그 다음에 하나 둘 셋 넷 하면 욕조에서 나가지요!). 또 물건을 정리하거나 수건을 짤 시간을 주는 것도 구조와 멈추는 것을 가르치기에 좋은 방법이다('먼저 목욕 수건을 짤 거야. 그리고 비누를 제자리에 놓은 다음 장난감을 정리하고 욕조에서 나갈 거야'). 목욕 시간의 감각 경험은 라디에이터에 데운 수건으로 이어진다. 큰 목욕 수건에 쏙 들어갈 만큼 작은 아이에게는 더욱 그렇다. 그것은 온몸 경험을 강화시켜 주고, 꼭 안겨 수용되는 경험을 가능케 한다.

따뜻하고 즐거운 목욕 시간은 침대에서 끝내는 것이 좋다. 이 과정이 점진적으로 진행된다면 아이를 더욱 차분하게 해 줄 것이다. 양털같이 푹신한 잠옷은 꼭 껴안아 주고 싶게 하고 진정시키기도 한다. 잠옷은 게임을 하면서 입힐 수도 있고 그냥 입힐 수도 있다. 이불은 아늑한 둥지 같은 느낌으로 아이들을 감싸 안는다. 잠자리에 드는 방식은 사람마다 다르지만, 아이가 즐겁게 예상할 수 있는 절차는 잠자리를 편안하고 매끄럽게 만들어 준다. 이야기를 해 주거나 책을 읽어 주고, 안아 주고, 자리에 누워 특별한 장난감을 곁에 두고 사랑을 확인하는 인사를 주고받는 것은 평안하게 잠들 수 있게 해 준다.

만약 아이가 밤에 불안해한다면, 때때로 등을 문질러 주는 것이 도움이 되고, 깜깜한 것을 싫어하면 방에 불을 켜 두는 것이 좋다. 방임되거나 외면당한 아이는 이런 새로운 일상을 마음으로 받아들이고 신뢰하기까지 시간이 걸릴 것이다. 진정시키는 목욕과 아늑한 이불은 만약 아이가 그날부터 긴장을 푼다면 효과가 있을 것이다. 하지만 아이들은 움직여서 발산해야 할 에너지로 넘쳐 날 수도 있고 활동적인 게임을 하느라 여전히 마음이 들떠 있을 수 있다. 마음이나 몸을 자극하는 활동을 하고 나면 누구나 열기를 식힐 시간이 필요하다. 다음에는 신체적 에너지를 표현하고 조직화할 수 있는 게임과 그 밖의 구조화된 활동을 살펴볼 것이다.

움직임

상상의 맥락 안에서 사용할 때 재미있을 수 있는 움직임 활동이 많이 있다. 베로니카 셔본(2001)이 개발한 활동은 모두 학습 장애 아동에게 아주 유용하다. 그것은 짝에 맞서서 할 수 있는 것(자기주장 하기, 괴롭힘을 이겨 내기)뿐만 아니라 짝과 함께할 수 있는(협력, 공동 작업) 능력을 길러 준다. 신뢰와 균형을 익히는 데 매우 좋고, 신체 상에 관한 신체적 피드백을 이해하는 데도 도움이 된다. 여러 해에 걸쳐 나는 그것을 다양하게 변형해 왔다. 예를 들어, 통나무처럼 구르기, 나무처럼 서 있기, 코끼리를 타고 있는 것처럼 넓게 서 있기, 비좁은 곳을 지날 때처럼 움츠리기, 공처럼 둥글게 있기, 나사처럼 구불구불하게 있기, 철사처럼 가늘게 있기, 팬케이크처럼 납작하게 있기 등이다. 이런 식으로 움직임과 형태를 계속 덧붙일 수 있다. 이것을 개별적으로 하고 나서 짝과 둘이 함께 그리고 작은 집단의 순서로 확장할 수 있다. 움직임이지만 그것을 '마치 ~처럼'이라는 상상 속에서 하고 있음을 기억하는 것이 중요하다. 이미 극적 요소가 강화되고 있는 것이다.

게임

관습적인 게임은 대개 학습 장애 아동을 주눅 들게 한다. 게임에 참여하여 다른 아이들처럼 놀고 싶지만 몸놀림이 둔하고 어설픈 데다 말 그대로 규칙을 이해하지 못하기 때문에 거부당하거나 비웃음을 사기 십상이다. 학습 장애 아동은 규칙을 말할 수는 있어도 실제로 적용하기는 힘들다. 지시와 적용 사이의 연결 고리가 구축되지 않았기 때문이다.

나눔과 차례로 돌아가며 하는 것은 엄마와 아기가 교대로 소리를 내고 서로의 움직임을 따라 하는 초기 NDP에 뿌리를 둔다. 우리는 그야말로 '이해하지 못하는' 아동에게 이 과정을 학습시킬 수 있는 새로운 방법을 찾을 필요가 있다. 학습 장애 아동이 이해하지 못하는 것은 그 같은 행동의 기초를 형성하는 초기 경험이 없기 때문이다.

더 이른 시기의 감각적이고 신체적인 경험이 좀 더 협응적인 신체 활동의 기초를 세우는 데 도움을 줄 수 있다. 서로에게 공 던지기, 공을 던지면서 받는 사람의 이름 말하기, 풍선이 바닥에 닿지 않도록 함께 띄우기, 후프를 여러 개 바닥에 깔고 음악이 멈추면 그 안에 서기, 혹은 의자에 앉거나 신문지에 서기 등이 그것이다.

줄넘기, 공놀이, 뛰기, 사방치기 같은 놀이터 놀이는 우리의 기술을 발전시켜 더 복잡한 놀이를 준비하게 한다. 그것들은 모두 협응은 물론 집중과 관심을 필요로 한다.

어떤 사람들은 아이가 '정상'으로 태어나지 않으면 정상적으로 노는 것도 불가능할 거라 믿지만, 그렇지 않다! 다만 학습을 위해 더 많은 단계로 세분할 필요가 있을 뿐이다. 특히 초기 발달에서 놀이에 결손이 있었을 경우에는 더욱 그렇다. 그렇게 하면 발달적으로 늦은 아이도 상실한 기반의 상당 부분을 따라 잡고, 학습 장애가 심한 아이들 역시 잠재력이 확장되어 기대 활동 수준보다 훨씬 잘 기능할 수 있다.

극적 놀이

앞 장에서 설명했듯이, 아기와 함께하는 극적 놀이는 감각 놀이에 동반되어 따라오는 본질적인 단계다. 아기가 처음으로 엄마의 표정을 응시하고 모방하려고 애쓸 때, 드라마는 이미 시작된 것이다. 안타깝게도 아기를 외면하거나 인내심을 갖고 바라보지 못하거나 심한 고통이나 두려움 속에 있는 엄마는 이 같은 초기 상호작용을 이해하지 못한다. 8장에서 보았듯, 부모에게서 분리된 아이들은 극적 반응에 지장이 생기고 끝내 기회를 잃을 수도 있다. 학습 장애 아동과 만날 때는 가능한 한 빨리 이 모방 단계를 포착하여 이후의 사회적 역할과 공감의 발달을 촉진할 필요가 있다.

아이들은 사람의 얼굴을 찾아 바라보기를 즐기는 것 같다. 그들은 심지어 빈 종이나 얼굴이 없는 그림보다는 얼굴 모양이 그려진 간단한 카드에 더 반응을 보인다. 우리의 반응을 청하고 있는 것이다. 우리가 아이를 바라보는 눈길은 사랑과 전적인 수용을 나타내거나 움직임이나 소리가 필요함을 말하기도 한다. 우리가 얼굴을 찡그리면 아기도 그것을 따라 할 가능성이 있다. 그러므로 우리는 특히 걸을 수 있어 더 이상 포대기나 팔에 얌전히 안겨 있지 않을 만큼 자란 아이와 함께할 수 있는 극적 놀이를 찾을 필요가 있다.

표현을 모방하도록 자극하라. 예를 들어, 뿌루퉁한 표정을 짓거나 코를 찡그리거나 혀를 좌우로 흔들고 아이에게 반응할 시간을 준 다음, 잠시 후에 반복하면서 아이가 모방의 단서를 찾는지 살핀다. 이때 급하게 다른 것을 시도하지 않도록 한다. 이것이 주고받기의 시작이다. 아이가 먼저 표현을 시작할 수 있기까지는 수많은 모방이 있어야 한다. 아동극 (Child Drama)의 개혁자인 피터 슬레이드(1954, 1995)는 아이들과 만나는 데 필요한 다양한 상호작용 활동을 제시했다. 새로운 활동으로 나아갈 때는 '지금까지는 얼굴을 가지고 놀았지요. 이제 소리로 해 봅시다'와 같이 항상 먼저 설명을 하도록 한다. 처음에는 전형적인 아기 소리로 시작하여 단순한 소리를 모방하도록 한 다음, 아이가 따라 하는지 확인하고 또 우리에게 따라 할 소리를 주는지를 살핀다. 나중에는 이것이 소리와 움직임을 모두 쓰는 메아리 놀이로 발전하여 큰 웃음을 이끌어 낼 것이다.

아이가 거울에 비친 자신의 표정을 따라 할 수도 있고, 엄마도 똑같이 할 수도 있다. 극적 놀이에는 감정 표현이 포함된다. '테디는 친구가 가서 슬퍼요,' '테디는 친구를 만나서 기뻐요,' '테디는 개가 큰소리로 짖어서 무서워요,' '테디는 오늘 함께 놀 친구가 없어서 기분이 나빠요.' 이런 기본 감정을 테디를 통해 표현한다(특별한 '감정 인형'을 쓸 수도 있다).

테디의 감정을 표현하는 것과 내가 어떻게 느끼는지를 아는 것은 별개의 단계다. 아이들은 흔히 자기를 나타내기 위해 자신의 이름을 부른다. '사라는 산책 가고 싶어요.' '로버트는 배고파요.' 거기서 한 걸음 나아가면 이름 대신 '나'라고 말할 수 있다. 이때도 어른의 역할 모델이 필요하다. 어른이 3인칭을 사용하면, 아이도 '엄마는 지금 피곤해서 책을 그만 읽어 줄 거예요,' '나는 큰 개가 무섭지만 엄마는 나를 지켜 줘요,' '나는 테디가 가 버려서 슬퍼요,' '나는 테디가 다시 집으로 돌아와서 기뻐요.'(마루에서 길을 잃었다가)라고 모방할 것이다.

매우 간단한 이런 모방 게임은 극적 놀이를 통해 즐겁게 수행될 때 감정을 읽는 능력의 발달을 촉발한다. 아이가 감정을 먼저 표현하기 시작할 때, 그것이 어른과의 상호작용으로 발전한다면, '극적 반응' 능력이 한결 진보할 수 있을 것이다. 따라 하기와 먼저 하기를 번갈아 하는 것은 극적 발달에서 매우 중요한 단계를 차지한다.

극적 놀이는 모방과 메아리로부터 상호작용과 주도하기로 나아간다. 아이는 감정의 변화에 다양한 방식으로 반응하기 시작한다. 아이는 또한 감정을 장난감이나, 가령 엄마처럼 게임을 함께하는 다른 사람에게 투사할 수 있게 된다.

상호작용적 스토리텔링

극적 놀이는 아이들이 필요한 소리와 시각적인 효과가 제공될 때 상호작용적인 스토리텔링으로 나아갈 수 있다. 다음 이야기는 학습 장애 아동과 청소년이 가장 좋아하는 것이다. 이 이야기에는 다양한 행동과 반응 그리고 유머가 담겨 있다. 아이들은 마지막에 왕에게 주어진 '가혹한 처벌'을 선뜻 이해한다. 행동 중 일부는 실제로 아프게 때리지 않고 막대기로 치는 척 가장하면서 해 볼 수 있다.

요술 가방(배고픈 집시)

옛날에 먹을 게 없어 배를 곯던 가난한 집시 가족이 있었다. 아버지는 가족을 위해 열심히 일했다. 그러나 아무리 열심히 일을 해도 아내와 아이들을 돌보기에는 여전히 부족했다.

어느 날 그는 해결책을 찾기로 결심하고 도끼를 들고 숲으로 들어갔다. 화가 단단히 난 그의 얼굴은 마치 천둥처럼 보였다. 숲속에서 흰 수염을 길게 기른 노인이 아버지에게 말했다, '필요한 게 있으면 말하게나. 내가 도울 수 있을 거야.' 아버지는 노인에게 자신의 처지를 털어놓고 가족을 제대로 돌보지 못해 얼마나 화가 나는지 말했다. 노인은 어디론가 사라졌다가 돌아오더니 가방 하나를 건네주었다. '이 속에 들어 있는 것이 자네를 도울 것이네. 도움이 필요할 때면 명령을 하게.' 아버지는 매우 기뻤고, 가방을 식구들에게 보여 주려고 급히 달려갔다.

그런데 아내는 매우 의심스러워하며 말했다, '요술 가방이라고요? 무슨 허튼소리예요. 이 가방이 아이들을 먹여 살린다니 그게 말이 돼요?' 남편은 가방에게 말했다. '아이들을 위해 음식을 준비해 줘.' 그와 아내는 두 눈을 의심했다. 식탁이 넘칠 때까지 가방에서 맛난 음식이 줄지어 나왔다. 식구들은 모두 둘러앉아 거창한 식사를 했다. 그런 일이 날마다 일어났고, 가방은 가족이 배불리 먹고 남을 만큼 넉넉한 음식을 주었다.

어느 날 밤 부부가 마주 앉아 대화를 하고 있었다. 아내가 말했다. '우리가 좀 형편이 나을 때 왕이 오셔야 하는데.' 남편이 말했다. '대체 왕이 왜 우리 집에 오시겠소?' '폐하가 우리 큰아들의 대부라는 걸 잊지 마세요. 당연히 와 보셔야죠.' 아내가 대답했다. 다음 날 그녀는 가장 멋진 옷을 차려입고 궁전으로 갔다.

경비병이 그녀를 막아서며 말했다. '왕이 당신 같은 사람을 왜 만나시겠소? 저리 가시오. 그만 좀 귀찮게 하고.' '제발 들어가게 해 주세요. 폐하께 긴히 드릴 말씀이 있어요. 틀림없이 매우 기뻐하실 겁니다.' 그녀의 간절한 부탁에 경비병은 결국 왕궁의 문을 열어 주었고, 그녀는 왕이 신하들과 훌륭한 술과 음식을 나누는 방으로 들어가 몸을 낮추어 절했다.

'안녕하십니까, 폐하. 폐하를 저희 집으로 모시고 가려고 왔습니다. 폐하께서는 대자를 오랫동안 보지 않으셨습니다. 그 아이는 참 멋진 아이로 자랐습니다. 폐하를 식사에 초대하고 싶습니다.' 그녀는 왕에게 말했다. 왕은 궁전을 떠나는 것이 마뜩치 않았지만, 아내의 청에 따라 두 명의 경비병과 함께 길을 나섰다. 왕의 일행이 도착하자 가난한 남자는 요술 가방에게 말했다. '왕이 드실 만한 상을 차려 줘.' 그러자 정말 호사스럽고 진귀한 요리가 줄지어 나왔다. 왕이 궁에서 먹던 것보다 훨씬 좋은 음식이었다.

배가 터지도록 먹고 난 왕은 가난한 사람에게 말했다. '짐이 저 가방을 가져가야겠네. 경비병들이 궁전으로 가지고 갈 테니 걱정 말게. 이렇게 초대해 줘서 고맙고 내 많은 것을 배웠네.' 가족은 왕이 가방을 가져가는 것을 멍하니 지켜보기만 했다. 남은 음식은 얼마 없었고, 아이들은 다시 굶주리게 되었다. 매우 화가 난 아버지는 다시 도끼를 들고 숲으로 들어갔다.

다시 노인을 만난 그는 그동안 일어난 일을 이야기했다. 노인은 말하기를 '다른 가방을 하나 더 주겠네. 그러나 이제는 그것을 지혜롭게 사용해야 하네. 가방은 자네 명령에 따를 것이네.' 가난한 남자는 그에게 감사를 전하고 집으로 발길을 돌렸다. 그런데 이번에는 어떤 가방인지 너무나 궁금해서 둑에 앉아 살며시 열어 보았다. 가방을 열자마자 막대기 두 개가 튀어나와 정신없이 그를 때리기 시작했다. 그는 간신히 멈추라고 명령을 내리고, 가방을 집어 들고는 서둘러 집으로 달려갔다.

그가 가방을 식탁에 올려놓자 막대기들이 다시 튀어나왔고 아파서 소리치는 네 식구를 흠씬 두들겼다. 그때 가난한 남자에게 좋은 생각이 떠올랐다. '궁전에 다녀와야겠소. 만약 점심때까지 먹을 게 생기지 않으면 그때는 나도 모르겠소.' 그는 가방을 가지고 궁전으로 갔다. 이번에는 문 앞에서 경비병이 막아서지도 않았다. 왕은 가난한 남자를 반갑게 맞았고 침이 마르도록 가방 자랑을 했다. 남자가 말했다. '제가 온 이유가 바로 그것입니다. 폐하도 보시다시피 제가 훨씬 더 훌륭한 가방을 얻었습니다. 아름다운 비단 줄이 달려 있지요. 제 생각에는 폐하께는 이 가방이 훨씬 더 잘 어울립니다.' 왕은 으쓱해하며 낡은 가방과 비단 줄이 달린 새 가방을 바꾸었다. 가난한 남자는 왕궁을 나서며 소리쳤다. '가방아 솜씨 좀 보여 줘!' 그리고 얼른 집으로 달렸다.

새 가방에서 막대기가 튀어나와 왕과 신하들을 두들겨대기 시작했고, 그들의 비명이 가난한 남자에게까지 들렸다. 그는 재빨리 집으로 와서 가방에게 점심을 달라고 말했다. 식탁에는 맛있는 음식이 가득 차려졌고, 아이들은 울음을 멈추었다.

가난한 사람은 그날 큰 교훈을 얻었다. 그것은 '가난하다면, 욕심 많은 왕에게는 절대 복종하지 말라'는 것이었다. (© Sue Jennings 2005)

NDP는 학습 장애 아동과 청소년의 발달 단계를 복구하는 데 매우 중요하다. NDP 활동은 다음과 같은 필요를 가진 아이들을 도울 수 있다.

- 음식의 질감과 맛을 통한 감각의 다양성
- 온몸 마사지와 이야기 마사지를 통한 감각 놀이
- 목욕과 잠자리에서의 의식
- 움직임과 신체 모양의 구별
- 협응을 위한 게임의 기본 기술
- 감정적이고 사회적인 독해를 위한 극적 놀이
- 구조와 의외성을 위한 스토리텔링

나는 엄마가 시계라고 생각한다!

그리고 그는 날카로운 칼로

엄마의 배를 찔렀다

진득한 붉은 피가 칼날을 따라 흘러내렸다고

그는 말했고

칼을 비틀었다

그는 째깍거리는 비명 소리를 들었다고 말했고

내장 사이에서 칼을 당겨냈다

아, 톱니와 바퀴들 그가 말했다

이제 작동법을 알았네

그리고 그는 시계를 분해하기 시작했다

그의 엄마인 시계를…

엄마의 속이 대체 무엇으로 되었는지 보려고

(Lavery 1987, p. 81)

차우세스쿠는 한때 자신이 겪었던 것처럼 루마니아의 아이들을 무정함, 굶주림, 추위, 통제, 편만한 위선의 나락으로 몰아넣었을 뿐 아니라 루마니아 여인들 덕분에 자기 엄마에게 무의식적인 복수를 감행했다. **의식적으로** 어머니를 미화하는 것을 멈추지 않았지만, 수백만의 루마니아 여성들이 아이를 낳도록 강제함으로써 탄압을 강화할 수 있었다. 그는 마음속 어린아이가 억눌러 둔 것을 결코 알아차리지 못했다. 엄마에게 자신이 짐에 불과했다는 것 그리고 그녀가 말 그대로 그의 존재를 잊었다는 것

— 이는 증명할 수 있는 사실이다 — 을 말이다.

(Miller 1992, p. 103)

위니콧(1986)은 처음에는 마치 신체적인 돌봄만으로도 건강한 발달이 충분하다는 듯 엄마의 중요성이 종종 간과된다고 힘주어 말한다.

> 요즘에는 육아를 시작할 때 엄마의 중요성이 자주 부정당한다.
> 대신에 초기 수개월 동안 중요한 것은 신체적 돌봄이며,
> 그러므로 좋은 보모가 엄마의 일을 대신할 수 있다고 한다.
>
> (Winnicott 1982 p. 203)

훨씬 더 급진적인 오덴트(2001)는 엄마와 아기의 초기 접촉을 의식적으로 방해하는 것들이 있다고 주장한다.

> 대부분의 문화는 엄마와 아기의 최초의 접촉을 방해한다. 가장 보편적이고 흥미로운 것은 초유가 오염되어 있거나 아기에게 해롭다는 믿음을 조장하는 것이다. 심지어 초유를 짜내어 버려야 한다고 여기기도 한다. 출산 직후 초유를 먹이는 것이 매우 중요하다는 현대 생물학의 전언을 기억하자. 몇 시간 안에 엄마의 젖꼭지를 찾아내는 갓난아기의 능력을 상기하자. 제의가 엄마와 아기의 최초의 접촉을 방해하기도 한다. 서둘러 탯줄을 자르고, 씻기고, 문지르고, 포대기에 단단히 감싸고, 발을 묶고, '연기를 쏘이고,' 딸이라면 귀에 구멍을 뚫고, 추운 나라에서는 문을 열어 두는 일련의 관습이 장애물이 된다.
>
> (Odent 2001, p. 21)

개관

6장까지 우리는 NDP를 애착 이론, 놀이와 회복 탄력성 그리고 임신부터 생후 6개월까지 유아 발달과 관련된 맥락에서 살펴보았다. 그 다음 9장

까지는 애착에 어려움이 있거나, '입양'되었거나, 문제가 있는 아동과 청소년에게 NDP가 적용되었을 때 어떤 변화를 가져올 수 있는가를 이야기했다. 그 뒤에는 학습 장애와 자폐 스펙트럼에 속한 아동과 십대에게 NDP를 활용하는 것을 고려했다. 마지막으로 12장에서는 치료적이고 교육적인 선택을 해야 하는 전문가들을 NDP가 어떻게 도울 수 있는가를 설명하려 한다. 그에 덧붙여 현재의 공격적이고 반응적인 태도의 영향에 대해 논의하면서 협력적이고 평화로운 접근법을 지원할 필요가 있음을 제안할 것이다.

앞서 인용한 밀러와 위니콧과 오덴트는 모두 엄마와 아기의 애착의 중요성을 강조하고, 애착이 아예 없거나 유해한 형태일 경우 부정적이거나 재난에 가까운 결과를 초래할 수 있음을 강조한다.

변화에 관한 선택

인생길에서 난관을 만나더라도 아기들이 회복력 있는 어른으로 안전하게 성장하리라 믿는 부모들의 확신이 위험함을 충분히 잘 알고 있다면, 그것이 가장 이상적인 상황일 것이다. 우리는 불행한 아이들, 고난에 처한 싱글맘, 빈번한 괴롭힘과 위협으로부터 배워야 한다. 그들을 대신해 뭔가를 결정하고 그것을 매체의 헤드라인으로 띄우는 대신, 그들에게 얼마나 귀를 기울이고 있는가?

충분히 좋은 애착과 조건 없는 사랑을 경험하지 못한 채 현대 생활의 스트레스에 대처하지 못하는 사람들이 늘고 있다. 우리는 겉모습은 멀쩡한 어른이지만 그 안에 아이가 있어서 어린아이처럼 구는 사람들을 자주 만난다. 그런가 하면 의견을 나누기보다 다투고 싶어 하는 사람들이 꼭 있다. 또 우리 사회가 '정치 전문가,' '전문의,' '대중매체와 연예계 우상(스포츠 스타를 포함해서)'의 본보기를 통해 어떤 역할 모델을 제시하고 있는지 자문해야 할 것이다.

성인으로서 우리 자신도 착취와 학대 그리고 깊은 외로움이나 우울의 악순환에서 결코 자유롭지 않다. 우리를 둘러싼 메아리는 어떤 것일까? 그럼에도 불구하고 어떻게든 해 보려고 애써 왔지만 그것으로 충분한 가? 우리는 그 이상을 원하고 있나?

만약 우리가 서로 잘 지내는 건강한 관계를 위한 안정된 기초를 개발할 수 있다면, 아마도 우리는 그것을 다른 사람들과 소통함으로써 다른 영혼들과의 만남이 창조적이고 충만해질 것이다. 치료적인 모델보다 예방적인 모델로 접근한다면 상황이 더 나아질까? 이웃과 지역사회에서 다른 사람을 도울 방법을 찾을 수 있다면, 끝없는 양육권 분쟁이나 가정 폭력 혹은 가정의 붕괴를 막을 수 있을까? 매카시(2007)는 이 시대의 사회문제 중 하나는 부모의 역할을 가치 있게 수행하는 사람들이 거의 없다는 것이라고 말했다(5장과 6장에서 나는 이것을 엄마와 관련하여 좀 더 상세하게 논했다). 그는 계속해서 다음과 같이 말했다.

엄마와 아빠로서의 역할을 충분히 가치 있게 여기는 부모가 거의 없다. 정신분석학의 성과는 여러 측면에서 부모들에게 폐해를 주었다. 우선 그것은 엄마의 역할에만 배타적으로 초점을 맞춤으로써 정서장애의 책임을 여성에게 돌리는 결과를 낳았다. 이에 대한 반응은 일차적으로 죄책감과 두려움으로 나타났지만, 궁극적으로는 엄마됨의 가치와 중요성과 아름다움을 노골적으로 거부하게 만들었다. (McCarthy 2007, p. 140)

매카시(2007)는 그것은 아빠의 경우에도 비슷하다고 말한다. 아버지는 아버지대로 자신에게 책임을 묻지 않았기 때문에 스스로를 영향력 없고 하찮은 존재로 여기게 되었다는 것이다. 그는 많은 아버지들이 자신을 부족한 아버지로 생각하여 끝내 아버지로서 아이들의 삶에 끼칠 수 있는 영향력을 깨닫지 못하기도 한다고 주장한다.

인스턴트 감정

독자들은 나의 모든 글에서 내가 삶의 한 방법으로, 치료와 변화의 모델로, 교육 수단이자 치유의 한 형식으로 연극을 말해 왔음을 알 것이다. 그런데 바로 그 연극이라는 제도가 하찮은 것으로 여겨지고, 다른 것으로 대체되거나 자원의 부족을 겪게 되면서, 그 결과 나쁜 영향을 주거나 불필요하게 폭력적이거나 성적인 것으로 변질되는 상황에 처하게 되었다. 현대의 많은 연극과 텔레비전은 사실 가치나 일관성이 결여된 유해한 것이 되고 말았다. 바위에 들러붙어 연명하는 조개들마냥 크게 소리치며 우리에게 매달리는 왜곡된 애착 장애를 보여 주고 있다.

TV에서 꼽을 만한 예가 〈엑스 팩터(The X Factor)〉이다. 이 프로그램에서 사람들은 이겨도 울고, 떠날 때도 울고, 심판도 울고, 청중도 운다. 그리고 집단적으로 껴안지 않고서는 무대에 오르거나 내려가지도 못한다. 화면 전체를 부둥켜안고 우는 사람들이 가득 채운다. 예전에는 슬픔이 개인적인 문제였는데, 이제는 카메라가 눈물을 참을 수 없는 감정적인 순간을 포착하는 데 혈안이 되어 있다.

주검이 되어 돌아온 병사를 위해 지역사회 전체가 흘리는 눈물은 영웅을 양산할 수 있다는 점에서 대중의 관심을 '좋은' 전쟁에 쏠리게 하는 좋은 방법이다. 오덴트가 말했듯이(그의 이전 인용 참조), 사회는 우리가 계속해서 전쟁을 지지하도록 만드는 데 관심을 갖고 있다. 기쁨과 슬픔을 위한 눈물에는 제한이 없지만, 우리가 그렇게 쉽게 눈물을 흘릴 수 있다면, 눈물이 더 이상 어떤 의미가 있을까?

앨리스 밀러(1992)는 프레드리히 니체의 학대받은 어린 시절에 관해 글을 썼다.

그동안 몸은 끔찍한 고통을 눈물과 비명이 아닌 다른 방법으로 표현하려 한다. 그것은 끝없는 증상의 목록을 만들어 낸다. 누군가 결국에는 눈치를 채고 앞에 앉아, '무엇 때문에 그렇게 괴로워하니?,' '일 년 동안 학교에 다니면서 어째서 백 번 이상 아픈 거니?'라고 묻기를 바라는 마음인 것이다. 그러나 그렇게 물어주는 사람이 없다. 대신에 의사들은 계속 약을 처방해 준다. 프레드리히의 만성 후두염이 소리를 지르지 못하게 하기 때문에 그에 대한 보상으로 나타난 징후라고 생각한 의사는 한 명도 없었다. (Miller 1992, p. 28)

만약 눈물을 흘리는 것이 정상이라면, 우리가 함께 작업하는 아이들의 깊은 슬픔을 놓치고 있다는 것이 놀랍지 않은가? 아마도 그들은 니체처럼 울지 말라고 배웠을 것이다. 아이에게 할 수 있는 가장 해로운 말은 '울음을 그치지 않으면 더 괴롭게 해 주겠어'이며, 그래도 울음을 멈추지 않으면 심하게 때릴 것이다. 이것을 양면적 애착 장애(*ambivalent attachment disorder*)라 할 수 있다.

많은 사람들이 다른 사람의 심한 고통을 보러 영화관을 찾고, 쓸데없는 폭력과 괴롭힘과 통제를 벗어난 행동 역시 사람들의 관심을 끈다. 대리 감정을 느낌으로써 우리 자신의 순간적인 감정과 접촉하기를 원하는 것이다. 요즘의 연극은 한때 조심스럽게 표현되었던 고문, 살인, 폭력과 섹스를 노골적으로 보여 준다.

많은 연극과 TV 프로그램이 성적 내용을 다루고 있고, 과거에는 저녁 9시 이후에 방영되었던 장면이 오후에도 버젓이 방송된다. (이는 폭력의 경우도 마찬가지다.) 우리는 더 이상 성적 학대와 폭력적 강간에 관해 듣기만 하지 않고 직접 본다. 나는 아마도 연극이 TV와 경쟁하기 위해 성적 장면을 더 노골적으로 보여 준다고 생각한다. 시청률을 높이는 데는 섹스만 한 것이 없다. 그러나 그로 인해 아이들은 성을 이해할 나이가 되기 훨씬 이전에 성에 노출될 수밖에 없으며, 그중 많은 프로그램이 배우와 시청자 모두를 성적으로 학대한다. 실제로 현실과 상상의 경계가 흐려지고 있고, 둘의 차이를 분별하는 능력 역시 잃어 가고 있다. 우리는 애착 관계에서 성적 학대가 주는 강력한 영향력을 안다. 나는 동일한 현상이 가학적인 대중매체에서도 일어나고 있다고 생각한다.

우리는 거리를 두려움에 떨게 하는 범죄 조직이나 지역사회를 짓밟는 사람들에 관한 다큐멘터리를 시청한다. 외국의 테러리스트에 대해서는 잔뜩 흥분하여 극단적일 만큼 방비에 힘쓰면서 정작 우리 주변에 있는 테러리스트에게 무관심한 것은 이상한 노릇이 아닐 수 없다. 이런 폭력이야말로 우리의 삶과 타블로이드에 피를 흩뿌리는 **혼란형 애착 장애**다.

우리 사회가 왜곡되고(성적 매체), 양면적이고(울기 때문에 매를 맞고), 혼란스러운(거리의 폭력) 애착 장애를 갖고 있다면, 이는 그것들이 규준으로 통용되고 있다는 뜻이기도 하다. 그 결과, 부모와 아이들이 부적절한 태도와 행동과 관계를 강화하는 역할 모델을 받아들이게 된다. 이 예들은 우리가 인간의 그림자가 오락거리로 소비되는 환경에서 살고 있음을 보여 준다. 그것은 성찰을 위한 것도, 경고나 학습을 위한 것도 아니다. 사람들은 다만 통제를 벗어난 자극적인 가족의 모습에 홀린 것이다. 그러나 불행하게도 우리 뇌의 거울 뉴런은 그 왜곡된 방식의 쾌감을 정상적인 행동으로 구축한다.

신경과학자들은, 태어나면서부터 뇌 속의 거울 뉴런은 목전의 세계를 반영하고 그것을 내재화한다고 주장해 왔다. 가령 폭력적인 가정에서 태어난 유아는 그 뇌 체계에 폭력적인 언어와 몸짓을 내적으로 반영하게 된다는 것이다. 많은 어른이 슬픈 일이나 상실 혹은 가정에 위기가 닥칠 때,

아이들은 그것을 '이해하기에는 아직 어리다'고 어림짐작한다. 그러나 말을 이해하는 것과 상관없이 유아는 주변의 분위기와 몸짓 언어를 내면화한다. 그로 인해 많은 아이들이 무슨 일이 일어났다는 것은 알아채지만, 당시에는 그것을 해결할 힘이 없기 때문에 미해결의 슬픔을 떠안곤 한다.

거울 뉴런은 기념행사나 의식과 같은 집단행동에 영향을 준다. 즉, 거울 뉴런은 우리에게 '무슨 일이 일어나고 있는지를 알' 수 있게 해 준다. 결혼식에 참석한 하객은 대부분 낯선 문화권에서 오지 않은 이상 결혼식이 진행되는 동안 대략 무엇을 해야 하는지를 안다. 우리는 몸짓 신호와 우리가 사는 공간에 대한 정보를 받아들인다. 그런데 고립되었거나 시설에서 오래 지낸 아이들에게는 적절한 행동을 비춰 주는 거울 모델이 없다. 납치 피해자 중 일부는 범인의 생각을 자신의 것으로 받아들이며, 마찬가지로 시설에서 자란 아이들은 '보육사들'의 투사를 내면화하게 된다. 만약 아이들의 태도와 생각이 바뀌어야 한다면, 교사, 입양 부모, 치료사가 새로운 거울 정보를 강화하기 위해 집중적이고 장기적인 개입이 필요함을 이해하고 협력하는 것이 매우 핵심적이다. 구조화된 NDP는 보육사와 아동 모두에게 '잘못 반영된' 상황에 개입하는 중요한 수단이다. '잘 반영된' 환경을 새롭게 구축하는 데는 다소 시간이 걸릴 것이다.

거울 뉴런에 대한 오랜 연구가 있었고, 신체 작업과 행동을 아우르는 협동 치료의 효과에 대한 이해도 깊어져 왔다. 나는 성인뿐만 아니라 아동을 위한 '거울 치료'로서 놀이 치료와 무용 치료 그리고 연극치료를 추천한다.

거울 뉴런이 관찰과 행동을 연결시킬 수 있는 것은 그 특권적 위치 때문이다. 거울 체계는 우리의 뇌가 사냥, 춤, 감정적 조율과 같은 집단행동이 동시에 발생하도록 그것들을 어떻게 연결시키는지 이해할 수 있게 해 주었다. 그것은 손의 조작 기술을 학습하고 몸짓 소통, 구어, 집

단 응집력, 공감을 발달시키는 데 가장 긴밀하게 관련된다. (Cozolino 2006, p. 187)

우리에게는 역할 모델과 본보기가 필요하며, 멘토와 상담자가 필요하다. 젊은이들에게 본이 되고, 아이들에게 합당한 역할 모델이 되어 주며, 고통 받는 사람을 지지할 수 있는 사람이 필요하다. 그들 모두가 좀 더 배려하는 사회, 환자가 아니라 똑같은 사람들이 모여 사는 사회에 기여할 것이다. 그러나 그것은 이뤄질 수 없는 꿈처럼 보인다. 우리는 지금도 고통 받는 아이들에게서 오락거리를 찾길 멈추지 않고 있다.

어느 고아원에서나 찾아볼 수 있는 '어린아이 마스코트'가 좋은 예다. 그들은 고통 중에 있으면서도 우리를 웃게 한다. 매우 슬프지만 그럼에도 그들은 시를 쓰고 아무도 보지 않을 때 우리들에게 그 시를 보여 준다. 그들은 버림받았지만 어린 친구들과 네트워크를 구축하고 그들을 도우려 애쓴다. 이런 방어적 구조는 폐허가 된 세상 속에서 감정적 다리의 역할을 한다. 내면의 방어 체계 덕분에, 고통 받는 아이들도 아름다움의 작은 섬을 보존할 수 있다. 백일몽으로 도피하는 것은 절박한 아이들에게 몇 시간쯤의 행복을 선사한다. (Cyrulnik 2007, p. 45)

다운증후군이 있는 어린아이 마스코트
브라이언은 미술과 역할 작업의 개발을 위한 감각 놀이, 리듬 놀이, 극적 놀이로 구조화된 NDP 집중 프로젝트에 참여했다. 다운증후군이 있는 브라이언은 식구들에게 어릿광대처럼 구는 데 익숙했고, 재미있게 걷고 말하면서 모든 곳에서 웃음거리를 찾아냈다. 우리는 팀으로서 우리를 웃기려는 그의 욕구에 공모하지 않으려고 애썼다. 브라이언은 가만히 있지를 못했고, 감각의 방에서도 마찬가지였지만, 그래도 커다란 드럼의 리듬은 즐거워했다. 그럼에도 여전히 호시탐탐 우리를 웃기려고 했다. 우리가 웃지 않으면 그는 소리치고 화를 내면서, '웃어, 웃어…'라고 말하는 듯한 몸짓을 했다. 화가 머리끝까지 난 브라이언은 더러운 기저귀로 어른 짝꿍의 얼굴을 닦으려 들었다. 말 그대로 '그의 얼굴을 문지르려고' 했다. 다행히 그는 진흙을 세게 던지면서 분노가 경계를 넘지 않도록 담아낼 수 있었다. 그러나 사람들을 웃기고 싶은 마음을 진정시키지 못한 채 다른 아이들을 간질이고 우스꽝스러운 소리를 속삭이면서 방해하기 시작했다. 브라이언은 있는 모습 그대로 가치가 있고, 집단 속에서 남을 즐겁게 해 주는 연예인이나 '마스코트'가 아니어도 된다는 것을 이해하고 습득하기 위해 집중적인 일대일 과정에 참여할 필요가 있었다.

이야기가 왜 중요한가

스토리텔링은 이 책을 관통하는 맥락이고, 나는 스토리텔링의 구조와 놀라움을 모두 강조해 왔다. 누구에게나 가장 좋아하는 이야기가 있고, 우리가 만나는 아이들 역시 그렇다. 이야기의 지속적인 본질이 그 중요성을 말해 준다. 알리다 거시(Gersie and King 1990, 1991)는 '스토리메이킹'에 관한 자신의 철학과 방법에 관해 광범위하게 글을 써 왔으며, 그 주제에 있어 세계적인 권위자다. 그녀는 치료적 맥락뿐만 아니라 훈련을 위해서도 아이들과 어른들로부터 이야기를 이끌어 내는 독특한 구조를 사용한다. 스토리메이킹과 스토리텔링은 특히 다른 문화권의 새로운 이야기를 탐험할 때 회복 탄력성의 연극(Theatre of Resilience) 구조로 통합될 수 있는 중요한 접근법이다(Crimmens 2006 참고).

처음, 중간, 끝의 이야기 구조는 듣는 사람으로 하여금 이야기가 해결

될 것이라는 안전감을 경험하게 해 준다. 대다수 이야기에 놀라움이 포함되어 있다는 사실은 우리의 호기심이 자극받을 수 있다는 것과 우리가 상황을 새로운 방식과 새로운 관점으로 바라볼 수 있음을 의미한다. 11장에서 보았듯이, 이야기는 참여를 이끌어 낼 수 있다(생각의 부유함에 대해서는 Gersie and King 1991 참고). 일단 참여가 극화의 형식을 입으면, 우리는 연극의 영역으로 들어서게 된다.

> 행동하는 이야기, 문화적 형식으로 상연되고 극화되는 이야기가 없는 연극이 무슨 소용인가?

왜 연극이 중요한가

그리스 시대의 연극에서는 살인이나 폭력 등 최악의 과잉을 무대 밖에서 처리하였고, 관객은 그것을 메신저나 코러스를 통해 전해 들었다. 관객은 무슨 일이 있었는지를 상상으로 그려 보았다. 셰익스피어는 시적인 대사와 '거리를 둔' 등장인물을 통해 폭력을 묘사했다. 거리는 역설적으로 우리로 하여금 가까이 다가오게 해 준다(Jennings 1999a). 셰익스피어의 이야기는 우리로 하여금 삶과 연결된 다양한 주제와 마음 밑바닥을 건드리는 감정을 표현하는 인물에 동일시할 수 있게 해 준다.

이것은 노골적인 드라마나 TV의 리얼리티 쇼를 통해 접근할 수 있는 얕은 감정과는 매우 다르다. 그것은 마치 인스턴트식품처럼 그 순간에는 만족스럽지만 오래 지속되지는 않는다. 또한 그것은 변화를 촉진하지 않으며 현상을 유지할 뿐이다. 그것은 다시 갈망이 동할 때까지 잠깐의 만족을 주는 설탕 중독과 같다.

나는 이 생각을 여러 해 동안 발전시켜 왔고, 이제 그것을 '회복 탄력성의 연극(Theatre of Resilience)'(ToR)이라는 형식과 구조로 완성하려 한다. 나는 내 작업을 대외적으로 연극치료라 부르는 동안 안으로는 이 개념을 개발해 왔다.

회복 탄력성의 연극

나는 앞선 장들에서 ToR을 언급했고, 특정한 아이들과 십대 집단에 NDP 이론을 적용하는 것과 관련해서도 말한 바 있다. ToR이 앞서 말한 이론과 실천을 통합하고 있기 때문에, 여기서 그에 대해 좀 더 상세하게 설명하고자 한다. 그것은 아동과 청소년을 위한 독특한 개입이며, 십대 후반과 일부 성인에게도 활용할 수 있다.

우리는 초기 발달 과정에서 방임, 학대 혹은 다른 형태의 트라우마가 있을 때 회복 탄력성이 결핍될 수 있음을 안다. 그런 경우 아이들 중 일부는 생존 기술을 익힐 수도 있지만, 그것이 현대 생활의 갖은 우여곡절을 다룰 수 있을 만큼 균형적으로 기능하지는 못한다. 그동안 아이들과의 광범위한 교육과 치료 작업을 통해, 나는 항상 인생이라는 무대의 전체 장면보다는 회복의 부분적인 그림을 잠깐씩 보아 왔다. ToR은 놀이를 통한 아동 발달과 관련된 나의 초기 작업과 연극의 치유의 힘에 대한 확고한 믿음에서 태어났다. 체현, 투사, 역할뿐 아니라 감각, 리듬, 극적 놀이라는 용어는 여러 형상으로, 꿈으로, 일상의 삶과 연극의 극적 변형으로 출몰하면서 내 머릿속을 떠나지 않았다.

나는 화이트헤드(2003)의 마음의 연극(Theatre of Mind)(마음 이론에 의해 자극을 받은)에 영향을 받아 몸의 연극(Theatre of Body: ToB)을 개발했다. 그리고 그것은 또 다른 개념인 삶의 연극(Theatre of Life: ToL)으로 통합된다. 회복 탄력성의 연극은 초기 애착의 문제나 트라우마 때문에 몸의 연극에서 삶의 연극으로 자연스럽게 이어지지 않는 상황을 다루기 위해 만들어졌다. ToR이 효과를 발휘하기 위해서는 NDP, EPR, ToB, ToL의 모든 요소가 사회적이고 예술적인 건강을 향한 발달적 진보에 통합될 필요가 있다(그림 12-1 참고).

이를 위해서는 어른이 일대일로 아이들과 짝이 되어(이상적으로는 어른 두 명이) 공동 참여자로서 집단 과정 전체를 함께해야 한다. 이런 형태는 아이들에게 두 가지 유익이 있다. 일대일 관계는 NDP 초기 단계를 재현하는 동안 충분히 좋은 애착을 제공해 줄 수 있다. 또한 아이들은 집단 전체와 어른과의 관계에서 발생하는 역할 모델(아이들의 거울 뉴런에 영향을 줌으로써)에 영향을 받을 것이다. 그림 12-1은 집단이 통과하게 될 구조적인 EPR 발달 단계를 보여 준다.

집단은 그것을 거쳐 회복 탄력성의 연극의 두 번째 국면으로 나아간다. 두 번째 국면은 기본 단계를 충분히 거친 다음에야 접근될 수 있다(그림 12-2). 이때 집단은 그들의 문화에서 나온 이야기, 신화나 희곡에 바탕을 둔 공연을 만든다. 이는 참여자들의 경험이나 집단 과정에서 나온 즉흥극을 상연하는 것이 아니다. 그보다는 참여자들이 예술적으로나 문화적으로 적절한 희곡을 선택하여 특정한 역할을 맡아 아마도 해당 지역의 관객을 앞에 두고 연기하는 것을 말한다. 그 과정 전반이 참여자들을 개인적인 애착 욕구에서 초기 놀이 경험을 거쳐 예술적 공연을 다른 사람들과 공유하는 데까지 발전시킬 것이다.

ToR 모델은 노동 강도가 매우 센 편이어서, 그것을 수행할 인력이 드물 것이라고 생각할 수도 있다. 그러나 나는 예술 치료를 공부하는 학생, 잘 훈련받은 자원자, 그리고 이 독특한 작업 방식에 관심이 있는 사람들과 함께 여러 차례 멋지게 작업한 바 있다. 매주 한 번씩 여러 달에 걸쳐 만나거나 방학을 이용해 집중 프로그램으로 실행할 수도 있다. 두뇌의

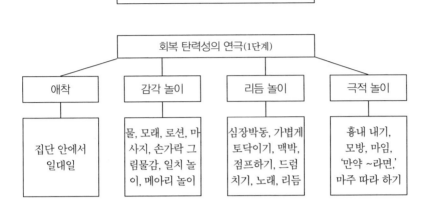

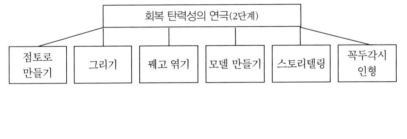

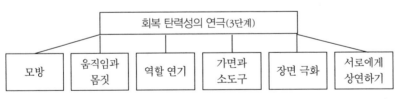

(체현) (투사) [신체 밖에서] (역할) [통합적 체현과 극화]

그림 12–1. 회복 탄력성의 연극(1부)

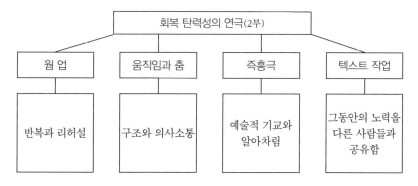

그림 12-2. 회복 탄력성의 연극(2부)

기존 체계에 도전하기 위해서는, 초반에 힘을 실어 집중 과정을 갖고 나서 주 1회로 진행하다가, 마지막에 다시 집중 리허설 기간을 갖는 것이 필요하다고 생각한다.

이제는 교육정책을 재고하고, 그중에서도 '건강을 위한 교육,' 특히 정신 건강에 관해 깊이 생각해야 한다(Somers 2009). 교사는 특별한 훈련을 받을 필요가 있다. 애착 작업에 대한 이해와 함께 '액팅 아웃'하는 학생이 교사를 '힘들게' 하려는 것이 아니라 자신의 고통을 전하려는 것임을 잘 알아야 한다. 교사는 교실에서 일어나는 수많은 폭력을 견뎌 왔고, 학생들 역시 운동장에서 벌어지는 괴롭힘을 감수해 왔다. 교사는 막연히 상황이 안정되기를 기대하기보다 예방 작업에 주력하면서 필요한 자원을 갖추어야 한다.

치료사들 또한 치료적 개입에만 집중하기보다 예방을 위한 심화 훈련을 받을 필요가 있다. 불편한 사람이 있다는 것은 치료사에게 수입을 뜻하며, 필요한 기간보다 더 오래 치료를 하면 꾸준한 수입이 보장된다는 것 또한 사실이다. 그러나 사람들은 언제 치료를 마쳐야 하는지 알며, 치료사가 제안하는 것을 회피하거나 제멋대로 하는 경우는 거의 없다. 참여자들은 대개 치료가 얼마나 진행되었고 얼마나 더 가야 하는지를 알고 있다.

내가 말하고 싶은 것은 살면서 트라우마를 겪거나 수모와 학대를 경험한 사람들에게 힘을 되찾아 줄 수 있는 모델이 있다는 것이다. 권한 부여(empowerment)는 회복 탄력성을 이끌어 낸다. 다시 말해, 지역사회의 지지라는 맥락 안에서 자신의 삶을 영위할 수 있는 자원을 개발하도록 촉진한다.

> 말을 하기 훨씬 전부터 유아는 간단한 표현 습관을 익히면서 부모의 문화에 적응하기 시작하고, 가족은 그에 반응한다. 제의와 과제에 리드미컬하게 참여함으로써 학습자에게 분명한 의미를 가진 행동이나 물건을 주는 것이다. 어른은 스트레스가 많고 불안한 상황이 아니라면 자연스럽게 아이들에게 그들의 생각과 경험을 전할 준비가 되어 있다. 걸음마를 하는 아이도 갓난아기의 사회문화적인 학습을 도울 수 있다. 아기가 형제자매와 즐겁고 따뜻하게 놀면서 리듬을 공유하고 감정을 소통할 수 있기 때문이다. (Powers and Trevarthen 2009, p. 209)

훌륭한 신화와 이야기와 희곡을 통해 묘사된 인간의 딜레마는 우리를 우여곡절을 겪으며 해결되는 하나의 여정으로 인도한다. 예술 프로젝트와 연극 집단은 지역사회에 '건강의 모델'을 제공한다는 점에서 우선적인 지원을 받을 필요가 있다.

> 깊은 의미에서 스토리텔링은 한 사람이 여러 역할을 연기하는 연극이다. 어린 왕자님은 통치자로서 이야기를 들으면서, 인간이든 인간이 아니든, 이야기 속 인물들이 한때 자신이 처했던 상황과 비슷한 처지에서 어떻게 생각하고 느끼고 행동하는지를 관찰할 수 있다. (Sarma 1993, p. xxxiv)

이 책을 통해 나는 체현된 경험과 초기 감각 놀이와 리듬 놀이의 중요성을 강조해 왔다. 몸의 연극은 초기 유아의 발달에 있어 몸에 중점을 둔다. 아이들이 몸으로 엄마와 상호작용하는 방식은 뇌의 긍정적인 성장에 매우 중요한 영향을 준다. 초기 두뇌 형성에 엄마가 결정적인 것이다.

회복 탄력성의 연극은 사회적 환경 내에서 적절한 놀이와 창조적 발달과 함께 아이를 재양육(re-parent/re-mother)하려는 중요한 시도를 감행한다. 그것은 '미친,' '나쁜' 혹은 '슬픈'이라는 딱지가 붙여진 고통 받는 외로운 아이들의 변화를 도와 줄 '거울 엄마(Mirror-Mother)'를 찾는 것일 수 있다.

그리고 책을 마무리하면서 지은이인 나와 프로젝트 기획자, 교사, 치료사인 여러 독자들에게 클리퍼드와 허먼(1999)의 말을 전하고 싶다.

> 중요한 무언가의 끝에 다다른다는 것은 항상 흥분될 뿐 아니라 두렵기도 하다. 할 수 있을 거라 알지 못했던 무언가를 성취한 자부심, 이제 시간을 자유롭게 쓸 수 있다는 안도감 그리고 다음에 무엇을 하게 될지 알지 못하는 데서 오는 두려움이 있다. (Clifford and Herrmann 1990, p. 231)

회복 탄력성의 연극은 고통 받는 아동과 십대를 위한 접근법이며, 모든 사람의 생득권인 창조적 예술성을 일깨우기를 추구한다. ToR은 개인적인 고통을 다루지만, 참여자들이 공연을 통해 중요한 가치를 문화적으로 공유할 수 있도록 촉진한다.

높은 비율로 성인과 아동을 통합함으로써 어른들로 하여금 아이들과 관련해 중요한 역할을 할 수 있게 해 주는 것이 매우 중요하다. 그를 위해서는 자원봉사자에게도 기본적인 애착 훈련이 필요하다. 나는 한 ToR 집단에서 아이들의 거칠고 나쁜 반응에 마음이 상한 자원봉사자들을 본 적이 있다. 그들은 갑자기 '모두 짝을 바꿉시다'라고 하며 스트레스를 달래려 했다. 그들은 아이들의 가시 돋친 비판을 감당하기가 쉽지 않으며, 그것을 개인적으로 받아들이게 되기 때문이다.

거울 이미지

아빠 — 아들 — 배가 불룩한 물통

케첩을 사이에 두고 마주보다

쌍둥이 버거에서 양파가 빠져 나온다

와퍼를 지탱하려고 팔꿈치를 든다

완전 무아지경으로 한 입 문다

숨을 크게 내쉬며 손으로 입 주위를 닦는다

냅킨을 기억해 끈적한 손가락을 닦는다

그리고 마침내, 크게 공모의 윙크를 한다

(Jennings, 몸을 위한 시, 근간)

NDP
출산 전과 생후 6개월

출산 전 NDP(3~9개월)		
	쓰다듬기, 토닥이기, 사랑스럽게 어루만지기, 손가락을 세워 걷기, 동그라미 패턴, 흔들기, 음악에 맞춰 허밍하기, 노래하기, 말하기, 스토리텔링, 임산부 요가	
출생 후 NDP(0~6개월)		
감각 놀이	쓰다듬기, 거품 불기, 거품 떨어뜨리기, 목욕하며 비누 거품 내기, 가볍게 간지럼 태우기, 마사지, 이목구비 따라 그리기, 부드럽게 불기, 사랑스럽게 어루만지기	
리듬 놀이	심장박동, 흔들어 주며 노래하기, 손가락 세기, 손뼉 치기, 발가락 쓰다듬기, 일치 놀이, 뚜렷한 리듬이 있는 노래와 음악, 음악에 맞춰 발 구르기, 노래하며 움직이기, 찬트하며 이야기 들려주기	
극적 놀이	번갈아가며 하기, 소리와 얼굴 표정 따라 하기, 말하고 대답하기, 메아리 놀이, '코코코' 놀이, 이상한 표정 짓기, 목소리와 소리를 바꿔 가며 이야기 들려주기	

임신 중 놀이

임신 초기에 가장 중요한 요소는 엄마의 목소리다. 엄마가 말할 때나 노래할 때, 그 목소리는 태아의 심장박동을 늦추는 데 영향을 주는 길잡이와 같다. 뱃속의 아기는 대략 16주부터 들을 수 있고, 27주가 되면 청각기관이 완성된다. 외부 환경에서 소리가 많아지지만, 아기는 다른 모든 소리에 앞서 언제나 엄마의 목소리를 알아차린다.

모든 것이 신체적으로 안정되어야 하는 임신 초기에는 뱃속의 아기를 마사지 하지 않는 것이 더 낫다. 하지만 산모의 어깨와 등을 문지르는 마사지는 매우 좋다. 이때는 배를 쓰다듬거나 노래하거나 이야기를 들려주면서 손가락을 세워 걷는 것 정도를 할 수 있다.

고전음악, 특히 모차르트나 부드럽고 리드미컬한 노래는 태아를 진정시키는 데 도움이 된다. 음악에 맞춰 노래하거나 박자를 맞추며 춤추는 것도 엄마와 태아에게 모두 즐거운 것일 수 있다. 아기는 태어나기 전에도 구조와 자극에 반응을 하고, 태어난 후에도 구조의 안정성을 인식한다. 서프라이즈를 할 때는 샌드위치처럼 안전한 양쪽 겉면 사이에 약간의 흥분을 배치할 필요가 있다.

이야기를 계속 들려주고 큰소리로 읽어 주는 것도 중요하다. 엄마가 좋아하는 이야기를 골라야 그 일이 지겨워지지 않을 수 있다. 시간이 지나면 엄마는 자신이 어릴 적에 좋아했던 이야기가 생각나 다시 읽어 보고 싶어질 수도 있고, 읽으려고 몇 번 마음먹었지만 읽지 못했던 이야기가 떠오를 수도 있다. 반드시 동화를 읽어 주어야 하는 것은 아니며, 엄마가 읽고 있는 소설의 한 장을 읽어 줄 수도 있다. 아기는 엄마의 음성을 듣고 안정될 것이다.

첫 6개월

이 내용 중 일부는 앞에서도 말한 바 있다. 여기서는 그것을 포함해 부가적인 아이디어를 순서에 따라 정리한다.

첫 주

아기는 잠시 깨어 젖을 먹고 오랫동안 잠자기를 반복한다. 짜증을 내거나 울 수도 있다. 그러나 아기는 이미 엄마와 눈을 맞추고 엄마의 표정을 모방하려 하며, 젖을 먹는 동안 엄마의 가슴을 파고든다. 다음 활동 중 상당수는 젖을 먹이고 목욕시키는 동안 할 수 있다. 활동의 종류는 발달적으로 분류해 놓았지만 얼마든지 변형하거나 합칠 수 있다. 그리고 하루에 몇 번씩 단독으로 하거나 다른 활동과 결합하여 지속적으로 실행해야 하는 활동이 있다.

마사지
매일 여러 가지 형태로 마사지를 계속하도록 한다. 예를 들어 손, 발, 팔꿈치, 무릎을 부드럽게 쥔다거나 어깨부터 손까지 양팔을 꼭꼭 누르며 내려온다. 그리고 허벅지부터 발목까지 다리도 그렇게 주무른다. 특히 등과 머리, 배부터 엉덩이까지 쓰다듬어 주고 나서 마지막에 손등으로 뺨을 부드럽게 쓸어 준다.

이야기
항상 간단한 이야기를 해 준다. 규칙적인 높낮이가 있는 목소리로 그날의 날씨를 말해 주어도 좋다. 아기는 뱃속에서부터 이야기를 듣는 데 익숙해져 있으며, 이야기의 내용은 아기가 얼마나 사랑스럽게 생겼는지, 엄마가 얼마나 사랑하는지, 오늘 엄마의 기분이 어떤지 등 무엇이어도 관계없다.

놀이 유형
흔들기와 허밍을 통한 일치 놀이, 젖을 먹이거나 씻기는 동안 감각 놀이, 노래를 부르며 토닥이는 리듬 놀이, 소리와 얼굴 표정을 주고받으며 따라 하는 메아리 놀이, '마치 ~처럼' 표정에 반응하는 극적 놀이.

일치 놀이와 감각 놀이
이런 형태의 놀이는 점차 일치와 감각 요소를 가진 '체현 놀이'로 일반화될 것이다. 체현의 일부로 뽀뽀를 포함하여 '접촉'하는 방법을 계속 찾도록 한다.

돌봄
심하게 간질이거나 침해하는 놀이는 피하도록 한다. 아기가 즐거워하는지 잘 살피고, 갑작스런 움직임이나 소리는 스트레스를 줄 수 있다.
첫 주의 신경극 놀이

1. **일치 놀이**: 아기를 꼭 끌어안고 흔들어 주고 앞뒤로도 흔든다.
2. **감각 놀이**: 목욕 시간에 배에 물을 뿌린다.
3. **리듬 놀이**: 부드럽고 리드미컬한 소리로 허밍하거나 노래한다. 노래하는 동안 아기를 가볍게 토닥이거나 문질러 준다.
4. **메아리 놀이**: 음-음-음- 아기가 따라 하려고 시도할 것이다.
5. **게임**: 집게손가락으로 아기의 눈썹, 코와 입 주변을 따라 그린다.
6. **극적 놀이**: 아기가 당신의 얼굴을 찾으면 미소로 답한다.
7. **이야기**: 계속한다. 이것은 당신만의 특별한 이야기다.

이 활동들은 모두 이후 발달 과정으로 통합될 수 있고, 좀 더 많은 활동을 개발하기 위한 토대로 쓸 수 있다.

첫 달

아기는 점차 얼굴 표정과 엄마의 목소리에 민감해지고, 젖을 먹거나 목욕을 하는 동안 감각 놀이에 반응한다.

신경극놀이

1. 일치 놀이: 아기가 몸을 통해 진동을 느낄 수 있도록 흔들면서 허밍을 한다.
2. 감각 놀이: 부드러운 장난감으로 어루만지고 쓰다듬고 가볍게 토닥인다.
3. 리듬 놀이: 심장박동을 느낄 수 있도록 아기를 왼편에 안는다.
4. 메아리 놀이: 아기가 내기 시작하는 후두음과 초기 옹알이에 소리로 반향한다.
5. 게임: 엄마의 얼굴을 따라가며 만지게 한다. 천천히 움직이는 장난감을 따라가며 만지게 해 준다.
6. 극적 놀이: 부드러운 장난감을 준 다음 손을 내밀어 달라는 시늉을 하고 가져온다.
7. 이야기: 아이와 함께 가지고 노는 장난감에 관해 이야기해 준다.

둘째 달

아기는 이제 옆에 있는 장난감을 알아차린다. 팔의 움직임이 많아지고, 방에서 움직이는 사람을 따른다. 손으로 쥐기 시작하고 더 많은 소리를 낸다.

신경극 놀이

1. 일치 놀이: 안고 흔들어 줄 때 동그라미를 더한다.
2. 감각 놀이: 부드럽게 머리카락, 손바닥, 등과 배에 입김을 불어 준다.
3. 리듬 놀이: 노래하면서 손뼉을 친다(엄마 손으로도 치고 아기의 손으로도 손뼉을 친다).
4. 메아리 놀이: 집게손가락으로 코를 톡톡 치면서 '엄마의 코,' '메리의 코'라고 한다. 그리고 아기의 손을 잡고 코를 만지게 해 준다.
5. 게임: 〈정원을 돌고 돌아라〉(전형적으로 손가락 놀이와 함께하는 영어 동요)와 〈아기 돼지가 장보러 갔어요〉(보통 미국에서 유아들이 발가락 하나씩 가리키며 부르는 동요)를 반복한다.
6. 극적 놀이: 소리와 표정을 모방한다. (점차적으로) 까꿍 놀이를 한다.
7. 이야기: 다양한 이야기를 하면서 목소리의 변화와 몸짓을 더 많이 쓴다.

셋째 달

아기는 소리, 문 열림, 발소리, 목욕물 소리를 기대한다. 사물이나 신체 부위를 응시하고 젖을 먹는 동안 엄마와 눈 맞춤을 유지한다.
　신경극놀이

1. 일치 놀이: 양쪽 팔로 아기를 감싸 안고 함께 춤을 춘다.
2. 감각 놀이: 목욕 시간에 하는 놀이를 확장한다. 비누 거품, 물 튀기기, 목욕 오리.
3. 리듬 놀이: 손뼉을 치면서 노래하거나 이야기를 한다.
4. 메아리 놀이: 손가락 놀이를 앞뒤로 한다. 아기가 손가락을 잡으면

그것을 그대로 따라 한다.

5. 게임: 아기의 허리를 잡고 높이 들어 올렸다 내리기를 반복한다. 소리를 내면서 한다.

6. 극적 놀이: 장난감을 숨겼다가 보여 주면서 '서프라이즈'를 경험하게 한다.

7. 이야기: 좋아하는 이야기를 반복하면서 약간의 놀라움을 준다.

넷째 달

아기는 가끔 앉아 있거나 몸을 뒤집기 시작한다. 공간을 새롭게 인식하며 일상적인 보살핌, 특히 감각적인 것을 즐긴다. 소리에 호기심을 보인다.

신경극 놀이

1. 일치 놀이: 〈Rock-a-bye baby〉(영어 자장가로 Rock-a-bye는 아기를 어르고 달랠 때 쓰는 말임)

2. 감각 놀이: 노래를 부르면서 몸 전체를 마사지한다.

3. 리듬 놀이: 〈Pat-a-cake〉(아기를 위해 빨리 케이크를 구워 달라고 제빵사 아저씨에게 부탁하는 엄마의 노래), 〈Hush, little baby〉(쉿, 귀여운 아기)

4. 메아리 놀이: 혀를 좌우로 흔들어 소리를 낸다. 혀를 내민다.

5. 게임: 다리와 팔 운동 ('위로 아래로' 같은 말을 하면서 한다)

6. 극적 놀이: 발가락이나 손가락을 번갈아 가며 깨무는 척한다.

7. 이야기: 이야기를 들려주면서 이야기책을 보여 준다.

다섯째 달

아기는 손으로 발을 잡고, 장난감을 쥐기 시작한다. 색깔과 음악 그리고 다른 감각적 자극에 반응한다.

　신경극놀이

1. 일치 놀이: 움직이며 콧노래를 부르는 동안 아기가 무릎 위에서 춤추며 뛰어 오르게 한다.
2. 감각 놀이: 밝은 색깔의 물건을 들어 보여 주고 움직인다.
3. 리듬 놀이: 등과 배에 대고 부드러운 리듬을 쳐 준다.
4. 메아리 놀이: 소리와 표정을 주고받는다.
5. 게임: 몸을 위로, 위로, 위로 뻗고 아래로, 아래로, 아래로 뻗어 늘린다.
6. 극적 놀이: 거울을 가지고 논다. 얼굴을 일그러뜨리고 우스꽝스러운 표정을 짓는다.
7. 이야기: 아기에게 안전한 인형을 가지고 간단한 이야기를 해 준다.

여섯째 달

아기는 놀이가 즐거워서 소리 내어 웃거나 미소를 짓는다. 아기는 어른들과 함께 놀기도 하고 혼자 놀기도 할 것이다. 빛이 비치는 곳과 움직이는 그림자에 집중한다. 음식을 다양하게 해서 새로운 자극을 줄 수 있다.

　신경극놀이

1. 일치 놀이: 서로 간질이고 뽀뽀한다.
2. 리듬 놀이: 리드미컬한 코러스와 함께 노래를 한다.
3. 감각 놀이; 밝은 색의 공을 굴린다.
4. 메아리 놀이; 엄마가 웃고 아기가 웃는다. 아기가 키득키득 웃고 엄마가 키득키득 웃는다.

5. 게임: 몸을 뒤로 뒤집었다가 앞으로 뒤집으며 구른다.
6. 극적 놀이: 인형을 가지고 다양한 목소리로 말한다.
7. 이야기: 공과 인형을 이용해 이야기를 들려준다.

이런 신경극놀이 활동은 일반적으로 임신 기간과 생후 6개월 동안 자연스럽게 나타난다. 그렇지만 첫 아기인 경우, 아기를 다루는 데 자신감이 부족하거나 긴장한 여성들에게는 가르치는 것이 필요할 수 있다. 만약 더 적합한 활동이 독자의 문화권에 있다면 잘 살펴 여기에 보탤 수 있을 것이다. 이들 활동을 적용하는 데 있어서의 자신감은 NDP 전문가가 받는 훈련의 일부분이다.

준비물

이 시기에는 몸으로 하는 놀이가 대부분이며 인간의 몸은 훌륭한 둥지이자 그네, 요람, 정글짐이 된다. 그 밖에 아마도 마사지를 위해 특별한 유기농 베이비오일, 목욕용 스펀지 인형, 노란 오리(엄마오리와 아기오리) 같은 목욕용 장난감, 목욕 스펀지와 수건, 감싸거나 숨을 수 있는 부드러운 담요, 안전하고 부드러운 인형과 장난감, 음악이 나오는 모빌, 시끄럽지 않은 딸랑이 등이 필요할 것이다.

체현-투사-역할
(0-7세)

체현	쓰다듬기, 감각 놀이, 흔들어 주기, 앞뒤로 흔들기, 마사지, 움직이며 노래하기, 거품, 구르기, 앉아 있기, 서 있기, 기기, 물결 모양으로 움직이기, 목소리, 엉망진창 놀이, 심장 박동, 리듬, 반복, 감정 표현이 많고 좋아하는 이야기	
투사	모래와 물, 손가락 그림물감, 작은 장난감(자동차 등), 벽돌 쌓기, 퍼즐, 그리기, 색칠하기, 리듬, 인형의 집, 손 인형, 이야기 읽어 주고 반향 하기	
역할	이야기의 극화, 좋아하는 TV 캐릭터, 옷 차려입기, 가면, 대본을 만들고 연기하기, 자발적 과정의 드라마를 7세 수준에 맞추어 공연처럼 하기	

특별한 욕구를 가진 집단원과 함께하는 신경극 놀이와
체현-투사-역할 활동

아래 내용은 발달 지체, 행동 장애, 학습 장애뿐만 아니라 애착 문제를 가진 아이들에게 적용할 수 있다. 그중 많은 활동은 자폐 스펙트럼에 속한 아동에게도 도움이 될 것이다. 십대 중에서도 일부는 이 활동에 참여할 텐데, 그때는 종종 시행착오가 반복될 수 있음을 유념하도록 한다.

일치 놀이

〈배를 저어요(Row, row, row your boat)〉는 동일한 행동을 하며 노는 것을 아주 잘 보여 준다. 여러 노래 게임, 춤추기와 행진하기, 집단 활동은 일치 놀이의 즐거움을 느끼게 해 준다.

감각적인 엉망진창 놀이

모래, 물, 진흙, 작은 돌, 놀이용 나무껍질, 손가락 그림물감, 밀가루, 커스터드 가루나 옥수수 가루와 같은 재료는 대부분 젖거나 마른 상태로 쓸 수 있고 서로 섞을 수도 있다. '파이' 만들기는 아이들이 가장 좋아하는 놀이다.

고리 모양 파스타, 마카로니, 알파벳 파스타, 바퀴 모양, 스파게티 등은 모두 마른 상태로 쓸 수 있다. 혹은 약간 삶아서 '꿈틀거리는 지렁이' 혹은 '부드러운 별'이나 '끈적거리는 글자'를 만들 수 있다. 이때 촉감뿐 아니라 소리가 난다는 것을 기억하자. 미끄덩거리고 질벅질벅하며 졸졸 흐르고 서걱거리고 얼룩이 튀고 철퍼덕거린다(아이들이 더 많은 소리를 내도록 격려하라). 또한 후각도 있다. 예를 들어 점토와 밀가루 반죽 덩어리의 냄새는 매우 다르다. 또 다른 자극을 주기 위해 파스타를 라임, 샐비어 잎, 로즈마리와 같은 허브와 함께 요리할 수 있다.

다양한 질감과 색깔뿐 아니라 모양과 뒤죽박죽 상태의 시각적 자극이 있다.

날씨 지도(어깨부터 허리까지 안전한 부위를 이용하여)
한 사람이 다른 사람 뒤에 앉아서 날씨에 대한 이야기를 하기 시작한다. 예를 들어 '비가 살짝 내립니다. 많이 오지는 않습니다'(손가락으로 등을 가볍게 톡톡 두드린다), '빗줄기가 점점 굵어집니다'(손가락으로 조금 더 세게 등을 만져준다), '빗줄기가 더 굵어집니다!'(손가락으로 훨씬 더 강하게 만져 준다), '그리고 천둥이 치기 시작합니다'(손바닥으로 등을 마사지한다), '지금은 번개가 칩니다'(양쪽 손날로 등을 대각선으로 마사지한다), 약간의 비를 몇 번 배치하고 비와 천둥이 번갈아 있게 한다. 그런 다음 천둥이 사라지게 하고 천천히 비가 멈추게 한다, '그리고 해가 나옵니다'(두 손으로 동그라미를 그린다), '그리고 무지개가 떴습니다'(한 손으로 크게 활모양을 그린다).

리듬 놀이

자신의 심장박동을 느낀다. 짝의 맥박을 느낀다. 간단한 리듬에 맞춰 바닥을 치거나 손뼉을 친다. 지휘자가 이끄는 대로 집단원들이 상상의 악기를 연주한다. 한 사람씩 돌아가며 지휘자 역할을 한다. 발을 구르고 손뼉을 치면서 노래를 한다. 등을 드럼처럼 사용하여 리드미컬한 비트를 연주한다. 매우 큰 드럼을 가운데 두고 모두 동그랗게 둘러앉아 함께 리듬을 만들기도 하고, 한 사람씩 드럼으로 메시지를 보내거나, 자신의 이름을 드럼 리듬으로 표현할 수 있다.

게임

일상적으로 운동장에서 하는 놀이를 이용한다. '사이먼이 말하기를,' '울프 씨 몇 시입니까?,' '오렌지와 레몬.' 가능하다면 여러 문화권의 놀이를 섞어 새로운 게임을 만들도록 한다. 안전성을 구축하려면 특히 노래와 찬트가 들어간 게임을 반복하는 것이 좋다. 조용히 걷기처럼 다른 기술을 요하는 게임도 있다.

극적 놀이

기본적인 움직임과 드라마 게임은 사람들을 편안하게 한다. 동작을 멈춰야 하는 조각상 만들기는 먼저 자신의 몸으로 해 본 다음 짝과 함께하도록 한다. 여러 가지 모자를 쓰고 그 차림을 할 법한 인물로 걷는다. 지팡이나 서류 가방, 쇼핑백이 든 소도구 상자에서 하나를 선택하여 그에 어울리는 인물로 변신한다. 참여자들이 부담스럽지 않게 간단한 주제가 있는 이야기를 마임으로 표현한다.

이야기

함께 이야기를 나눈다. 하루를 보낸 이야기, 작업 공간으로 오는 도중에 일어난 일, 좋아하는 TV 이야기, 좋아하는 동화, 어떤 이야기를 연극으로 만들면 좋을지를 의논한다. 집단을 위한 이야기를 만들거나 집단원들이 집단에 대한 이야기를 만들도록 격려한다.

아동을 위한 체현-투사-역할 활동

행동 장애 아동을 위한 활동은(브래턴 등과 그들의 모델에서 영감을 받아 개발됨) 아동의 감정을 인식하고, 용납할 수 없는 행동의 경계를 정하며, 번갈아 가며 하기를 제안하는 3단계로 구성된다.

체현

1. 비슷한 신체 활동을 메아리로 따라 한다. ('나에게 공을 던지면 그에게 공을 다시 던져 줄 것이다.')
2. 경계를 설정한다. ('공을 가지고 놀 수 있다. 그러나 다른 아이들을 다치게 해서는 안 된다.)
3. 새로운 신체 활동으로 변형한다. ('내가 골키퍼를 할 테니 너는 공을 차라.')

투사

1. 비슷한 투사 활동을 메아리로 따라 한다. (허락된 곳에서 물감을 철벅거리며 논다.)
2. 종이나 공간에 경계를 정한다. ('이 벽에는 낙서를 해도 좋다. 그러나 다른 벽은 교회의 것이다.')
3. 새로운 투사 혹은 예술 활동으로 변형한다. ('큰 물감 붓으로 스퀴글 게임을 해 본 적 있니?')

역할

1. 비슷한 역할 활동을 메아리로 따라 한다. ('네가 배고픈 왕의 역할을 하

면 나는 절대로 입을 열지 않는 왕비의 역할을 할게.')

2. 역할 활동에 경계를 정한다. ('왕이 되는 것은 좋지만 신하들을 진짜로 때리는 건 안 돼.')

3. 새로운 역할 혹은 드라마 활동으로 변형한다. ('혼자 있을 때 왕은 무슨 생각을 할까?')

가능하다면 아이들에게 놀이와 관련된 감각 요소를 많이 제공하는 것이 좋다. 벨벳과 다른 촉감의 천을 의상으로 활용한다. 손가락 그림물감은 투사 작업에 쓸 수 있고, 간단한 마사지는 체현 작업에 포함될 수 있다.

화나고 혼란스럽고 마음을 닫은 아이들을 위한 체현-투사-역할 활동

혼란스럽고 화난 아이들에게는 잠자리와 목욕 시간에 하는 양육 놀이와 어른의 도움을 받으며 하는 수영을 통해 체현 활동을 충분히 하는 것이 필요하다. 또한 모래와 물, 밀가루와 물, 해변에서 놀기처럼 엉망진창으로 놀 수 있는 기회가 주어져야 한다.

붙어서 떨어지지 않거나 두려워하는 아이들은 접촉을 허락한다면 체현 놀이에서 시작하게 될 것이다. 감각 놀이는 마음껏 즐길 수 있고, 대부분의 NDP 활동을 즐기면서 반복할 수 있다. 그러나 체현 놀이는 안전과 수용을 위해 구조를 필요로 한다. 가령 풍선 불기(옆의 상자 참고)와 같이 호흡과 음성을 포함하는 활동이 도움이 된다.

풍선 불기

상상으로 풍선을 불고 상상의 끈으로 묶는다. 셋을 센 다음 크게 '펑' 소리를 내면서 풍선을 터뜨린다. 그런 뒤에는 아이를 풍선처럼 분다. 그러니까 아이는 바닥에 몸을 구부리고 앉아 있다가 당신이 숨을 불어넣는 속도에 맞추어 천천히 일어선다. 아이의 몸이 최대한 확장되면 꼭대기를 묶는다. 상상의 핀으로 찔러 '펑'! 하고 공기가 빠져나가면서 바닥에 납작하게 눕는다. 이때 공기가 매우 천천히 빠져 나오도록 하는 것이 중요하다. 아동은 이 활동을 통해 이완하는 방법을 배운다. 거꾸로 아이가 어른을 불 수도 있다. 이것은 전 세계의 다양한 연령대의 참여자들에게 가장 인기 있는 체현 활동 중 하나다.

변형으로는 상상의 풍선을 분 다음 상상의 끈으로 묶고는 풍선을 들고 산책을 나간다. 이것은 줄이 꼬이지 않고 풍선이 날카로운 데 닿지 않도록 신경을 써야 하는 매우 복잡한 활동이다. 상상의 개로 걷기도 이와 비슷한 활동이다.

체현

1. 처음에는 접촉이 어색할 수 있으므로 리본, 긴 스카프, 후프, 공을 사용한다.
2. 물과 마사지 크림을 이용한 좀 더 감각적인 놀이로 진행할 수 있는 가능성을 열어 둔다.
3. 리드미컬한 움직임과 북치기로의 변형을 촉진한다.

투사

4. 그리기와 색칠하기는 비교적 구조가 있는 활동이지만 역할 모델로서

조심스럽게 다른 가능성을 보여 줄 수 있다.

5. 큰 상자 안에 들어 있는 구슬과 단추를 분류하고 짝을 찾아 맞춘다.
(이것은 마음을 차분하게 한다.)

6. 자화상, 괴물, 안전한 장소 등을 주제로 한 그림을 그린다.

역할

7. 이것이 가장 어려운 영역일 것이다. 마음을 닫은 아이는 대개 '지금
여기에서' 벗어나지 못한다.

8. 모자, 야구 모자, 반(半) 가면, 숄 등 간단한 역할 재료를 모은다.

9. 그것으로 역할 카드나 속담 맞추기와 같은 게임을 한다.

감각 놀이, 리듬 놀이, 극적 놀이는 트라우마와 애착 손상으로 고통당하
는 아이들을 위한 개입으로 중요하다.

이상은 단지 장애와 애착 문제를 가진 아동을 대상으로 할 수 있는 실
제적인 NDP 활동 중 일부다. 이 밖에도 많은 아이디어를 담은 책이 있
고, 그중 일부를 부록 끝에 소개하였다.

십대와 청년을 위한 체현-투사-역할 활동

십대는 일반적으로 연극 비슷한 것만 보아도 참을 수 없어 한다. 반면에
연극에 빠져 그 힘을 남김없이 사용하는 청소년들도 있다(9장 라미의 사례
참고). 십대에게는 분명한 의사소통과 선택의 기회가 필요하다. 그들은 그
들의 생활을 담은 드라마를 만들고 싶어 하지만 얼마 안 가 그것이 지나
치게 빈약함을 알게 될 것이다. 아쉽게도 아이들과 할 때처럼 놀이의 일

곱 단계를 모두 거치는 것은 가능하지 않다 해도, 일부 요소는 포함될 수 있다. 가령 십대는 콜라주를 만들면서 '끈적거리는' 놀이를 한다. 신문과 잡지를 잔뜩 모아놓고 특정한 주제를 개별적으로나 집단적으로 콜라주로 표현한다. 적당한 사진이나 헤드라인을 자르고 찢어 내어 이야기나 시 또는 주제가 있는 그림을 만드는 것이다.

가면을 만드는 데 필요하다고 하면, 청소년들은 얼굴에 바셀린을 바르는 것도 어렵지 않게 허락한다. 어른 협력자는 바셀린을 발라 주면서 십대의 얼굴을 부드럽게 마사지할 수 있다.

긴 빗자루로 마상 창 시합을 하려면, 고도의 신체적 협응과 통제력을 갖춘 기술이 필요하다. 벨벳, 캔버스, 사포와 같은 물건의 질감은 감각 경험을 풍부하게 해 준다.

나는 십대와 작업을 할 때 리드미컬하고 제의적인 작업의 중요성을 강조한다. 그 목표를 가지고 우리는 시, 제의적 스토리텔링, 랩과 음악으로 그것을 촉진할 수 있다. 라임 사전은 청소년들이 자신의 감정을 랩과 같은 말과 행동으로 표현할 수 있도록 새로운 세계를 열어 준다는 점에서 매우 중요하다. 특히 『체임버스 라이밍 사전(Chambers Rhyming Dictionary)』이 훌륭하다. 벤저민 제파니아(2008)는 서문에서 이렇게 말한다.

이 책은 출발점으로, 새로운 아이디어의 원천으로, 머리를 긁적이며 혼자 고심하는 것만으로는 할 수 없는 방식으로 시를 다듬는 도구가 될 것이다. 하지만 시에서 넘지 못할 경계는 없다는 사실을 잊지 마시라. 단어는 여기 제시된 범위 밖에서도 얼마든지 사용할 수 있다.
(Zephaniah 2008, p. vi)

여러분에게는 또한 놀라운 내용을 담고 있는 다음 책들이 도움이 될 것이다.

Crystal, B. (2008) *Shakespeare on Toast: Getting a Taste for the Bard.*
    Cambridge: Icon.

Partridge, E. (1968) *Shakespeare's Bawdy.* London: Routledge.

아이디어를 위해 추가로 읽을 수 있는 책

Clifford, S. and Herrmann, A.(1997) *Making a leap: Theatre of Empowerment,*
    London: Jessica Kingsley Publishers.
Crimmens, P. (2006) *Drama Therapy and Storymaking in Special Education.*
    London: Jessica Kingsley Publishers
Jennings, S. (2004) *Creative Storytelling with Children at Risk.* Milton Keynes:
    Speechmark.
Jennings, S. (2006) *Creative Play with Children at Risk.* Milton Keynes:
    Speechmark.
Riley, S. (1999) *Contemporary Art Therapy with Adolescents.* London: Jessica
    Kingsley Publishers.

NDP—아동의 삶을 안전하게 하는 놀이와 놀이성의 놀라운 힘
혹은 피터 팬은 집으로 돌아올 수 있을까?

우리가 살고 있는 혼란스러운 세상에서 아이들은 너무 일찍부터 기술 문명(컴퓨터, 컴퓨터 게임, 핸드폰)에 노출되어서 더 이상 진짜 아이들이 아니다. 첨단 기술로 인해 버튼만 누르면 모든 것이 쉽게 구르고, 노래하고, 말을 하며… 어른이 도와줄 필요도 없고, 탐험할 이유도 없으며, 만족을 얻기까지 기다리지 않아도 되는 세상에서 살고 있다. 더구나 집에 있을 때도 스크린에는 아이들이 감정적으로 소화할 수 있는 범위를 훨씬 넘어선 영상과 메시지가 넘쳐 난다. 부모는 지쳐 있거나 자신에게 골몰해 있어서, 아이들이 (영상과 메시지를) 이해하지 못한다고 대수롭지 않게 넘긴다. 그러나 어른의 개입이 없는 상태에 혼자 남겨진 아이는 그것이 무엇을 의미하는지 또 어떻게 이해하거나 반응해야 하는지 알지 못한 채 혼란스러울 수밖에 없다.

서구의 어른이라면 그 같은 노출이 우리와 새로운 세대의 삶에 중요한 영향을 준다는 사실을 모를 수 없다. 우리는 그런 현상을 또 하나의 '불가항력'으로 받아들여야 하는 것인가, 아니면 눈을 열어 긍정적인 마음으로 이 현실에 접근하는 것이 옳은가?

이 책에서 수 제닝스는 우리가 눈을 떠 현대 서구 문화가 아이들에게 끼치는 영향을 새로운 패러다임으로 이해할 수 있도록, 그리고 그것을 다룰 수 있는 유용하고 손쉬운 접근법을 제시하는 데 집중한다.

아이들에 대한 감정적 방임과 아이들과 세상을 중재해야 할 필요성은 새로운 주제가 아니다. 최근에 나는 피터 팬 이야기의 원작인 제임스 M. 베리의『켄싱턴 정원의 피터 팬(Peter Pan in Kensington Gardens)』(1906)을 다시 읽었는데, 읽고 나서 생각하니 그 이야기를 이해하는 데 NDP가 관련됨을 알 수 있었다.

나는 피터가 (런던의 다른 아기들처럼) 켄싱턴 정원에서 왔을 때 태어난 지 7일 된 아기였다는 것과 과거에 새였다는 것을 잊고 있었다. 그는 요람에 누워 어른이 된 그의 삶에 대한 이상한 이야기를 듣고, 자신이 날 수 있다는 믿음으로 런던 집 창문을 빠져나와 켄싱턴 정원으로 돌아간다. 그러나 그곳에서 그는 자신이 새보다 인간에 더 가까운 '이도 저도 아닌' 존재임을 까마귀를 통해 듣고 충격을 받는다. 날 수 없다는 것을 알게 되면서 정원에 발이 묶인 그는 큰 개똥지빠귀 둥지를 보트 삼아 항해를 했고, 그 배가 그를 서펀틴으로 데려다 주었다.

피터는 곧 요정들의 마음을 얻고, 요정들이 춤을 출 때 팬파이프를 연주한다. 맵 여왕(영국과 아일랜드 설화에 등장하는 인간의 꿈을 지배한다는 요정)은 집에 계신 엄마에게 돌아가겠다는 그의 진심 어린 소원을 들어준다. 요정들은 그가 날아서 집으로 돌아갈 수 있게 해 주고, 집에 도착한 피터 팬은 그의 오래된 침실에서 잠든 어머니를 발견한다.

어머니를 바라보면서, 피터는 어머니를 떠났던 것에 대해 죄책감을 느끼고, 어머니가 자신을 그리워하며 애타게 찾았을 거라 믿는다. 그러나 집으로 돌아가기 전에 그는 마지막으로 정원으로 돌아가 작별을 해야겠다고 마음먹는다. 그런데 그는 불행하게도 너무 오래 머물렀고, 영원히 집으로 돌아가고 싶다는 두 번째 소원을 썼을 때, 그는 어머니에게 또 다른 아들이 있음을 알고 심한 충격을 받는다. 마음이 상한 피터는 켄싱턴 정원으로 돌아가 그곳에서 자신의 패거리인 잃어버린 아이들에게 위로를 받는다. 그들은 유모차에서 떨어지거나 유모에게 버림받았는데, 일주일 안에 찾는 사람이 없으면 네버랜드로 보내져 잃어버린 아이들이 되었다.

'잃어버린'은 대체 무슨 뜻인가? 누가 그들을 원하지 않았나? 그 아이들은 왜 잃어버린 채 발견되지 않았을까? 적어도 어른이 찾긴 했을까?

피터는 친구 마이미가 설명해 주기 전까지 아이들의 놀이를 전혀 이해하지 못했고, 자신이 모든 놀이를 이상하게 하고 있다는 것을 알게 되었다.

피터 팬이 게임하는 법을 몰랐다는 사실은 놀이적인 최초의 애착이 건강한 발달의 본질이라는 수 제닝스의 생각과 놀랍도록 일치한다.

제임스 M. 배리가 쓴 『피터와 웬디(Peter and Wendy)』(1911)에서 웬디의 엄마는 무의식을 뜻하는 피터의 그림자를 잘라낸다. 그는 집과 엄마, 따뜻한 어른에 대한 안전한 애착을 그리워하고 있음을 스스로 인정할 수 없었다. 하지만 심리적으로 성숙하고자 한다면, 우리는 우리의 그림자를 받아들여야 한다.

웬디가 그림자를 다시 그의 등에 꿰매 붙여 주었다는 사실은 그를 엄마처럼 돌봐 주는 사람과 함께 있고 싶어 하는, 수 제닝스가 초기의 놀이적 애착이라 말한 것으로 돌아가고자 하는 욕망과 다시 연결시킨다. 실제로 웬디의 가장 중요한 덕목은 그녀가 잠자리에서 들려주는 동화를 많이 알고 있다는 것이다! 하지만 아이를 돌보는 것이 정말로 아이의 몫일까? 사실 "임신 때부터 생후 6개월까지 엄마와 아기 사이에 발생하는 감각적이고, 리드미컬하며, 극적인 놀이성"이라는 제닝스의 정의를 받아들여 NDP의 비전을 활용한 이야기를 읽는다면, 피터가 영원히 네버랜드에 머무는 까닭을 자연스럽게 알 수 있다. 웬디와 남동생에게는 그들을 따뜻하게 보살펴 주는 엄마와 잠자리 동화와 포근한 침대가 있는 집이 있기에 거기서 나와 돌아다니다가도 언제든 돌아갈 수 있다. 그러나 발달 초기에 방임당한 피터의 경우는, 수 제닝스가 말한 것처럼, 회복을 위해 먼 길을 가야 한다.

　나는 수 제닝스가 개발한 새로운 패러다임을 읽으면서 놀라움과 찬탄을 금할 수가 없었다. 신경과학과 발달심리학 그리고 연극 이론을 새롭게 통합한 것에 놀랐고, 그 패러다임을 실제로 사용한 많은 멋진 사례가 반가웠으며, 자신과 다른 사람들의 작업을 살펴 비전문가와 전문가가 모두 쉽게 이해할 수 있는 새로운 접근법을 마련한 것에 감탄했다. 나는 NDP 모델의 이론과 실제는 부모, 교사, 정신 건강 전문가들에게 새로운 관점과 새로운 기술과 방법론을 제공하는 매우 강력한 도구임을 믿어 의심치 않는다. 그것은 한 아이의 마음과 아이들을 이해하는 데 있어 지도이자 나침반이 될 것이다.

이스라엘 텔하이 대학 심리학과 연극치료 교수
물리 라하드

옮기고 나서

『건강한 애착과 신경극놀이』는 국내에 소개되는 수 제닝스의 네 번째 저서(그녀가 편집자로 참여한 것을 제외하면)입니다. 그녀는 이 책에서 개인과 사회에 대한 연극적 이해를 광범하고도 정밀하게 펼쳐 놓습니다. 태중에서 시작되어 생후 7년까지 인간이 어떻게 극적으로 발달하는지 그리고 그것이 우리의 신체적이고 심리적이고 사회적인 발달을 어떻게 자극하고 통합하는지를 설득력 있게 제시함으로써 삶을 연극과 포개 놓는 그녀의 관점이 단순한 비유나 주장에 그치지 않음을 보여 줍니다.

그중에서도 이 책은 극적 발달이 시작되는 신경극놀이 단계에 주목합니다. 순수한 행동주의를 제외한다면, 그것을 해석하는 방식에는 차이가 있어도 발달 초기의 경험이 개인의 성격과 행동에 결정적 영향을 미친다는 데 의견을 달리하는 심리 치료적 접근법은 없을 것입니다. 그도 그럴 것이 엄마는 아기가 태어나서 처음 만나는 세상이자 세상의 전부니까요. 그래서 수 제닝스는 엄마와 친밀하고 안정적인 관계를 경험하는 것의 중요성은 아무리 강조해도 지나치지 않음을 전제로, 건강한 애착의 형성 과정을 극적으로 탐구하여 그 비밀을 공개합니다.

신경극놀이(neuro-dramatic-play)라 이름 붙인 비밀의 핵심은 '놀이로서의 접촉과 상호작용'이라 할 수 있습니다. 놀이는 '하고 싶어서, 하고 싶은 대로, 하고 싶은 만큼 하는 것'으로서 본능으로 타고났을 뿐 아니라 우리가 사는 동안 내내 추구하는 삶의 진면목입니다. 놀이의 반대말로는 흔히 '일'이나 '공부'를 떠올립니다. 그러나 그것은 많은 사람이 하고 싶지 않음에도 억지로 일하거나 공부를 해야 하는 세태를 반영할 뿐 일과 공부가 놀이의 속성과 정말로 대립하지는 않습니다. 놀이처럼 일하고 놀이로서 공부하는 것이 가능하니까요. 그보다 놀이의 반대편에 있는 말은 '복종'입니다. 놀이는 하고 싶을 때 하고 싫으면 그만두면 되지만, 복종은 다른 사람이 시키는 대로 따라야 합니다. 놀이에서는 원하는 대로 규칙과 내용을 바꿀 수 있지만 복종할 때는 그런 것을 상상할 수 없습니다. 놀이는 즐거움이 최우선이지만 복종에서 복종하는 자의 즐거움은 고려의 대상이 아니며 복종하는 자는 어떻게든 타인을 만족시켜야 합니다. 놀이에 참여하는 사람은 누구나 놀이자로서 동등하고 그 결과에 대해 책임을 공유하지만, 복종하는 사람은 억압하는 사람에게 종속되며 책임도 지지 않습니다. 놀이와 복종은 이렇게 자발성, 변형성, 목적성, 관계성에서 모두 반대되며, 최종적으로 그것은 주인됨과 노예됨으로 이어집니다. 놀 수 있는가, 없는가가 자신의 삶에서 주인으로 사는가, 노예로 사는가를 가르는 중요한 변수인 것입니다. 신경극놀이에서도 실제로 아기와 엄마가 처음에는 엄마의 움직임 속에서 하나임을 경험하는 일치 놀이에서 서로의 표정과 소리를 번갈아 가며 따라 하는 메아리 놀이를 거쳐 마지막에는 아기가 주도하는 것으로 점차 놀이성의 양상이 달라지는 것을 볼 수 있습니다.

신경극놀이의 두 번째 키워드는 접촉과 상호작용입니다. 사람의 경험 가운데 접촉과 상호작용 아닌 것이 없다고 하면 신경극놀이에서는 그것이 감각의 수준에서 일어난다는 것이 중요합니다. 아기를 안고 함께 춤추고, 노래 부르며 아기의 몸을 마사지하고, 등과 배에 부드럽게 리듬을 쳐 주고, 아기가 내는 소리를 따라 하고, 엄마의 얼굴을 만지게 하고, 장난감을 숨겼다가 보여 주며 까꿍 놀이를 하고, 좋아하는 이야기를 들려줍니다. 이 같은 접촉과 상호작용은 아기에게 안전과 환대의 메시지로 전달됩니다. '아가야, 이 세상에 온 걸 환영해. 네가 나를 통해 와 주어서 엄만 얼마나 기쁜지 모른단다. 엄마는 네 곁에 있으면서 항상 널 보살필 거야. 사랑한다.'

하지만 아무리 총명한 아기도 신경극놀이 시기의 경험을 기억하지는 못합니다. 일반적으로 3세 이전을 기억하기는 어려우며, 그래서 유아 기억상실이라는 말이 있지요. 그렇지만 이 시기에 학습된 경험이 사라지는 것은 아니며, 일종의 동면 모드로 잠복해 있다고 합니다. 유아기의 경험이 암시적인 기억으로 저장되는 까닭은 언어 능력과 관계가 깊습니다. 아기는 사건을 감각적으로 경험하지만 언어 능력이 갖춰지지 않아서 사건에 시간적 순서와 인과관계를 부여한 이야기를 만들 수가 없으며, 그래서 의식적인 회상이 불가능한 것입니다. 다시 말해 만 2세 이전의 기억은 언어로써 경험을 개연성 있게 배열한 자전 기억(autobiographic memory)이 될 수 없습니다. 수 제닝스가 '신경(neuron)'을 끌어들인 데는 아마도 이런 까닭이 있을 것입니다. 엄마와 아기의 감각적 접촉과 상호작용이 몸과 뇌의 신경세포의 발달과 연결을 자극할 뿐 아니라 암시적 기억으로서 언어가 아닌 감각 경험 자체로 저장된다는 의미에서요.

이 책 전반에서 수 제닝스가 역설하는 또 다른 초점은 낙관주의입니다. 발달 초기에 신경극놀이를 통해 건강한 애착을 형성하는 것이 중요하지만, 이런저런 이유로 설사 그런 행운을 갖지 못했다 해도 회복의 기회가 전혀 없는 것은 아니라는 것이지요. 학대나 장애로 인해 극적 놀이를 통한 충분히 좋은 애착을 경험하지 못하여 삶이 주는 고통을 잘 다루지 못하는 경우에도 신경극놀이를 비롯한 극적 발달의 기회를 제공함으로써 회복 탄력성을 강화할 수 있으므로 희망을 놓지 말 것을 당부합니다. 흔히 배움에는 늦은 나이가 없다고 하지요. 수 제닝스는 연극이, 삶이 배움을 위해 우리에게 허용한 강력한 리허설 도구임을 언제나 소리 높여 이야기해 왔습니다. 그리고 이 책에서는 특히 초기 발달 과정에서 양육의 기회를 놓쳤더라도 감각적이고, 리드미컬하고, 극적인 놀이인 신경극놀이의 충분한 반복을 통해 재양육이 가능함을 강조합니다.

 이런 측면에서 이 책은 연극과 관계없는 독자에게도 매우 흥미롭고 유용할 것입니다. 이미 부모인 분들, 장차 부모가 될 분들, 부모됨과 상관없이 인간의 발달에 관심 있는 분들이라면 꼭 한 번은 읽어야 할 내용으로 가득하니까요. 그런가 하면 연극치료를 비롯한 예술 치료와 심리 치료, 그리고 어떤 형태로든 아동의 성장과 관련된 일을 하는 분들에게는 깊이 있는 통찰과 구체적인 지침과 실용적인 기법을 제공하는 필독서라 할 수 있습니다. 모쪼록 이 책의 내용이 독자의 눈에서 심장으로 또 손발로 옮겨져 안전하고 서로를 환대하는 세상이 좀 더 가까워지길 바랍니다.

 이처럼 귀한 책이 세상에 나올 수 있게 해 주신 울력의 강동호 님께 감사드립니다. 덕분에 번역자로서 누린 무게와 기쁨이 컸습니다.

2020년 4월

참고문헌

Adler J. (1999) 'The Collective Body.' In P. Pallero (ed.) *Authentic Movement*. London: Jessica Kingsley Publishers.

Ainsworth, M., Blehar, M., Waters, E, and Wall, S. (1978) *Patterns of Attachment Psychological Study of the Strange Situation*. Hillsdale, NJ: Erlbaum.

Allen, R. E. (ed.) (1990) *Concise Oxford Dictionary*. Oxford: Clarendon Press.

Ammann, R. (1991) *Healing and Transformation in Sandplay*. LaSalle, IL: Open Court.

Archer, C. and Gordon, C. (2006) *New Families Old Scripts*. London: Jessica Kingsley Publishers.

Axline, V. (1947/1989) *Play Therapy*. New York: Ballantine.

Axline, V. (1964) *Dibs in Search of Self*. Harmondsworth: Penguin.

Baron-Cohen, S. (2003) *The Essential Difference: Men, Women and the Extreme Male Brain*. Harmondsworth: Penguin.

Baron-Cohen, S. (2008) *Autism and Asperger Syndrome*. Oxford: Oxford University Press.

Baron-Cohen, S. and Chakrabarti, B. (2008) 'Social Neuroscience.' In J. Reed and J. Warner-Rogers (eds) *Child Neuropsychology*. Oxford: BPS Blackwell.

Beckerleg. T. (2009) *Fun with Messy Play: Ideas and Activities for Children with Special Needs*. London: Jessica Kingsley Publishers.

Becky (2009) *A Teenage Rap*. Weston-Super-Mare: Action Work.

Bettelheim, B. (1967) *The Empty Fortress: Infantile Autism and the Birth of the Self*. New York: Free Press.

Bleuler, E. (1911) *Dementia Praecox or The Group of Schizophrenias*. New York,

NY: International University Press.

Blom, R. (2006) *The Handbook of Gestalt Play Therapy*. London: Jessica Kingsley Publishers.

Bowlby, J. (1951) *Maternal Care and Mental Health. World Health Organisation Monograph Series 2*. Geneva: World Health Organisation. (Reprinted 1966)

Bowlby, J. (1958) 'The nature of the child's tie to his mother.' *International Journal of Psychoanalysis 39*, 350-373.

Bowlby, J. (1965) *Child Care and the Growth of Love*. London: Penguin.

Bowlby, J. (1969/1971) *Attachment and Loss, Volume 1: Attachment*. London: Penguin.

Bowlby, J. (1979) *The Making and Breaking of Affectional Bonds*. London: Tavistock.

Bowlby, J. (1988) *A Secure Base: Clinical Applications of Attachment Theory*. London: Routledge.

Bowlby, J. (1989/2005) *The Making and Breaking of Affectional Bonds*. London: Routledge.

Bratton, S. C., Landreth, G. L., Kellam, T., Blackard. S. K. (2006) *Child Parent Relationship Therapy (CPRT) Treatment Manual*. Albingdon: Routledge.

British Association of Play Therapists. Available at www.bagt.info, accessed 15 October 2010.

Brown, F. (ed.) (2006) *Playwork Theory and Practice*. Maidenhead: Open University Press.

Carroll, J. (1998) *Introduction to Therapeutic Play*. Oxford: Blackwell.

Cattanach, A. (1992/2008) *Play Therapy with Abused Children*. London: Jessica Kingsley Publishers.

Chisholm, K., Carter, M., Ames, E. W. and Morison, S. J. (1995) 'Attachment, security and indiscriminately friendly behaviour in children adopted from Romanian orphanages.' *Development and Psychopathology 7*. 283-294.

Clarkson, W. (2005) *Little Survivors*. London: John Blake.

Clifford, S. and Herrmann, A. (1999) *Making a Leap: Theatre of Empowerment*. London: Jessica Kingsley Publishers.

Cook, H. C. (1917) *The Play Way: An Essay in Educational Method*. London: Heinemann.

Cordier, R. and Bundy, A. (2009) 'Children and Playfulness.' In K. Stagnitti and R. Cooper (eds) *Play as Therapy*. London: Jessica Kingsley Publishers.

Cossa, M. (2005) *Rebels with a Cause: Working with Adolescents Using Action*

Techniques. London: Jessica Kingsley Publishers.

Courtney, R. (1968) *Play Drama and Thought*. London: Cassell.

Cozolino, L. (2002) *The Neuroscience of Psychotherapy*. London: Norton.

Cozolino, L. (2006) *The Neuroscience of Human Relationships*. London: Norton.

Crimmens, P. (2006) *Drama Therapy and Storymaking in Special Education*. London: Jessica Kingsley Publishers.

Cyrulnik, B. (2005) *The Whispering of Ghosts: Trauma and Resilience*. New York: Other Press.

Cyrulnik, B. (2007) *Talking of Love on the Edge of a Precipice*. London: Allen Lane.

Cyrulnik, B. (2009) *Resilience: How Your Inner Strength Can Set You Free from the Past*. London: Penguin.

Daly, A. (1995) *Done to Dance: Isadora Duncan in America*. Indiana University Press.

Damasio, A. (2000) *The Feeling of What Happens*. London: Vintage.

Damasio, A. (2003) *Looking for Spinoza: Joy, Sorrow and the Feeling Brain*. London: Vintage.

De Waal, F. (2009) *The Age of Empathy: Nature's Lessons for a Kinder Society*. New York: Harmony.

Duncan, I. (1995) *My Life*. ???: Liveright.

Emunah, R. (1994) *Acting for Real: Drama Therapy Process, Technique, and Performance*. New York: Brunner-Routledge.

Erikson, E. (1965/1995) *Childhood and Society*. London: Vintage.

Erikson, E. (1968) *Identity: Youth and Crisis*. New York: Norton.

Evans, D., Ackerman, S. and Tripp J. (2009) 'Where Professional Actors Are Too "Good".' In S. Jennings (ed.) *Dramatherapy and Social Theatre*. Hove: Routledge.

Field T. M., Woodson, R., Greenberg, R. and Cohen D. (1982) 'Discrimination and imitation of facial expression by neonates.' *American Association for the Advancement of Science 218*. 4568, 179-181.

Fuge, G. and Berry, R. (2004) *Pathways to Play*. New York: Asperger Autism Publishing.

Galloway, L. (2010) 2 Case presentations in Chapter 9, Professional communication.

Garbarino, J., Dubrow, N., Kostelny, K. and Pardo, C. (1992) *Children in Danger: Coping with the Effects of Community Violence*. San Francisco, CA: Jossey-Bass.

Garmezy, N. and Rutter, M. (eds) (1983) *Stress, Coping and Development in Child-*

ren. New York: McGraw-Hill.

Gerhardt, S. (2004) *Why Love Matters: How Affection Shapes a Baby's Brain*. Hove: Brunner-Routledge.

Gersie. A. (1991) *Storymaking in Bereavement*. London: Jessica Kingsley Publishers.

Gersie A. and King, N. (1990) *Storymaking in Education and Therapy*. London: Jessica Kingsley Publishers.

Goffman, E. (1969) *The Presentation of Self in Everyday Life*. Harmondsworth: Pelican.

Golding, K. (2008) *Nurturing Attachments: Supporting Children who are Fostered or Adopted*. London: Jessica Kingsley Publishers.

Goldman, L. A. (1998) *Child's Play: Myth, Mimesis and Make-Believe*. Oxford: Berg.

Goleman, D. (1998) *Working with Emotional Intelligence*. London: Bloomsbury.

Goleman, D. (2005) *Emotional Intelligence*. New York, NY: Barnes and Noble.

Goleman, D. (2006) *Social Intelligence: The New Science of Human Relationships*, London: Hutchinson.

Gordon, J. and Grant, G. (1997) *How We Feel: An Insight into the Emotional Worlds of Teenagers*. London: Jessica Kingsley Publishers.

Gratier, M. and Trevarthen, C. (2008) 'Musical narrative and motives for culture in mother-infant vocal interaction.' *Journal of Consciousness Studies 15*, 122-158.

Greenspan, S. and Wieder, S. (2006) *Engaging Autism: Using the Floortime Approach to Help Children Relate, Communicate, and Think*. Cambridge, MA: Da Capo Press.

Guerney, B., Guerney, L and Andronica, M. (1976) *The Therapeutic use of Children's Play*. New York, NY: Jason Aronson.

Harlow, H. (1958) 'The nature of love.' *American Psychologist 13*, 673-685.

Harris, J. R. (1998) *The Nurture Assumption: Why Children Turn Out the Way They Do*. New York: Free Press.

Heathcote, D. and Bolton, G. (1995) *Drama for Learning*. London: Heinemann.

Hickson, A. (2005) *Feeling Cards: Card Pack for Group Work*. Weston-Super-Mare. Actionwork.

Hickson, A. (2009) 'Social Theatre: A theatre of empowerment to address bullying in school.' In S. Jennings (ed.) *Dramatherapy and Social Theatre: Necessary Dialogues*. Hove: Routledge.

Holmes, J. (1993) *John Bowlby and Attachment Theory*. London: Routledge.

Howe, D. (2005) *Child Abuse and Neglect*. Basingstoke: Palgrave Macmillan.

Hughes, D. (2006) *Building the Bonds of Attachment: Awakening Love in Deeply Troubled Children*. Lanham, MD: Jason Aronson.

Jackson, D. (2003) *Three in a Bed: The Benefits of Sleeping with Your Baby*. London: Bloomsbury.

Jaffe, J., Beebe, B., Felstein, S., Crown, C. and Jasnow, M. D. (2001) *Rhythms of Dialogue in Infancy: Coordinated Timing and Social Development. Society of Child Development Monographs* Serial No. 265 66 (2). Oxford: Blackwell.

Jansson, T. (1962) *Tales from Moomin Valley*. Harmondsworth: Puffin.

Jennings, S. (1983) 'Play Scripts in Relation to Teaching Psychiatry.' Seminar for staff at Hertfordshire College of Art and Design.

Jennings, S. (1987) 'Developmental Dramatherapy.' Presentation to Dramatherapy Course, Tel Hai College, Israel.

Jennings, S. (1990) *Dramatherapy with Families, Groups and Individuals*. London: Jessica Kingsley Publishers.

Jennings, S. (1994) *Theatre, Ritual and Transformation: The Senoi Temiars*. London: Routledge.

Jennings, S. (1998) *Introduction to Dramatherapy*. London: Jessica Kingsley Publishers.

Jennings, S. (1999a) *Introduction to Developmental Playtherapy: Playing and Health*. London: Jessica Kingsley Publishers.

Jennings, S. (1999b) 'Silver Apples of the Moon: A Spiral of Madness.' Play script (Performed but unpublished).

Jennings, S. (2003a) 'Playlore: The roots of humanity.' *Play for Life*, autumn, p. 7-9.

Jennings, S. (2003b) 'The Sensory Foundation.' Core training for play and dramatherapists, Romania.

Jennings, S. (2004) *Creative Storytelling with Children at Risk*. Milton Keynes: Speechmark.

Jennings, S. (2005a) *Creative Storytelling with Adults at Risk*. Milton Keynes: Speechmark.

Jennings, S. (2005b) *Creative Play with Children at Risk*, Milton Keynes: Speechmark, p. 7-9.

Jennings, S. (2006) *Creative Puppertry with Children and Adults*. Milton Keynes: Speechmark.

Jennings, S. (2007a) Keynote presentation for Greek Dramatherapy Conference.

Jennings, S. (2007b) *Theatre of the Body and Neuro-Dramatic-Play*. Keynote presentation BADTh conference. York: York University.

Jennings, S. (2008) 'Neuro-Dramatic-Play with excluded children.' *Play for Life*, summer, p. 3-5.

Jennings, S. (2009a) 'Circle of Containment - Circle of Care - Circle of Attachment.' Presentation for play therapy students in UK and Romania, February.

Jennings, S. (ed.) (2009b) *Dramatherapy and Social Theatre: Necessary Dialogues*. Hove: Routledge.

Jennings, S. (2009c) 'Neuro-Dramatic-Play and Attachment.' Workshop presentation for therapists and counsellors, Glastonbury. May

Jennings, S. (2009d) *I Just Want to go Home: Working with Trafficked Women*. RAPTD. Conference on Child Abuse. Bravov, Romania. September.

Jennings, S. (in preparation) *Playful Pregnancy — Positive Children*.

Jennings, S. (in preparation) *Poems of the Body*. Rowan,

Jennings, S. and Minde, A. (1993) *Art Therapy and Dramatherapy: Masks of the Soul*. London: Jessica Kingsley Publishers.

Jernberg, A. M. (1976) 'Theraplay Techniques.' In C. E. Schaefer (ed.) *Therapeutic Use of Child's Play*. New York: Jason Aronson,

Jernberg, A. M. and Booth, P. B. (2001) *Theraplay. Helping Parents and Children Build Better Relationships Through Attachment-Based Play*. San Francisco, CA: Jossey-Bass.

Jones, P. (2010) *Drama as Therapy: Volume 2*. Hove: Routledge.

Joseph, J. (1962) *Warning*. London: Souvenir Press.

Kalff, D. (1980) *Sandplay*. Santa Monica, CA: Sigo Press.

Kanner, L. (1943) 'Autistic disturbance of affective contact.' *Nervous Child 2*, 217-250,

Kashyap, T. (2005) *My Body, My Wisdom*. Delhi: Penguin.

Lahad, M. (2000) *Creative Supervision*. London: Jessica Kingsley Publishers.

Landreth, G. (1991/2002) *Play Therapy: The Art of the Relationship*. New York: Routledge.

Laschinger, B. (2004) 'Attachment Theory and the Bowlby Memorial Lecture — A Short History.' In K. White (ed.) *Touch Attachment and the Body*. London: Karnac.

Lavery, B. (1987) *Origin of the Species*. In M. Remnant (ed.) Plays by Women: Volume Six. London: Methuen.

Le Doux, J. (1998) *The Emotional Brain*. New York: Phoenix.

Lemert, C. and Branaman, A. (eds) (1997) *The Goffman Reader*. Oxford: Blackwell.

Lowenfeld, M. (1979) *Understanding Children's Sandplay: Lowenfeld's World*

Technique. Aylesbury: Margaret Lowenfeld Trust.

Luxmoore, N. (2000) *Listening to Young People in School: Counselling and Youth Work*. London: Jessica Kingsley Publishers.

McCarthy, D. (2007) *If You Turned into a Monster*. London: Jessica Kingsley Publishers.

McCormick, S. (1997) Archive on Painkillers and Childbirth. ICS Usenet.

McMahon, M. (1992) *The Handbook of Play Therapy*. London: Routledge

McTell, R. (1971) 'First and Last Man.' From the album *You Well-Meaning Brought Me Here*. Famous Label.

Maclean, P. D. (1990) *The Triune Brain in Evolution: Role of Paleocerobral Functions*. New York, NY: Plenum.

Marner, T. (2000) Letters to Children in Family Therapy: A Narrative Approach. London: Jessica Kingsley Publishers.

Maslow, A. (1968) *Toward a Psychology of Being* (second edition). (Note: Original Edition 1954 was called Motivation and Personality).

Masten, A. E. (2000) *Children who Overcome Adversity to Succeed in Life*. University of Minnesota website. Available at www.extension.umn. edu/distribution/familydevelopment/components/7565_06.html (accessed on 28 May 2010).

Masten, A. E. (2001) 'Ordinary magic: Resilience processes in development.' *American Psychologist 56*, 227–239.

Masten, A. E. (2006) 'Developmental psychopathology: Pathways to the future.' *Journal of Behaviour Development 31*, 47–54.

Mead, G. H. (1934) *Mind, Self and Society*. Chicago, IL: University of Chicago Press.

Miller, A. (1983) *For Your Own Good: The Roots of Violence in Child-Rearing*. London: Virago.

Miller, A. (1990) *Thou Shalt Nor Be Aware Society's Betrayal of the Child*. London: Pluto Press.

Miller, A. (1992) *Breaking Down the Wall of Silence: To Join the Waiting Child*. London: Virago.

Miller, A. (1995) *Pictures of a Childhood*. London: Virago.

Mooney, C. G. (2010) *Theories of Childhood: An Introduction to Bowlby. Ainsworth, Gerber, Brazelton, Kennell and Klaus*. St Paul, MN: Redleaf Press.

Moore, J. (2009) 'The Theatre of Attachment.' In S. Jennings (ed.) *Dramatherapy and Social Theatre*. Hove: Routledge.

Morton-Cooper, A. (2004) *Health Care and the Autism Spectrum*. London: Jessica Kingsley Publishers.

Moyles, J. (1989) *Just Playing? The Role and Status of Play in Early Childhood Education*. Maidenhead: Open University Press/McGraw-Hill.

Muralidharan, R. et al. (1981) *Children's Games*. New Delhi: Child Study Unit of National Council of Educational Research and Training.

Murray Parkes, C. (1998) *Bereavement: Studies of Grief in Adult Life*. London: Penguin.

Oaklander, V. (1978) *Windows to Our Children*. New York: Real People Press.

Odent, M. (1984) *Birth Reborn*. New York: Pantheon.

Odent, M. (2001) *The Scientification of Love*, London: Free Association Press.

Plato (1974) *The Republic*, trans. D. Lee. London: Penguin.

Prior, V. and Glaser, D. (2006) *Understanding Attachment and Attachment Disorders: Theory, Evidence and Practice*. London: Jessica Kingsley Publishers.

Rabisa, T. (2008) *I Dream of Angels… Yet I live with Demons: Poetry for the Modern Teenager*. Bloomington, IN: iUniverse.

Raphael-Leff, J. (ed.) (2001) *'Spilt Milk': Perinatal Loss and Breakdown*. London: Institute of Psychoanalysis.

Rimland, R. (1964) *Infantile Autism*. New York: Appleton-Century-Crofts.

Rogers, C. R. (1951/1961) *Client Centred Therapy*. London: Constable.

Rogers, C. (1967) *On Becoming a Person*. Boston, MA: Houghton Mifflin.

Roopnarine, J. L., Hossain, Z., Gill, P. and Brophy, H. (1994) 'Play in the East Indian Context.' In J. L. Roopnarine, J. Johnson and F. Hooper (eds) *Children's Play in Diverse Cultures*. Albany, NY: State University of New York Press.

Rutter, M. (1979) 'Protective Factors in Children's Responses to Stress and Disadvantage.' In M. W. Kent and J. E. Rolf (eds) *Primary Prevention of Psychopathology. Volume 3: Social Competence in Children*. Hanover, NH: University Press of New England.

Rutter, M. (1997) *Psychosocial Disturbances in Young People: Challenges for Prevention*. Cambridge: Cambridge University Press.

Sarma, V. (1993) *The Pancatantra*, New Delhi: Penguin.

Schechner, R. (1991) *Performance Theory*. London: Routledge.

Schechner, R. (2006) *Performance Studies: An Introduction*, 2nd edn. London: Routledge.

Schinina, G. (2004) 'Far away, so close: Psychosocial and theatre activities with Serbian refugees.' *The Drama Review 48*, 3, 35–40.

Seach, D. (2007) *Interactive Play for Children with Autism*. Hove: Routledge.

Sherborne, V. (2001) *Developmental Movement for Children*. London: Worth

Reading.

Siebert, A. (2005) *The Resiliency Advantage*. San Fransisco, CA: Berrett-Koehler.

Slade, P. (1954) *Child Drama*. London: University of London Press.

Slade, P. (1995) *Child Play: Its Importance for Human Development*. London: Jessica Kingsley Publishers.

Somers, J. (2009) 'Drama and Well-being: Narrative Theory and the Use of Interactive Theatre in Raising Mental Health Awareness.' In S. Jennings (ed.) *Dramatherapy and Social Theatre*. Hove: Routledge.

Spitz, R. (1947) *Grief — A Peril in infancy* (film). USA: Rene A. Spitz.

Stagnitti, K. and Cooper, R. (eds) (2009) *Play as Therapy*. London: Jessica Kingsley Publishers.

Stanislavsky, C. (1950) *Building a Character*. London: Methuen.

Stoppard, M. (2008) *Bonding with Your Bump*. London: Dorling Kindersley.

Sunderland, M. (2004) 'The Neurobiology of Attachment, Touch and the Baby in Early Development.' In K. White (ed) *Touch, Attachment and the Body*. London: Karnac.

Sunderland, M. (2006) *The Science of Parenting*. London: Dorling Kindersley.

Trevarthen, C. (1993/2006) 'The Self Born in Intersubjectivity: The Psychology of an Infant Communicating.' In U. Neisser (ed.) *The Perceived Self Ecological and Interpersonal Sources of Self Knowledge*. Cambridge: Cambridge University Press.

Trevarthen, C. (2005) 'Action and Emotion in Development of Cultural Intelligence: Why Infants Have Feelings Like Ours.' In J. Nadel and D. Muir (eds) *Emotional Development*. Oxford: Oxford University Press.

Turner, V. W. (1967) *The Forest of Symbols*. Ithaca, NY: Cornell.

Turner, V. W. (1974) *Dramas, Fields and Metaphors: Symbolic Action in Human Society*. New York: Cornell.

Turner, V. W. (1982) *From Ritual to Theatre: The Human Seriousness of Play*. New York: Performing Arts Journal Publications.

Turner, V. W. and Bruner, E. (1986) *The Anthropology of Experience*. Urbana, IL: University of Illinois Press.

Vanistendael, S. (1998) 'Clés pour devenir: la résilience.' Presentation at conference Les Vendredis de Chateauvallon, Geneva, November.

Walsh, M. (2010) *Gypsy Boy: One Boy's Struggle to Escape from a Secret World*. London: Hodder.

Way, B. (1967) *Development Through Drama*. London: Longmans.

Weinrib, E. L. (1983) *Images of the Self*. Boston, MA: Sigo Press.

Werner, E. E. (1990) 'Protective Factors and Individual Resilience.' In S. J. Meisels and J. J. Shonkoff (eds) *Handbook of Early Childhood Intervention*. Cambridge: Cambridge University Press.

West, J. (1992) *Child Centred Play Therapy*. London: Arnold.

Whitehead, C. (2001) 'Social mirrors and shared experiential worlds.' *Journal of Consciousness Studies 8*, 4, 12-32.

Whitehead, C. (2003) *Social Mirrors and the Brain: Including a Functional Imaging Study of Role-Play and Verse*. PhD thesis, University College London.

Whitehead, C., Marchant, J. L., Craik, D. and Frith, C. D. (2009) *Social Cognitive and Affective Neuroscience: Neural Correlates of Observing Pretend Play in which One Object is Represented as Another*. Oxford: Oxford University Press.

Whitehouse, M. S. (1977) 'The transference and dance therapy.' *American Journal of Dance Therapy I*. i. 3-7.

Williams, D. (1992) *Nobody Nowhere: The Extraordinary Autobiography of an Autistic*. London: Doubleday.

Williams, R. (2010) 'Bad behaviour in the classroom is being fuelled by parents, union leader says.' *Guardian*, 23 March. Available at www.guardian.co.uk/education/2010/mar/23/classroom-behaviour-spoilt-by-computers (accessed 3 June 2010).

Winnicott, D. (1957) *The Child and the Outside World: Studies in Developing Relationships*. London: Tavistock.

Winnicott, D. (1965) *The Maturational Processes and the Facilitating Environments: Studies in the Theory of Emotional Development*. London: Hogarth.

Winnicott, D. (1982) *Playing and Reality*. Hove: Routledge.

Winnicott, D. (1986) *Home Is Where We Start From*. Harmondsworth: Penguin.

Wisdom, N. with Hall, W. (1991) *My Turn: Memoirs*. Post Falls, ID: Century.

Wolfberg, P. J. (1999) *Play and Imagination in Children with Autism*. Columbia, NY: Teacher's College Press.

Yasenik, L. and Gardner, K. (2004) *Play Therapy Dimensions Model: A decision-making guide for therapists*. Calgary: Rocky Mountain Play Therapy Institute.

Zephaniah, B. (2008) 'Preface.' In *Chambers Rhyming Dictionary*. Edinburgh: Chambers Harrap.

Zuabi, A. N. (2010) *I Am Yusuf and This Is My Brother*. Play text. London: Methuen.

찾아보기